大数据技术系列丛书

复杂环境中的多准则决策模型与方法

余晓晗　綦秀利　于　坤　著

西安电子科技大学出版社

内 容 简 介

作为经典多准则决策模型与技术的补充与拓展，本书针对军事领域复杂决策环境，对多准则决策开展了更为深入的探索与研究。本书主要内容包括：针对决策对象的复杂结构、评价准则的非独立性和决策问题各阶段的时序关联性三个关键影响因素剖析复杂决策环境，在此基础上提出了系统决策模型，并借助目标规划工具给出了一般化的系统决策数学模型；结合复合打击下火力分配问题，在系统决策的框架下，研究了决策对象包含多个关联行动多准则决策模型构建与问题解决方法；对准则间有联系的多准则决策问题展开了研究与探索，区分了准则间的关联关系和优先关系两类常见的准则关系，改进了集成函数和 Outranking 方法，实现了对该类问题的求解；在传统的群决策问题中引入了社会关系对决策专家的影响，提出了社会网络群决策问题，在观点动力学的基础上设计了共识达成机制，提出了可行的问题解决方案。

本书可作为管理决策方向研究生或者学术研究人员的参考资料，也可供决策分析人员参考阅读。

图书在版编目(CIP)数据

复杂环境中的多准则决策模型与方法 / 余晓晗，綦秀利，于坤著. —西安：
西安电子科技大学出版社，2023.5
ISBN 978-7-5606-6742-3

Ⅰ. ①复…　Ⅱ. ①余…　②綦…　③于…　Ⅲ. ①多目标(数学)—决策模型—研究
Ⅳ. ①C934

中国国家版本馆 CIP 数据核字(2023)第 020955 号

策　　划　戚文艳　李鹏飞
责任编辑　于文平
出版发行　西安电子科技大学出版社(西安市太白南路 2 号)
电　　话　(029)88202421　88201467　　邮　　编　710071
网　　址　www.xduph.com　　电子邮箱　xdupfxb001@163.com
经　　销　新华书店
印刷单位　陕西精工印务有限公司
版　　次　2023 年 5 月第 1 版　2023 年 5 月第 1 次印刷
开　　本　787 毫米×1092 毫米　1/16　印张　10.25
字　　数　219 千字
印　　数　1～2000 册
定　　价　37.00 元
ISBN 978-7-5606-6742-3 / C

XDUP 7044001-1

＊＊＊如有印装问题可调换＊＊＊

前　言

多准则决策(multi-criteria decision making，MCDM)是在多个相互冲突、矛盾的准则下对不同方案进行评估、排序、择优所使用的模型与方法的统称，自 20 世纪 60 年代提出以来得到了快速发展，被应用至社会、经济、军事、工业等领域的各类问题中，并成为处理决策问题的主要方法之一。近年来，随着信息技术的高速发展，决策所依据的数据的来源越来越丰富，决策信息呈现出关联性强、数据量大、数据质量低、不确定程度高、动态变化快等特点，决策环境日益复杂，加之研究人员对决策心理的关注与重视，使得现有多准则决策模型与方法在解决实际应用中的决策问题时面临越来越多的困难，需要进一步完善与发展多准则决策理论。特别是在军事领域中，以信息化为主导的新军事变革，导致机械化战争向信息化战争转变，战争节奏明显加快，战场态势瞬息万变，作战信息量剧增，作战单元关联性增大，传统依托人脑的决策已不足以应对复杂多变的战场环境，计算机的决策辅助成为必然选择，作为决策问题描述与计算机程序实现间桥梁的数学建模技术，也需要进一步发展。为此，作为经典多准则决策模型与技术的补充与拓展，本书针对军事领域的复杂决策环境，对多准则决策开展了进一步的探索与研究，本书内容与结构如下：

第 1 章介绍了多准则决策基础知识，包括多准则决策模型、集成函数方法和 Outranking 方法，并对优先多准则决策问题进行了说明。

第 2 章在经典多准则决策模型的基础上提出了系统决策模型，本章是后续各章节的基础。本章主要的研究对象是复杂决策环境中的多准则决策问题，通过对此类问题中准则、决策对象、决策环境、时序相关性等决策要素进行深入且细致的剖析，发现了此类问题的复杂性以及求解的难度，并提出了系统决策模型。

第 3 章就系统决策模型中系统化的决策对象展开研究。首先基于行动间关系对系统决策模型中的计划(系统化的方案)进行了数学建模与分析，并充分考虑了复合打击下火力分配问题的特点，创新性地提出了行动间关系存在冲突时的建模方法。而后以数学建模为基础，依据火力分配问题的特点，剖析了复合火力打击行动，并提出了复合打击下火力分配方案评估与优选的方法。

第 4 章主要针对准则间存在关联关系的情况展开论述。首先利用图理论对准则间的关联关系进行直观描述，深入探讨关联关系内部机制，以期准确解释准则系统的涌现现象，构建了基于图与模糊图的准则间具有关联关系的多准则决策模型。而后对常见的准则间关联关系进行了拓展，提出了联盟间的支援关系与对立的竞争关系，构建了基于有向图的多准则联盟决策模型，有效地补充了现有的模型。最后对基于节点打击战术的火力分配问题进行了研究，设计出了火力分配问题的关联多准则决策模型与方法。

第 5 章着重研究了另一类常见的准则间关系——优先关系。本章首先指出准则间的序优先关系难以直接给出，为此提出了两两优先关系，便于决策者提供，借助有向图与模糊有向图对准则间的两两优先关系进行了建模，给出了由两两优先关系到序优先关系的转换流程。而后讨论了多准则决策问题中优先关系与偏好关系的异同，提出了加权优先集成算子，并应用所提出的算子处理优先多准则决策问题；提出了基于偏好关系的优先多准则决策问题解决方法。最后考虑到火力分配问题中往往存在作战任务会对打击目标进行分级的现状，提出并解决了目标分级的火力分配问题。

第 6 章针对利用优先集成算子处理优先多准则决策问题的不足，提出了基于级别优选法解决优先多准则决策问题的思想。首先以 PROMETHEE 方法为基础，逐步地利用优先多准则决策问题中的决策信息替换 PROMETHEE 方法 4 个步骤的相关参数，达到了解决优先多准则决策问题的目的。其次深入分析了 ELECTRE 方法中和谐性与不和谐性检验的特点，通过重新构造和谐性与不和谐性指标计算方法，将 ELECTRE 方法推广到优先多准则决策问题中，并证明了按照 ELECTRE 方法流程，构造出针对优先准则的级别高于关系的正确性。

第 7 章提出并解决了社会网络群决策问题。利用社会网络分析技术实现了社会网络的群组划分，而后将观点动力学引入到模糊偏好关系信息的交互过程中，预测出局部观点共识和全局观点共识，在此基础上实现了观点修改建议的定制，提高了共识达成的概率，同时通过解析的方式解决了共识达成过程中模糊偏好关系一致性收敛的问题。

本书是在作者博士学位论文《复杂环境下多准则决策及其在军事问题中的应用》的基础上经过扩充和修改而成的，除本书合作作者之外，王从波、王启迪、袁铎等同学也对本书撰稿、校核等工作提供了很大帮助。在此谨对作者导师徐泽水教授、副导师刘守生教授以及单位领导和同事给予的指导和帮助，致以衷心的感谢。同时将本人的第一部著作送给我两个可爱的孩子，你们为看似枯燥的科研工作提供了强大动力。

作　者
2023 年 1 月

目　录

第 1 章　多准则决策基础

多准则决策(multi-criteria decision making，MCDM)一般用于对一组由多个相互冲突的准则刻画的备选方案进行评估、排序和择优(Koele，1995；Yager & Rybalov，1998)。自 20 世纪 60 年代中期提出该模型以来，对它的研究一直是决策科学和系统工程领域的热点。该模型也常常用于解决诸如能源规划(Pohekar & Ramachandran，2004；Wang et al，2009；Polatidis et al，2006)、供应链管理(Wang et al，2004；Haq & Kannan，2007)、风险管理(Tsai & Chou，2010；Linkov et al，2007)、水资源管理(Zarghami & Szidarovszky，2009；Weng et al，2010；Calizaya et al，2010)等实际问题。然而在应对实际背景下经常存在的复杂决策环境时，多准则决策存在许多不足，因此随着多准则决策的广泛应用，不少学者开始致力于发展复杂环境下多准则决策的模型和方法。

1.1　多准则决策模型

多准则决策的基本要素有：准则集 $C=\{c_1, c_2, \cdots, c_n\}$ 和决策方案集 X(决策方案也可称之为可行的决策变量)，其中决策方案集 X 是决策变量空间 $\mathbf{X}$ 的子集，即 $X\subseteq\mathbf{X}$。为更好地对多准则决策进行一般化的描述，Bellman 和 Zadeh(Bellman & Zadeh，1970)建议将各准则 $c_i\in C$ 视为以 $\mathbf{X}$ 为论域的模糊子集，如此 $c_i(x)\in[0, 1]$表示决策者在准则 c_i 下对决策变量 $x\in\mathbf{X}$ 满意的程度。基于此，Kaliszewski 等(Kaliszewski et al，2012)用多目标规化模型描述基本的多准则决策：

$$\begin{aligned} &\max_{i\in\{1, 2, \cdots, n\}} \quad c_i(x) \\ &\text{s.t.} \quad x\in X \end{aligned} \tag{1.1}$$

意思是如果某决策方案在所有准则下都最能让决策者满意，那么该方案将是最优方案。然而因为在绝大多数多准则决策问题中，准则是相互冲突的，也就是说在一个准则下能让决策者满意的方案往往在另一个准则下难以让决策者满意，通常很难从 X 中择选出对于所有准则都有最高满意度的决策方案。一个可行的解决方法是利用问题暗含的规则(如准则的重要性权重)，将多目标规化模型转化为单目标规化模型，基于集成函数(aggregation function)实现此转化是常见措施。

1.2　集成函数方法

集成函数定义如下：

定义 1.1(Grabisch et al, 2009) 若非递减函数 AF: $[0, 1]^n \to [0, 1]$满足 $\mathrm{AF}(0, 0, \cdots, 0)=0$, $\mathrm{AF}(1, 1, \cdots, 1)=1$, 则称 AF 为集成函数。

依据上述定义和多准则决策问题中潜在的规则设计集成函数，并利用该函数将某决策方案在所有准则下的满意度综合成总体满意度，即

$$c(x)=\mathrm{AF}(c_1(x), c_2(x), \cdots, c_n(x)) \tag{1.2}$$

如此，式(1.1)中的多目标规划模型可简化为单目标规划模型：

$$\begin{aligned} \max \quad & c(x)=\mathrm{AF}(c_1(x), c_2(x), \cdots, c_n(x)) \\ \text{s.t.} \quad & x \in X \end{aligned} \tag{1.3}$$

利用式(1.3)，更便于从 X 中搜索到总体满意度上最优的决策方案。

通过上面的分析，基于集成函数的多准则决策方法的一般流程如图 1.1 所示。

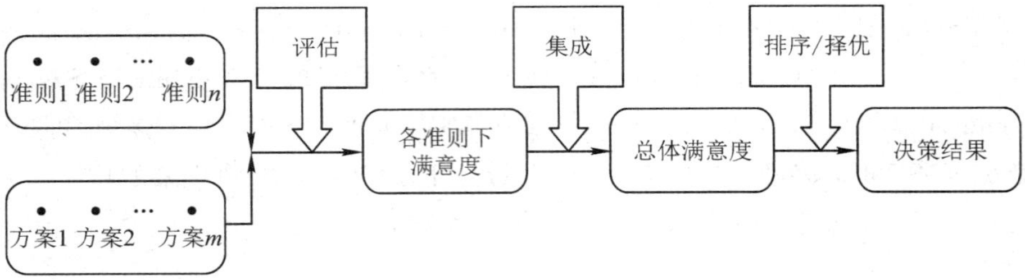

图 1.1　基于集成函数的多准则决策方法的一般流程

(1) 分析问题，提取决策要素，包括决策方案/决策变量、准则等，确定可行的决策方案集和准则集。

(2) 评估各准则下每个方案的满意度。初始的评估信息形式多样，诸如实数、模糊数、区间值、模糊子集和语言变量等形式，此阶段满意度的获取需要标准化各种形式的评估信息，常用措施是标准化为模糊子集的隶属度，如式(1.1)中的 $c_i(x)$。

(3) 依据多准则决策问题中潜在的规则和特征，设计合理的集成函数，并基于该集成函数将各方案在各准则下的满意度整合为总体满意度。

(4) 最后根据各方案的总体满意度，对各方案进行排序和择优的操作，获得决策结果。

本书中常用的集成算子是 OWA(有序加权平均) 算子，该算子是 1988 年由 Yager(Yager, 1988) 提出的。设权重向量 $\boldsymbol{w}=(w_1, \cdots, w_n)$，其中 $w_i \in [0, 1]$ 且 $\sum_{i=1}^{n} w_i=1$，OWA 算子定义为映射 OWA: $\mathbf{R}^n \to \mathbf{R}$:

$$\mathrm{OWA}_w(c_1(x), c_2(x), \cdots, c_n(x))=\sum_{i=1}^{n} w_i \cdot c_{[i]}(x) \tag{1.4}$$

其中 $c_{[i]}(x)$表示方案 x 第 i 大的满意度。在 OWA 算子中，很重要的一点是确定算子权重，有不少文献在研究这个课题，其中徐泽水教授(Xu, 2005)提出了基于正态分布以确定 OWA 权重的方法，他认为，不同的个体在评估同一个对象时，往往会因为个人认识、偏好、心态等方面的原因造成失真，过度偏高和过度偏低的看法一般都不太可信，所以需要设计方法促使单一对象的总体评估回归平均。因此，应该对失真观点赋值较低的权重，而对

平均观点赋值更高的权重。现在对基于正态分布的 OWA 赋权方法做简要介绍：

$$w_i=\frac{\exp\{-[(i-\mu_n)^2/(2\sigma_n^2)]\}}{\sum_{k=1}^{n}\exp\{-[(k-\mu_n)^2/(2\sigma_n^2)]\}} \tag{1.5}$$

其中

$$\mu_n=\frac{n+1}{2},\quad \sigma_n=\sqrt{\frac{1}{n}\sum_{k=1}^{n}(k-\mu_n)^2}$$

以 $n=9$ 为例，根据式(1.5)计算得到的 9 个权重如图 1.2 所示，越靠中间(w_5)，权重的值越大，越能够有效地避免“失真”。

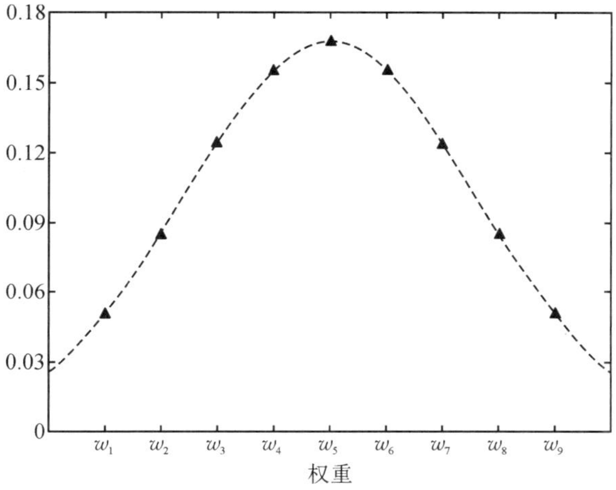

图 1.2　$n=9$ 情况下的 OWA 算子权重

1.3　Outranking 方法

在 Kaliszewski 等(Kaliszewski et al, 2012)看来，方案 x^* 是最优方案，意味着 $\nexists x\in X\backslash\{x^*\}$ 使得 $x\trianglerighteq x^*$，符号“$\trianglerighteq$”表示绝对优势关系(dominance relation)。$x\trianglerighteq x^*$ 表示 x 绝对优于 x^*，即对于所有的 $i=1, 2, \cdots, n$，都有 $c_i(x)\geqslant c_i(x^*)$，且至少有一个 $j\in\{1, 2, \cdots, n\}$ 使得 $c_j(x)>c_j(x^*)$。可根据上述定义判断两个方案孰优孰劣，但是这是一个很强的条件，在方案集中往往有某些方案对不能满足这个关系，存在不可比的情况。Roy(Roy, 1968)采用了一种较弱的排序关系，称之为“级别高于关系(outranking relation)”，这种关系是建立在决策人愿意承担由于承认 $x_j\trianglerighteq x_k$ 的假设所产生的风险的基础上。级别高于关系的定义如下：

定义 1.2　根据决策者给出的优先序关系和决策属性信息，给定方案集 X，$\forall x_j$、$x_k\in X$，当且仅当人们有理由相信 x_j 的级别高于或无差异于 x_k 时，$x_j\mathrm{S}x_k$，意思是 x_j 至少与 x_k 一样好，这种关系称为级别高于关系(outranking relation)。

级别高于关系必须遵守以下两条性质：

(1)(弱传递性)对于 X 中的任意方案 x_j，x_k，x_l，有

$$\left.\begin{array}{l} x_j \mathrm{S} x_k \\ x_k \trianglerighteq x_l \end{array}\right\} \Rightarrow x_j \mathrm{S} x_l \text{ 及 } \left.\begin{array}{l} x_j \trianglerighteq x_k \\ x_k \mathrm{S} x_l \end{array}\right\} \Rightarrow x_j \mathrm{S} x_l$$

但是，级别高于关系并不一定是传递的，即

$$\left.\begin{array}{l} x_j \mathrm{S} x_k \\ x_k \mathrm{S} x_l \end{array}\right\} \nRightarrow x_j \mathrm{S} x_l$$

(2)(自反性)$\forall x \in X \Rightarrow x \mathrm{S} x$，即任意方案 x 与其本身无差异。

结合自反性和弱传递性，将 $x_k = x_j$ 代入弱传递性的第一个式子中，可得 $x_j \trianglerighteq x_l \Rightarrow x_j \mathrm{S} x_l$，也就是说，绝对优势关系要比级别高于关系更严格。

到目前为止，已经有了多种形式的级别高于关系，并在此基础上发展出了许多针对多准则决策问题的方法，本书统称为 Outranking 方法。最为常见的 Outranking 方法有 ELECTRE(Roy，1968)和 PROMETHEE(Brans et al，1986)，不同 Outranking 方法设计的基础是不同形式的级别高于关系，下文讨论 ELECTRE 和 PROMETHEE 两种方法级别高于关系的具体形式以及方法步骤。

1.3.1 ELECTRE

1965 年，Roy 为解决多准则决策问题，提出了 ELECTRE 方法，该方法的最初想法在 1966 年的一篇研究报告(Benayoun et al，1966)中公开。ELECTRE 方法主要分为三类：针对筛选问题的 ELECTRE-I(Roy，1968)、ELECTRE-Iv(Maystre et al，1994)和 ELECTRE-IS (Roy & Skalka，1984)，针对分级问题的 ELECTRE-II(Grolleau & Tergny，1971)、ELECTRE-III (Roy et al，1986)和 ELECTRE-IV(Hugonnard & Roy，1982)，以及针对排序问题的 ELECTRE-TRI(Yu，1992)。本书主要涉及筛选问题，并把 ELECTRE-I 及其扩展方法应用到优先多准则决策问题中。

Outranking 方法通常包含两个步骤：第一步是两两比较方案，从而构建方案间的级别高于关系；第二步是深入探索构建出的级别高于关系，从而为决策者提供决策建议。

ELECTRE-I 方法也不例外，在 ELECTRE-I 方法中，级别高于关系的构建基于以下两个指标：

(1) 和谐性检验：在检验一个级别高于关系 $x_j \mathrm{S} x_k$ 时，需要足够多数的准则支持该断言。

(2) 不和谐性检验：在和谐性检验通过后，剩下的少数准则中不会出现过于强烈反对该断言的准则。

ELECTRE-I 定义了和谐性指标用于度量和谐性准则联盟的强度，设各准则的权重为 w_1，w_2，…，w_m，满足 $\sum_{i \in N} w_i = 1$，其是 $N = \{1, 2, \cdots, n\}$ 表示准则的索引集；给定和谐水平 α，其值通常落在区间 $[0.5, 1 - \min_{i \in N} w_i]$ 内。针对两个方案 x_j、$x_k \in X$，构造如下的三个索引集：

$$N_{jk}^{+}=N^{+}(x_j, x_k)=\{i \in N \mid c_i(x_j)>c_i(x_k)\} \tag{1.6}$$

$$N_{jk}^{=}=N^{=}(x_j, x_k)=\{i \in N \mid c_i(x_j)=c_i(x_k)\} \tag{1.7}$$

$$N_{jk}^{-}=N^{-}(x_j, x_k)=\{i \in N \mid c_i(x_j)<c_i(x_k)\} \tag{1.8}$$

进一步计算和谐性指标：

$$I_{jk}=\sum_{i \in N_{jk}^{+}} w_i+\sum_{i \in N_{jk}^{=}} w_i \tag{1.9}$$

若 $I_{jk} \geqslant \alpha$，则意味着断言 $x_j S x_k$ 通过了和谐性检验。

此外，ELECTRE-I 定义了不和谐性指标：

$$D_{jk}=\max_{i \in N}\left\{\frac{c_i(x_k)-c_i(x_j)}{\nu}\right\} \tag{1.10}$$

式中 ν 是给定的否决阈值。当 $D_{jk}<1$ 时，断言 $x_j S x_k$ 通过不和谐检验。

与 ELECTRE-I 一样，ELECTRE-Iv 和 ELECTRE-IS 也需要检验和谐性和不和谐性条件，只是这两个改进版本有细微变化。

在 ELECTRE-Iv 中，唯一的不同是在不和谐性检验中有一个称为不可否决条件的过程，即

$$c_i(x_j)+\nu_i[c_i(x_j)] \geqslant c_i(x_k), \quad \forall i \in N \tag{1.11}$$

式中 ν_i 是与准则 $c_i \in C$ 有关的否决阈值。在此基础上定义不和谐性指标：

$$D_{jk}=\max_{i \in N}\left\{\frac{c_i(x_k)-c_i(x_j)}{\nu_i[c_i(x_j)]}\right\} \tag{1.12}$$

ELECTRE-IS 的主要创新点是使用了伪准则代替原准则。首先构造了两个索引集：

$$N_{jk}^{S}=N^{S}(x_j, x_k)=\{i \in N \mid c_i(x_j)+q_i[c_i(x_j)] \geqslant c_i(x_k)\} \tag{1.13}$$

$$N_{jk}^{Q}=N^{Q}(x_j, x_k)=\{i \in N \mid c_i(x_j)+q_i[c_i(x_j)]<c_i(x_k)<c_i(x_j)+p_i[c_i(x_j)]\} \tag{1.14}$$

在此基础上定义和谐性检验：

$$I_{jk}=\sum_{i \in N_{jk}^{S}} w_i+\sum_{i \in N_{jk}^{Q}} \varphi_{ijk} w_i \tag{1.15}$$

其中 $0 \leqslant q_i[c_i(x_j)] \leqslant p_i[c_i(x_j)]$ 且

$$\varphi_{ijk}=\frac{c_i(x_j)+p_i[c_i(x_j)]-c_i(x_k)}{p_i[c_i(x_j)]-q_i[c_i(x_j)]}$$

同时定义不可否决条件：

$$c_i(x_j)+\nu_i[c_i(x_j)] \geqslant c_i(x_k)+q_i[c_i(x_k)]\eta_i \tag{1.16}$$

式中：

$$\eta_i=\frac{1-I_{jk}-w_i}{1-\alpha-w_i}$$

在此基础上定义不和谐性指标：

$$D_{jk}=\max_{i \in N}\left\{\frac{c_i(x_k)-c_i(x_j)+q_i[c_i(x_k)]\eta_i}{\nu_i[c_i(x_j)]}\right\} \tag{1.17}$$

根据上述和谐性和不和谐性检验，确定任意两两方案之间是否存在级别高于关系。两个方案 x_j、$x_k \in X$ 之间的关系只可能是以下四种情况之一：

(1) $x_j \mathrm{S} x_k$ 成立但 $x_k \mathrm{S} x_j$ 不成立，即 $x_j \mathrm{P} x_k$，表示 x_j 严格优于 x_k；

(2) $x_k \mathrm{S} x_j$ 成立但 $x_j \mathrm{S} x_k$ 不成立，即 $x_k \mathrm{P} x_j$，表示 x_k 严格优于 x_j；

(3) $x_j \mathrm{S} x_k$ 和 $x_k \mathrm{S} x_j$ 都成立，即 $x_j \mathrm{I} x_k$，表示 x_j 与 x_k 差不多；

(4) $x_j \mathrm{S} x_k$ 和 $x_k \mathrm{S} x_j$ 都不成立，即 $x_j \mathrm{R} x_k$，表示 x_j 与 x_k 不可比较。

确定了方案集 X 中所有成对方案之间的级别高于关系，也就完成了 ELECTRE-I 方法的第一步。

1.3.2 PROMETHEE

组织排序法(Preference Ranking Organization METHod for Enrichment Evaluations, PROMETHEE)(Brans et al, 1986)是一类建立在级别优先关系上的排序方法，其根本思想在于对可行方案进行两两比较从而得出它们之间的偏好关系，即一个方案与另一个方案相比是否占优、无差异或者无法比较。近年来相关领域的研究学者对于适应不同情况的PROMETHEE方法做了大量研究。首先，J. P. Brans 提出了最经典的两类 PROMETHEE 方法，用于偏序排列的 PROMETHEE Ⅰ方法和用于全序排列的 PROMETHEE Ⅱ方法；随后，相关领域的研究学者又将其推广到适用于区间数的 PROMETHEE Ⅲ方法和适用于连续情形的 PROMETHEE Ⅳ方法(Brans & Vincke, 1985; Brans et al, 1986; Brans & Mareschal, 2005; Brans & Mareschal, 1990)；PROMETHEE Ⅴ方法考虑了分割约束(Brans & Mareschal, 1992)；PROMETHEE GDSS 方法适用于群决策问题(Macharis et al, 1998)。

本章主要考虑前两种经典的 PROMETHEE 方法：PROMETHEE Ⅰ方法和 PROMETHEE Ⅱ方法。它们具有比较高的相似性，这两种方法都是通过偏好函数将两个可行方案在某个准则下的差距映射到一个偏好值上。之后，PROMETHEE Ⅰ方法通过对不同评价准则下偏好值的集成定义了流入(incoming flow)和流出(outgoing flow)，并据此得到可行方案的偏序；而 PROMETHEE Ⅱ方法在此基础上，又将每个可行方案上流入和流出的差定义为净流(net flow)，从而得到可行方案的全序。尽管由 PROMETHEE Ⅱ方法得出的全序更易于理解和使用，PROMETHEE Ⅰ方法中的偏序却能够提供更多的信息以支撑决策，因此在实际应用中建议同时考虑全序和偏序以提高决策过程的科学性和全面性。

PROMETHEE Ⅰ方法和 PROMETHEE Ⅱ方法可以简要地概括为以下几个步骤：

步骤 1：确定不同评价准则的权重 $w_i(i=1, 2, \cdots, n)$，要求 $\sum_{i=1}^{n} w_i = 1$。

步骤 2：在不同准则 $c_i(i=1, 2, \cdots, n)$下评估每个可行方案，并计算每两个方案 x_s、x_t 之间的差距，即

$$d_i(x_s, x_t) = c_i(x_s) - c_i(x_t) \tag{1.18}$$

步骤 3：计算每两个方案在不同准则 c_i 下的偏好值 $\chi_i(x_s, x_t)$，即

$$\chi_i(x_s, x_t) = P_i[d_i(x_s, x_t)] \tag{1.19}$$

其中 $P_i(\cdot)$将两个方案之间的差距映射到一个[0，1]区间内的偏好值上，一般称其为偏好函数，或者广义准则。Brans 等(Brans et al，1986)提出了六种广义准则，包括常用偏好函数、拟偏好函数、线性偏好函数、分级偏好函数、具有无差异区间的线性偏好函数和高斯偏好函数。在实际应用中，这 6 种偏好函数一般可以满足绝大部分的实际需求，特殊情况下也可以考虑其他类型的偏好函数，只要它满足以下 3 个性质：

(1) 当 $d_i(x_s, x_t) \leqslant 0$ 时，$P_i[d_i(x_s, x_t)] = 0$。

(2) 当 $d_i(x_s, x_t)$足够大时，$P_i[d_i(x_s, x_t)] = 1$。

(3) $P_i(\cdot)$单调递增。

步骤 4：计算方案 x_s 对方案 x_t 的多准则偏好值 $\chi(a_i, a_j)$，即

$$\chi(x_s, x_t) = \sum_{i=1}^{n} w_i \chi_i(x_s, x_t) \tag{1.20}$$

易见，当 $\chi(x_s, x_t) \to 0$ 时，方案 x_s 对方案 x_t 的偏好较弱；当 $\chi(x_s, x_t) \to 1$ 时，方案 x_s 对方案 x_t 的偏好较强。

步骤 5：计算方案 x_s 的流入，即

$$\varphi^+(x_s) = \sum_{t=1, t\neq s}^{m} \frac{1}{m-1} \chi(x_s, x_t) \tag{1.21}$$

流出，即

$$\varphi^-(x_s) = \sum_{t=1, t\neq s}^{m} \frac{1}{m-1} \chi(x_t, x_s) \tag{1.22}$$

那么对于 PROMETHEE Ⅰ方法，通过比较流入和流出，可以得到可行方案集的偏序：

(1) 方案 x_s 的级别高于方案 x_t，当 $\varphi^+(x_s) \geqslant \varphi^+(x_t)$并且 $\varphi^-(x_s) \leqslant \varphi^-(x_t)$时。

(2) 方案 x_s 与方案 x_t 无差异，当 $\varphi^+(x_s) = \varphi^+(x_t)$并且 $\varphi^-(x_s) = \varphi^-(x_t)$时。

(3) 方案 x_s 与方案 x_t 无法比较，当 $\varphi^+(x_s) > \varphi^+(x_t)$并且 $\varphi^-(x_s) > \varphi^-(x_t)$，或者 $\varphi^+(x_s) < \varphi^+(x_t)$并且 $\varphi^-(x_s) < \varphi^-(x_t)$时。

在此基础上，对于 PROMETHEE Ⅱ方法，定义方案 x_s 的净流为

$$\varphi(x_s) = \varphi^+(x_s) - \varphi^-(x_s) \tag{1.23}$$

则可获得可行方案的全序。

1.4　优先多准则决策

首先参考现有文献(Yager，2004；Yager，2008；Yan et al，2011；Yager，2009；Wang & Chen，2007；Chen & Wang，2009；Yager et al，2011)定义准则间的优先关系。在多准则决策问题中，设准则集 $C = \{c_1, c_2, \cdots, c_n\}$可被划分为 q 个优先层，$H = \{H_1, H_2, \cdots, H_q\}$，若 $k < l$ 则有 $H_k > H_l$，其中 $H_k = \{c_{k1}, c_{k2}, \cdots, c_{kn_k}\}$为集合 C 的子集，符号"$>$"表示"优先于"。如此不同优先层中的准则之间具有优先关系，若 $k < l$，则优先层 H_k 中的准则较优

先层 H_l 中的准则具有更高的优先级，且有 $H_1 > H_2 > \cdots > H_q$。任意两个优先层中没有相同的准则，即对于 $k \neq l \in \{1, 2, \cdots, q\}$ 有 $H_k \cap H_l = \varnothing$，$C = \bigcup_{k=1}^{q} H_k$，故 $n = \sum_{k=1}^{q} n_k$。在任一多准则决策问题中，若准则间存在优先关系，则称该问题为优先多准则决策问题，准则集 C 的优先层结构如图 1.3 所示。

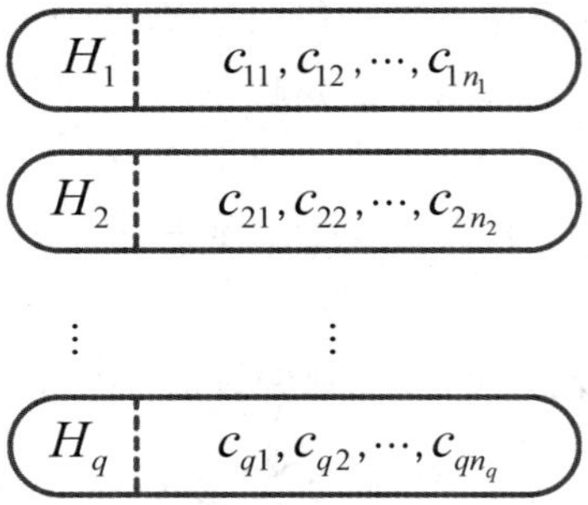

图 1.3　准则集 C 的优先层结构

根据 Yager(Yager，2004；Yager，2008)的定义，优先关系可分为以下两类：

(1) 强序优先关系(strictly ordered prioritization)，所有准则是严格线性序的，即各优先层中仅有一个准则，优先层的数量为准则的个数 n。

(2) 如果准则的优先关系遵从上述定义而又非强序优先关系，则为弱序优先关系(weakly ordered prioritization)。

在 Yager(Yager，2004；Yager，2008)看来，优先多准则决策问题中的准则要么依据其间的优先关系产生权重，要么优先关系将改变它们的原有权重，而且低优先级准则的权重会受到高优先级准则满足程度的影响。

下文中将简要介绍一些用于优先多准则决策的主流优先集成算子，以便更为深入地了解优先关系和优先多准则决策。

1) Yager(Yager，2004；Yager，2008)提出的优先集成算子

基于有序加权平均算子和三角模(T-norm)，Yager(Yager，2004)提出了首个优先集成算子。

定义 1.3　(Batyrshin & Kaynak，1999；Oussalah，2003)三角模(T-norm) $\mathbf{T}$ 为$[0, 1] \times [0, 1] \to [0, 1]$的映射，遵守以下 4 个性质：

(1) 交换律：$\mathbf{T}(a, b) = \mathbf{T}(b, a)$。

(2) 单调性：若 $a_1 \geqslant a_2$，$b_1 \geqslant b_2$，则有 $\mathbf{T}(a_1, b_1) \geqslant \mathbf{T}(a_2, b_2)$。

(3) 分配律：$\mathbf{T}[a, \mathbf{T}(b, c)] = \mathbf{T}[\mathbf{T}(a, b), c]$。

(4) 1 为 T-norm 的单位元素：$\mathbf{T}(1, a) = a$。

其中 $a, a_1, a_2, b, b_1, b_2, c \in [0, 1]$。

上面定义中的分配律可进一步写成如下形式：

$$\mathbf{T}(a, b, c) = \mathbf{T}[a, \mathbf{T}(b, c)] = \mathbf{T}[\mathbf{T}(a, b), c]$$

T-norm 的典型例子如下(Kolesárová & Komorníková, 1999; Kolesárová et al, 2007):

(1) 取小算子:$\mathbf{T}_{\mathrm{M}}(a, b)=\min(a, b)=a \wedge b$。

(2) 乘算子:$\mathbf{T}_{\mathrm{P}}(a, b)=a \cdot b$。

(3) Łukasiewicz 算子:$\mathbf{T}_{\mathrm{L}}(a, b)=\max(a+b-1, 0)$。

定义 1.4　(Yager 2004)在一优先多准则决策问题中,假设有一组具有强序优先关系的准则 $C=\{c_1, c_2, \cdots, c_n\}$,方案集为 $X=\{x_1, x_2, \cdots, x_m\}$,必然存在一组下标 $(1, 2, \cdots, n)^{\mathrm{T}}$ 的置换 $(\sigma(1), \sigma(2), \cdots, \sigma(n))^{\mathrm{T}}$ 使得 $c_{\sigma(j-1)} \succ c_{\sigma(j)}(j=2, 3, \cdots, n)$,此时定义优先集成算子 PA_1:$[0, 1]^n \to [0, 1]$为

$$\mathrm{PA}_1(c_1(x_i), c_2(x_i), \cdots, c_n(x_i))=\sum_{j=1}^{n} v_j\, \mathbf{T}(E(G_{j-1}(x_i)), c_{\sigma(j)}(x_i)) \tag{1.24}$$

式中 $\boldsymbol{v}=(v_1, v_2, .., v_n)^{\mathrm{T}}$ 表示该算子的权重向量,且有 $v_j \in [0, 1](j=1, 2, \cdots, n)$,$\sum_{j=1}^{n} v_j=1$,$G_{j-1}=\{c_{\sigma(1)}, c_{\sigma(2)}, \cdots, c_{\sigma(j-1)}\}$,$E(G_{j-1}(x_i))=\mathbf{T}(S(c_{\sigma(1)}(x_i)), S(c_{\sigma(2)}(x_i)), \cdots, S(c_{\sigma(j-1)}(x_i)))$ 中 S:$[0, 1] \to [0, 1]$ 为评估信息的满意度函数。

若式(1.24)中的 T-norm 为乘算子,则有

$$\begin{aligned}\mathrm{PA}_1(c_1(x_i), c_2(x_i), \cdots, c_n(x_i)) &= \sum_{j=1}^{n} v_j E(G_{j-1}) c_{\sigma(j)}(x_i) \\ &= \sum_{j=1}^{n} v_j \cdot S(c_{\sigma(1)}) \cdot S(c_{\sigma(2)}) \cdot \cdots \cdot S(c_{\sigma(j-1)}) \cdot c_{\sigma(j)}(x_i)\end{aligned} \tag{1.25}$$

式(1.25)中:若 $v_j \cdot S(c_{\sigma(1)}) \cdot S(c_{\sigma(2)}) \cdot \cdots \cdot S(c_{\sigma(j-1)})=\widetilde{w}_j$,则有

$$\mathrm{PA}_1(c_1(x_i), c_2(x_i), \cdots, c_n(x_i))=\sum_{j=1}^{n} \widetilde{w}_j c_{\sigma(j)}(x_i) \tag{1.26}$$

该式与有序加权平均算子的形式十分相似,易知上述定义的优先集成算子主要考虑了优先关系对加权集成算子中权重的影响。

若式(1.24)中的 T-norm 为乘算子,且 $v_j=1(j=1, 2, \cdots, n)$,则该优先集成算子退化为文献(Yager, 2008)中的优先集成算子。此外 Yager(Yager, 2004; Yager, 2008)提出的关于准则间强序优先关系的优先集成算子也由他本人拓展为弱序优先关系的情况,篇幅所限,此处不赘述。在接下来其他优先集成算子的介绍中,本文也仅讨论强序优先关系的情况。

2) *参考文献(Wang & Chen, 2007; Chen & Wang, 2009)中提出的优先集成算子*

假设多准则决策问题中需要对 $x_1, x_2, \cdots, x_m$ 等 m 个方案,在 $c_1, c_2, \cdots, c_n$ 等 n 个优先准则下进行评估,其中 $c_1 \succ c_2 \succ \cdots \succ c_n$,根据文献(Wang & Chen, 2007; Chen & Wang, 2009)中的思想,方案 x_i 的总体评估值可如下计算:

$$c(x_i)=\mathrm{PA}_2(c_1(x_i), c_2(x_i), \cdots, c_n(x_i))=\sum_{j=1}^{n} W_{ij} \cdot w_j \cdot f_j(c_j(x_i)) \tag{1.27}$$

其中 w_j 表示准则 c_j 的权重,$c_j(x_i)$为方案 x_i 在准则 c_j 下的评估信息。设 τ_j 为给定的在

准则 c_j 下评估信息的阈值，文献(Wang & Chen，2007；Chen & Wang，2009)中考虑了函数 f_j 两种可能的形式：

$$f_j(c_j(x_i))=\begin{cases}1, & c_j(x_i)\geqslant\tau_j\\ 0, & \text{其他}\end{cases}\tag{1.28}$$

及

$$f_j(c_j(x_i))=\begin{cases}c_j(x_i), & c_j(x_i)\geqslant\tau_j\\ 0, & \text{其他}\end{cases}\tag{1.29}$$

式(1.27)中，W_{ij} 的值由方案 x_i 在准则 c_k 下的满意度 $S_k(c_k(x_i))$ 决定，其中 $k=1, 2, \cdots, j-1$，且有

$$W_{ij}=\begin{cases}1, & j=1\\ \prod_{k=1}^{j-1}S_k(c_k(x_i)), & j=2,3,\cdots,n\end{cases}\tag{1.30}$$

式中：

$$S_k(c_k(x_i))=\begin{cases}1, & c_k(x_i)\geqslant\theta_k\\ 0, & c_k(x_i)<\theta_k\end{cases}\tag{1.31}$$

文献作者指出了确定 θ_k 的两种方法：其一，θ_k 与式(1.28)、式(1.29)中的 τ_j 相似，为单位区间[0，1]中的设定值；其二，$\theta_k=\max_{i\in P_k}\{c_k(x_i)\}$，其中 $P_k=\{i\mid W_{ik}=1\}$。

3) Yan 等人(Yan et al，2011)提出的优先集成算子

文献(Yan et al，2011)的主要贡献有以下 3 点：

(1) 借助有序加权平均算子，可将任意准则间具有弱序优先关系的多准则决策问题转化为强序优先关系的问题；

(2) 比较各类 T-norm，并对它们导出优先权重的性能做了分析；

(3) 提出了更为合理的满意函数。

同样有 $x_1, x_2, \cdots, x_m$ 等 m 个方案，$c_1, c_2, \cdots, c_n$ 等 n 个准则，且有 $c_1\succ c_2\succ\cdots\succ c_n$，则按照文献(Yan et al，2011)，可计算方案 x_i 的总体评估值如下：

$$c(x_i)=\mathrm{PA}_3(c_1(x_i), c_2(x_i), \cdots, c_n(x_i))=\sum_{j=1}^{n}E(G_{j-1}(x_i))\cdot c_j(x_i)\tag{1.32}$$

其中

$$E(G_k(x_i))=\begin{cases}1, & k=0\\ \mathbf{T}(E(G_{k-1}(x_i)), S_j(c_j(x_i))), & k=1, 2, \cdots, n-1\end{cases}\tag{1.33}$$

$S_j(c_j(x_i))=S(c_j(x_i)\geqslant\rho_j)$为决策者对评估信息 $c_j(x_i)$的满意程度，与决策的需求 ρ_j 有关，若决策有确定的需求，则 ρ_j 为一小数，此时有

$$S_j(c_j(x_i))=S(c_j(x_i)\geqslant\rho_j)=\begin{cases}1, & c_j(x_i)\geqslant\rho_j\\ 0, & \text{其他}\end{cases}\tag{1.34}$$

更可能的是决策者的不确定需求，此时 ρ_j 为论域[0，1]上的模糊子集，设 $\mu_{\rho_j}(s)(s\in[0, 1])$

为 ρ_j 的隶属函数，则有

$$S_j(c_j(x_i)) = S(c_j(x_i) \geqslant \rho_j) = \frac{\int_0^{c_j(x_i)} \mu_{\rho_j}(s)\mathrm{d}s}{\int_0^1 \mu_{\rho_j}(s)\mathrm{d}s} \tag{1.35}$$

优先多准则决策只是一个特例。经过经典多准则决策方法多年的发展，人们发现该模型过于理想化，难以解决实际应用中的多准则决策问题，例如：

(1) 上述模型认为准则之间是相互独立的，而在实际问题中却往往是有关联的，只是关联性小的时候可以近似为独立；

(2) 方案是独立的、简单的，而现实中往往是动态系统，不合理评估会对决策结果产生较大影响。许多学者也认识到经典模型的不足，尝试着拓展和改进。

在文献中，多准则决策问题中的准则之间存在联系得到广泛认可(Sugeno，1974；Murofushi & Sugeno，1989；Angilella et al，2004；Xu，2010；Carlsson & Fullèr，1995；Antuchevičiene et al，2010；Yu & Xu，2012；Yu & Xu，2013；Yager，2004；Yager，2008；Yan et al，2011；da Costa Pereira et al；2011)，常见的准则间的关系是关联关系。1974 年，Sugeno(Sugeno，1974)在他的博士论文中提出了模糊测度(fuzzy measure)的概念，可用于定量描述准则间的关联关系。以 Sugeno 积分(Sugeno，1974)和 Choquet 积分(Murofushi & Sugeno，1989)为代表的模糊积分(fuzzy integral)加之模糊测度一起被证实为应对包含关联准则的多准则决策问题的实用工具(Angilella et al，2004；Xu，2010)。除了应用最为广泛的模糊测度和模糊积分之外，也有其他一些方法被开发出来用以处理关联准则；Carlsson 和 Fullèr(Carlsson & Fullèr，1995)在文章中定义了一常数以量化准则间的关联程度，表达准则间潜在的冲突与支持；Antuchevičiene 等(Antuchevičiene et al，2010)在使用 TOPSIS(Technique for the Order Preference by Similarity to Ideal Solution)模型时用 Manalanobis 距离代替欧氏(Euclidean)距离以应对准则间有关联的多准则决策问题；Yu 和 Xu(Yu & Xu，2012)为表达准则间的关联关系引入了图理论，图的边权即为关联程度的量化，用于解决准则间有关联的多准则决策问题。另一类准则间关系是优先关系(Yu & Xu，2013；Yager，2004；Yager，2008；Yan et al，2011)，此类准则间关系近年来才被提出，但其实际应用却涉及方方面面，如信息检索(da Costa Pereira et al，2011)、偏好投票(Amin & Sadeghi，2010)、空中目标威胁评估(Huang et al，2010)、目标类型识别(Xu et al，2010)等。到目前为止，在类似的方法设计上，几乎所有的研究人员都在讨论怎样才能整合多个优先准则下的评估信息，对于如何解决具有优先准则的多准则决策问题讨论不多，此类问题更应受到关注。

决策方案间有关系是实际应用中多准则决策问题复杂的另一个重要体现。Rajabi 等(Rajabi et al，1998)提到多准则子集选择问题(multi－criteria subset selection problem)为一类特殊的多准则决策问题，在此类问题中每个决策方案都是行动子集，也就是由数个行动构成的集合，因此不同的决策方案中可能包含相同的行动，此外，Rajabi 等的文章(Rajabi et al，1998)中也提到在许多实际的多准则子集选择问题中组成方案的行动之间也常会存在相关性，这便是此类问题中方案相关性的基础。2009 年，Fan 和 Feng(Fan & Feng，2009)在他们的论文中提出多准则决策问题中的个体准则与协作准则的概念，前者就是通常意义上的准则，而后者则是由多个方案共享的准则，他们认为一对方案间有关系源自问题中协作准则的存在。

除了上述准则间和方案间的关系研究之外，动态多准则决策问题的研究也一直以来为人们所关注，但是对动态这个概念的解释却千变万化。在 Kornbluth(Kornbluth，1992)的观念中，由外界环境/条件、前阶段决策结果、决策者竞争地位等引起的决策域的变化，会影响到决策者对各准则的偏好，进而影响准则的重要性权重，因此由于时变的准则权重，动态是不可避免的。Townsend 和 Busemeye(Townsend & Busemeyer，1995)也持相似观点，只是 Townsend 和 Busemeyer 更关注决策者在(长时间)思考过程中对准则的偏好态度容易受到外部条件和决策者情绪的影响的问题。Liao(Liao，1998)在论文中提出了一个系统模型以支持一类复杂决策问题，在此类问题中，决策者需要应对一系列决策任务，而且前一决策任务与后一决策任务之间存在一种称之为链式影响的关系(换句话说，前一决策任务的决策结果会影响后一决策任务)，Liao 认为这种动态源自时序关联的决策任务，也因此在不同时刻环境的影响不容忽视。在对决策选择摇摆不定直至问题结束时才能最终确定的一类多准则决策问题进行研究后，Campanella 和 Ribeiro(Campanella & Ribeiro，2011)将动态解释为决策者的选择经常会随着外部环境与条件的变化而摇摆不定，像是来回振动中的机械弹簧一样，最终问题得以解决，在他们提出的动态模型中，方案与准则都会在动态多准则决策过程中变化，早先的决定会影响到后续的决定，这与 Liao(Liao，1998)认为的链式影响不同。

可以看到，许多学者已经发现了经典多准则决策模型与方法在实际应用的各个方面的不足，本书尝试从实际应用的角度，扩展多准则决策模型与方法，使之适用于各种复杂决策环境。

本章小结

本章讨论了多准则决策的基础知识，对多准则决策中常见的术语和方法进行了介绍，简要介绍了后续章节中将会用到的集成函数和 Outranking 方法，以及本书着重研究的优先多准则决策问题。受篇幅所限，本章没能系统而详尽地叙述多准则决策基础，相关背景接触较少的读者，建议适当阅读基础的书籍，例如《不确定多属性决策方法及应用》(Xu，2004a)和《多属性决策的理论与方法》(Xu & Wu ,2006)。

第 2 章　系统决策——复杂环境下的多准则决策模型

军事建模中存在着许多复杂决策环境，一个典型例子是火力分配问题。假如需要分配我方多个武器去攻击多个打击目标以最大程度降低敌方整体作战效能，最为常用的方法是先评估各可行火力分配方案下各打击目标的毁伤程度，然后综合所有目标的毁伤程度以计算敌方整体作战效能的损失，最后根据这些损失择优选择火力分配方案。如果把各目标的毁伤程度作为准则，火力分配方案的选择完全符合多准则决策的定义，然而实际火力分配方案问题难以在多准则决策框架下解决。首先是火力分配方案的复杂性，任何一火力分配方案都是多个火力打击行动(如武器 i 将在 t 时刻用于打击目标 k)的时序组合，不同武器打击不同目标的效能一般不相同，而且火力打击行动之间可能存在关联关系，可以描述为武器 i 先于武器 j 打击目标 k 与武器 j 先于武器 i 打击目标 k 的打击效果不同，此时武器 i 打击目标 k 的行动与武器 j 打击目标 k 的行动相关联，一个简单例子是杀伤藏匿于工事下的有生力量，先穿甲弹后云爆弹一般能很好地达到打击效果，但是反过来用难以达到效果。其次是打击目标之间可能存在以下关联关系：

(1) 作战任务往往会把打击目标分成不同的等级。

(2) 诸如通信节点的打击目标，瘫痪整个通信网络一般无需毁伤所有通信节点而需毁伤几个重要的通信枢纽，因为通信节点是相互关联的。

(3) 支援和保护也是一类目标间关联关系的体现，就像损毁某个目标可以通过大幅度提高另一个目标易损性，间接达到效果。除此之外，诸如考虑隐蔽性、安全性等多指标的机动路线规划，基于综合价值评估的战场目标选择，考虑地形、环境、作战单元支援等影响的战场态势估计等作战辅助决策问题均是复杂环境下的决策问题，超出了传统多准则决策的使用范畴。

不仅仅是军事领域中，诸如社会、经济、工程等各领域的决策问题都面临着复杂的决策环境。复杂决策环境中的决策信息一般呈现以下特点：

(1) 关联性强。复杂决策环境中决策信息相互独立的假设普遍不成立，要在复杂决策环境下保证决策的准确性，必须重视并合理建模决策信息的时序关联性及其空间结构上的关联性。

(2) 信息量大。随着信息获取技术的不断发展，在解决决策问题之前经常会涌入大量的信息，甚至有相互矛盾、相互冲突的可能，如何对大量决策信息进行有效的分析与挖掘，降低决策信息量，提高决策效率与精度，十分必要。

(3) 不确定程度高。决策信息量增大时，信息的不确定程度一般不会降低，反而会增加，例如以前会找个别专家提供信息，相比于互联网上大群体提供的信息，信息量更少且不确定程度更低，因此需要发展技术应对决策问题的不确定性，这也是复杂决策环境给决策问题带来困难的一个重要方面。

(4) 动态变化快。复杂决策环境中的决策问题通常都不是静态的问题，决策信息的动态变化经常会引起问题结构的变化，而且动态的决策信息经常伴随着信息的时序关联性，这些方面均加大了决策问题求解的难度。加之研究人员对决策心理的关注与重视，复杂决策信息环境下的决策问题不再是传统多准则决策模型所能应对的。本章为弥补多准则决策模型与方法在处理复杂环境中决策问题的不足，提出系统决策模型，作为经典多准则决策模型的改进与补充。

许多学者已经发现了经典多准则决策模型与方法在实际应用的不足，然而缺乏一个总体的认识，本章试图在分析前人工作的基础上得到更一般化的多准则决策模型以应对复杂环境下的多准则决策问题，称之为系统决策模型。

2.1 系统决策模型要素分析

系统决策模型可为解决复杂环境下的多准则决策问题提供基于准则系统从所有可行计划中评估与择优的框架，其主要决策要素包括准则系统、计划(系统化的方案)和决策环境。

2.1.1 准则系统

在系统决策模型针对的复杂环境下的多准则决策问题中，各式各样的准则间关系会极大地影响着决策选择，因此不仅需要像经典多准则决策模型一样深入剖析问题中准则的影响，更重要的是探索准则间关系的影响机制。例如，当需要整体瘫痪敌方通信网络时，如果忽略了通信节点间的联系，最优打击策略是损毁所有的通信节点，然而事实上或许只需损毁半数或者更少的通信节点，就可以达到事半功倍的效果，因此在构建系统决策模型过程中，研究准则及其间关系的意义较大。准则间关系的形式多样，第一类是“影响关系”，表示某准则的存在会影响到另一准则的评估，该关系是单向的，后者不会对前者有任何影响，就像预警机的合理作业能有效增强相关作战单元的作战效能；若两个或多个准则彼此之间相互影响，它们之间就存在“关联关系”，合理战斗队形下的作战单元就存在此类关系，因为战斗队形的保持有益于作战单元间的相互支援与协作，进而提高整体作战效能；此外“优先关系”也是准则间不可忽视的一类关系，作战任务中为反映目标在整体战斗中的价值经常把打击目标划分成不同的级别，高级别的目标需要优先打击，较低级别的目标而言，具有优先性，是“优先关系”的体现。根据 Yager(Yager，2004；Yager，2008)的观点，方案在高优先级准则下的损失不能为低优先级准则下的得益所弥补，有时低级别的打击目标损毁得再多也不能完成作战任务。需要注意，不同多准则决策问题涉及的准则间的关系一般不同，使用系统决策模型与方法时需要针对具体问题合理描述其间的关系。

在系统决策模型中，所有的准则及其间关系构成一个系统，称为准则系统，如图 2.1

所示，各准则是准则系统的组分，系统结构是所有准则间关系的体现。在利用系统决策模型解决相关问题时，评估一个计划/方案应基于整体的准则系统而不是各个准则。准则系统通常可以认作系统决策问题的内部环境，后面将介绍的决策环境则是问题的外部环境。与外部环境一样，系统决策问题的内部环境通常也是时变的，或者说在利用系统决策模型或方法解决问题的过程中，准则与准则间的关系会发生变化。例如，本章开头提到的火力分配问题是以各目标的毁伤程度为准则的多准则决策问题，在火力实施的过程中，有的目标会被损毁，也有新目标加入，这些事件的发生都会直接影响准则系统的变化，进而影响火力分配计划的制订，因此系统决策问题中准则系统的变化值得关注。

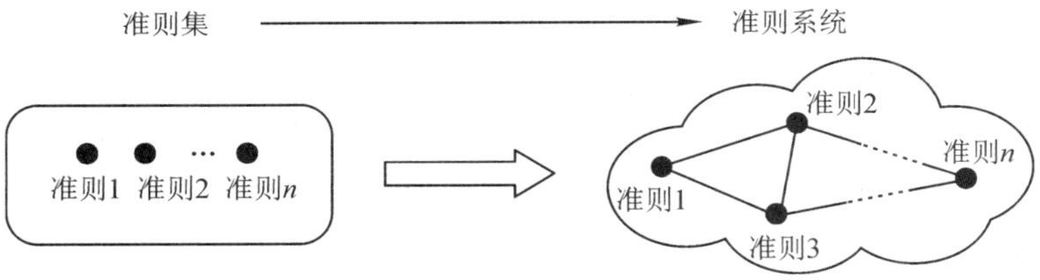

图 2.1　准则系统示意图

2.1.2　计划——系统化的方案

系统决策模型中的“计划”与经典多准则决策模型中的“方案”相对应，后者是从多个方案中择优，而前者是从多个计划中择优，之所以改变称呼，是因为“计划”更容易体现出与时间的相关性，像是各时刻事件的组合，与系统决策模型的动态特点吻合。与多准则决策模型中的方案不同，在系统决策模型中，计划一般由多个时序相关的策略组成，而策略可认为是系统决策问题中决策子问题的决策对象，因此系统决策问题可描述成数个决策子问题的时序组合，如图 2.2 所示。例如火力分配问题经常是多时段的，各时段中根据情况将武器分配给相关目标，此火力分配问题就是一个系统决策问题，是各时段静态火力分配问题的时序组合，某时段中的火力分配问题可认为是整个问题的决策子问题，该子问题的决策对象就是策略，诸如分配第 i 个武器到第 k 个目标，同时分配第 j 个武器到第 l 个目标等，所有时段的策略组合成火力实施计划。

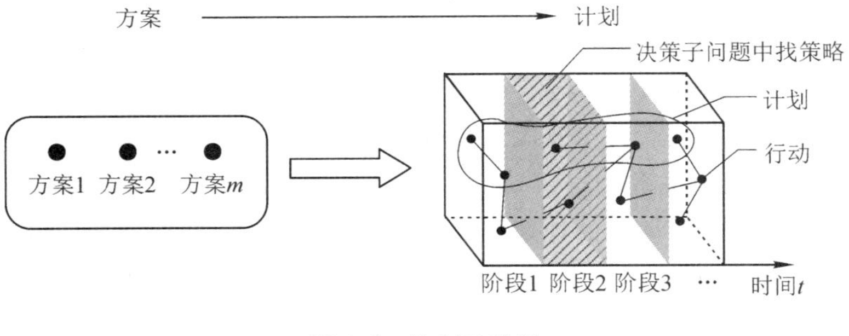

图 2.2　计划示意图

有一点必须注意，决策子问题之间通常存在联系，两类典型的联系是“因果联系”和“反因果联系”。前者指前期子问题的决策结果会影响到后续子问题的策略选择，这种情况在问题解决过程中经常会遇到。例如，某打击目标在某阶段被损毁，后续子问题中将不会再包含分配武器到该目标的所有策略，再有如果某阶段某武器的弹药完全消耗或出现发射故障，后续阶段与该武器相关的策略将不会再出现。除了此类直接影响之外，间接的“因果联系”也经常存在，例如前期子问题的决策结果会影响到决策环境，进而影响后续子问题的决策要素。《孙子兵法》中的“动敌”就是间接“因果联系”的很好体现，前期调动敌人是为了让后期的决策环境对己方有利，乱其阵脚、露其软肋，以便发挥出最佳的打击效能，提高整体打击效率。在系统决策模型中表现为前期的策略选择改变了后期的决策环境，由此引起了某些准则下评估函数、准则重要性权重、准则系统下综合评估函数等相关参数的变化，进而影响到相关时段策略的选择。“反因果联系”指未来决策子问题的环境(包括内部环境与外部环境)会影响到当前阶段子问题的策略选择。一个简单的例子是战斗中精确制导导弹的使用，精确制导导弹的效能远远高于其他武器，但通常一场战斗中能够使用的这类导弹数量很少，如不节制地随意使用，消耗速度很快，可能致使后期对目标的打击行动十分被动。可靠的限制导弹使用的方法是预估未来可能出现的目标，留有余量，这一决策中呈现出了未来影响当前的“反因果联系”。我国古代运筹帷幄的决策例子中也经常呈现出“反因果联系”，著名的“隆中对”便是如此，孔明先生预测出三足鼎立的未来形势，提出占荆州、取益州的战略构想，此后刘备集团的种种谋划、决策都受此影响。虽然运筹帷幄式的战略决策与本章讨论的系统决策有区别，但可以看到“反因果联系”在决策活动中普遍存在。正是因为系统决策问题中决策子问题间存在时序上的联系，相应的策略也就不能再独立分析，这是系统决策问题复杂性的一个方面。

许多系统决策问题中组成计划的策略还能再细分，此时策略可以看作多个行动的集合。在火力分配问题中，分配第 i 个武器到第 k 个目标为一个行动，此问题某时段的策略是多个这样的行动构成的集合，如果行动不违背打击规则，则该行动是一个有效行动，以一个或多个有效的且相互间不冲突的行动为元素的集合为一个可行策略，各决策子问题的可行策略才能组成一个可行计划，系统决策问题是在所有可行计划中择优，因此本章讨论的行动均为有效行动。行动之间也可能不独立，如果两个或多个行动间有关系，称为行动间关系。行动间关系一般分为两类：一类是时序上的关系，另一类是非时序的关系。以火力分配问题为例，当分配第 i 个和第 j 个武器打击同一个目标时，先第 i 个武器打击后第 j 个武器打击产生的效能一般不同于先第 j 个武器打击后第 i 个武器打击，这便是时序的行动间关系；而如果几个武器的复合打击效能高于各武器打击效能之和，则这几个武器的相关行动间存在非时序的行动间关系。

综上分析，系统决策问题中的计划可视为一个系统，系统的组分是计划中包含的行动，而由行动组成的策略是计划的子系统。本质上，计划由行动及行动间关系构成，策略和决策子问题只是为便于分析系统决策问题抽象出来的系统决策过程中的中间事物，将系统决策问题分解成多个决策子问题是为处理系统决策复杂性的简化方式。对于同一个系统决策问题而言，划分方式可以多种多样，因此子问题序列也一般不固定，策略的形式随划分方式的不同而变化。

基于准则系统的刻画，对一组具有系统形式的计划进行择优或排序，这是称本章讨论的决策模型为系统决策模型的原因。

2.1.3 决策环境

前面已经提到，决策环境又可称为系统决策问题的外部环境，与准则系统构成的内部环境相对应。在经典的多准则决策模型中很少提及决策环境，因为在决策过程中经常会忽略掉静态的、稳定的决策环境。然而依据系统理论的观点，系统内部环境与外部环境间的交互非常普遍。易变的外部环境极大地影响着系统决策问题中的部分决策因素，包括准则系统的结构、评估信息等，最终会影响到决策结果。一般来说，决策环境分为以下两种：

(1) 固有环境(inherent environment)。例如，火力分配问题中的风力、能见度以及空气温度、湿度等某些战场环境因素；此类环境的动态性是固有存在的、不确定的，而且一般不会受到早先阶段决策结果的影响。

(2) 干涉环境(coherent environment)。此类环境的改变与前阶段的决策结果密切相关，因此此类环境相对来说更容易预测与控制，在系统决策模型中更为关注。上述两类环境没有十分明确的界限，在某系统决策问题中的固有环境，很可能在另一问题中就变成了干涉环境。

由前阶段决策结果引起的决策环境的变化往往影响到包括准则系统和评估信息在内的下阶段决策要素，这种影响称之为反馈(feedback)，意思是前期决策的结果会借助决策环境反馈到后续的决策子问题中。反馈本质上是一类特殊的因果联系，会极大地影响到最优计划的选择。

2.2 系统决策的模型架构

与式(1.1)中的经典多准则决策模型类似，系统决策模型也可以建模成最优化模型：

$$\begin{aligned} \max \quad & F_C(p) \\ \text{s.t.} \quad & p \in P \end{aligned} \tag{2.1}$$

式中：P 表示所有可行计划构成的集合，$F_C(p)$表示在准则系统 C 下可行计划 p 的总体满意度，$F_C(p)$越大，p 越好，这也是依据准则系统 C 从集合 P 中计算最优计划 p^* 的体现。

与经典多准则决策模型相比，模型(2.1)与式(1.3)的模型十分类似，不同的是模型(1.3)的目标函数是依据准则集中的各准则集成评估信息的集成函数，而本节模型的目标函数需要充分考虑到整个准则系统，虽然它与各准则下的评估信息息息相关，但更需要充分关注准则间关系对目标函数的影响。

系统决策方法流程如图 2.3 所示，与 1.1 小节所示的多准则决策方法流程不同，系统决策模型中不可忽略时变的决策环境对准则系统以及评估信息的影响，同时复杂的具有系统结构的计划也难以在单个准则下直接评估出结果，更不用说需要在准则系统下对其进行评估。因此需要适度简化式(2.1)中的模型。

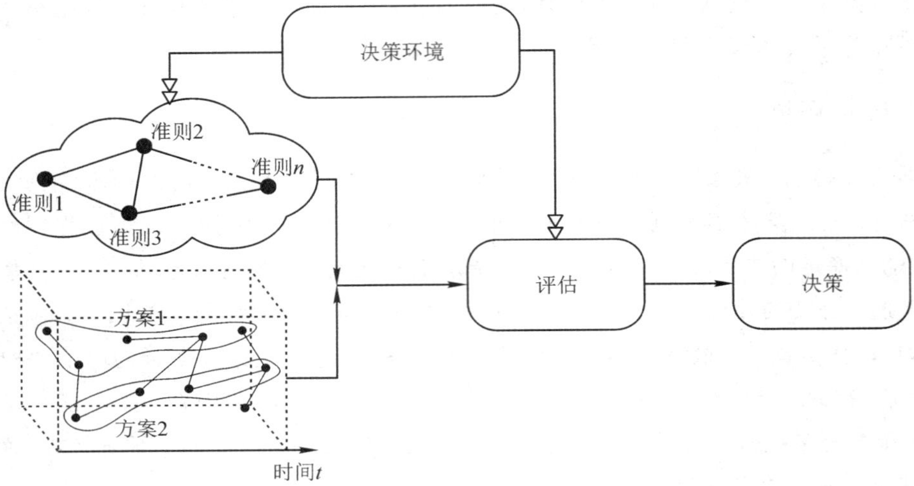

图 2.3　系统决策方法流程

如前文所述，首先将待解决的系统决策问题划分成若干个时序相关的决策子问题，在每个决策子问题中，准则系统和决策环境都假定是确定不变的，如此便于评估相关的策略以及选择出最优策略。假设某系统决策问题被划分成 t 个时段(T_1，T_2，…，T_t)下的 t 个决策子问题，系统决策问题的任意可行计划便可视为各决策子问题的可行策略的组合，即 $p=(s_1, s_2, \cdots, s_k, \cdots, s_t)$，若能够获取 t 个决策子问题的可行策略，相应的可行计划就能组合得到。此外若得到的 t 个可行策略是考虑决策子问题相互影响、相互制约后的最优策略，系统决策问题的最优计划便得以构建。基于此，将模型分解成 t 个相互关联的优化模型对应于各自的决策子问题：

$$\begin{aligned} &\max_{k=1,2,\cdots,t} \quad F_{C_k}(s_k) \\ &\text{s.t.} \quad s_k \in S_k \end{aligned} \tag{2.2}$$

式中：S_k 表示时段 T_k 下决策子问题的可行策略集，C_k 表示时段 T_k 下的准则系统，$F_{C_k}(s_k)$用于描述可行策略 s_k 关于准则系统C_k 的总体满意度。系统决策分时段模型框架如图 2.4 所示。

如图 2.4 所示单个时段 T_k 中，准则系统尽管会受到当前决策环境的影响(反馈)，构成它的准则及准则间关系在假设条件下是确定的，需要做的工作是如何在该准则系统下处理决策子问题以便从可行策略集 S_k 中择选出该时段下的最优策略 s_k^*。在此之前，必须注意到不同时段决策子问题间的相互影响、相互制约(图中表示为因果联系与反因果联系)，以及由此产生的对时段 T_k 中的决策子问题可行策略集、外部环境(决策环境)和内部环境(准则系统)的影响，也就是说，在处理时段 T_k 中的决策子问题时，首先需要确定该子问题的可行策略集、决策环境和准则系统。图 2.4 中的虚线表示因果联系，即早期决策子问题的策略选择会影响和制约后续决策子问题的可行策略以及内、外部环境；反因果联系在图中用粗点的有向直线描绘，主要表示未来时段中预估的决策子问题的内部环境(准则系统)，会影响到当前决策子问题可行策略集的确定。

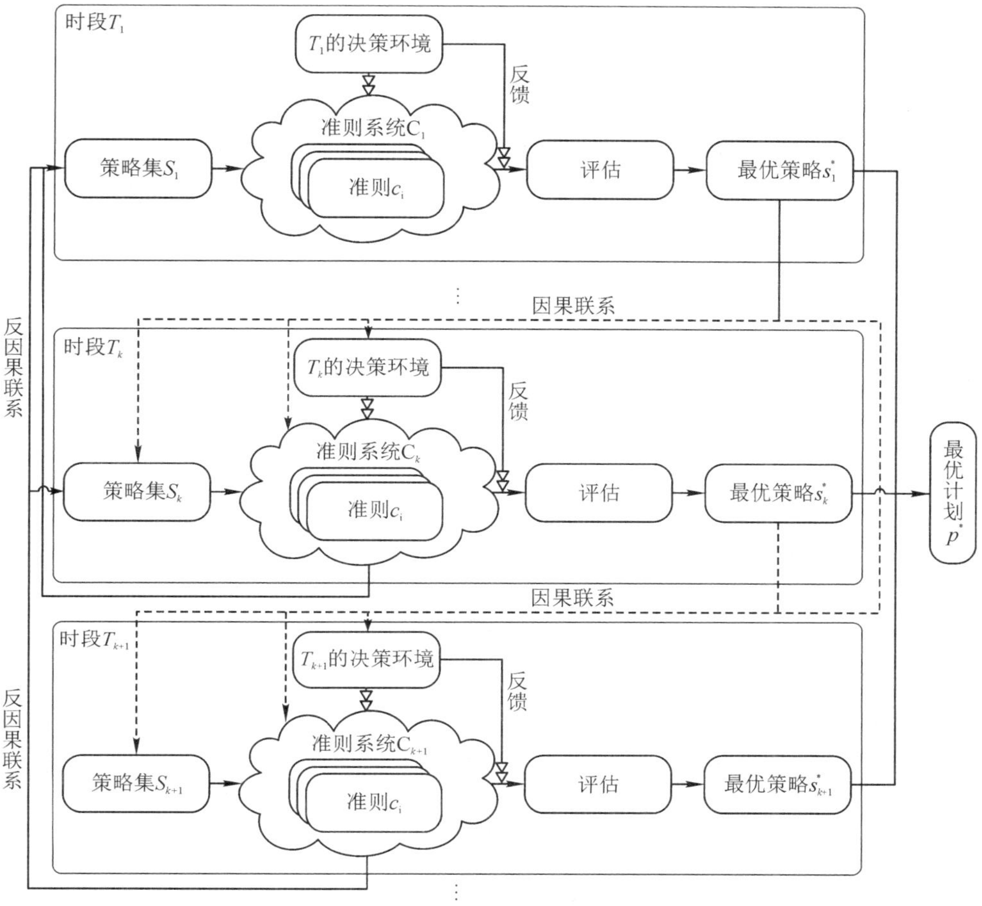

图 2.4　系统决策分时段模型框架图

然而相比于经典多准则决策问题中方案总体满意度的计算，各决策子问题中在准则系统C_k下总体评估策略s_k的满意度$F_{\mathrm{C}_k}(s_k)$有一定的难度，很难直接通过计算各准则c_i下的满意度$c_i(s_k)$得到，一般的方法是设计能够同步考虑各准则下满意度$c_i(s_k)$及准则间关系的函数以达到整体集成的目的，从而计算出$F_{\mathrm{C}_k}(s_k)$。可借鉴的方法也有一些，如基于模糊测度的 Choquet 积分(Sugeno，1974；Murofushi & Sugeno，1989；Angilella et al，2004；Xu 2010)、优先集成算子(Yu & Xu，2013；Yager，2004；Yager，2008；Yan et al，2011)，都能够在集成各准则下满意度的同时加入关联关系、优先关系等准则间关系的考虑。然而现有集成方法考虑准则间关系的类型比较单一，通用性不高，为此本文借鉴现有方法的思想，定义更具一般性的基于准则系统的集成函数。

根据图论的思想，将准则系统 C 划分为两个集合：准则集 C 和准则间关系集 R，记为 $\mathrm{C}=(C,R)$。特别地，在时段 T_k 中有$\mathrm{C}_k=(C_k,R_k)$，策略 s_k 的总体满意度可改记为 $F_{\mathrm{C}_k}(s_k)=F_{C_k,R_k}(s_k)$。称函数 $\widetilde{\mathrm{AF}}$：$[0,1]^n\to[0,1]$为系统集成函数，如果 $\widetilde{\mathrm{AF}}$ 满足 $\widetilde{\mathrm{AF}}(0,0,\cdots,0)=0$，意思是如果某系统中的所有组分无任何行为，则该系统整体将无任

何行为，如果涉及系统为准则系统，其解释为：若某决策对象在所有准则下都完全不能让决策者满意，则该决策对象在准则系统下也完全不能让决策者满意。与定义 1.1 中的集成函数不同，系统集成函数 $\widetilde{\mathrm{AF}}$ 并不是单调非减的，这是因为系统的整体涌现性对系统的整体效能影响较大。例如，在准则系统中某准则对其他部分准则有消极影响，则增加对该准则的满意度将通过消极影响降低相关准则的满意度，进而降低准则系统的总体满意度。

假设时段 T_k 中决策子系统的准则系统$\mathrm{C}_k=(C_k, R_k)$中有 n 个准则，设计系统集成函数 $\widetilde{\mathrm{AF}}_{R_k}$ 对各准则下的满意度进行集成以计算准则系统 C_k 下的总体满意度，即 $F_{\mathrm{C}_k}(s_k)=\widetilde{\mathrm{AF}}_{R_k}(c_1(s_k), c_2(s_k), \cdots, c_n(s_k))$，其中 $\widetilde{\mathrm{AF}}_{R_k}$ 表示基于准则间关系 R_k 的系统集成函数，如此式(2.2)中的模型可进一步改写为：

$$\begin{aligned} &\max_{k=1,2,\cdots,t} \quad F_{\mathrm{C}_k}(s_k)=\widetilde{\mathrm{AF}}_{R_k}(c_1(s_k), c_2(s_k), \cdots, c_n(s_k)) \\ &\mathrm{s.t.} \quad s_k \in S_k \end{aligned} \tag{2.3}$$

该模型更便于系统决策问题的求解。

2.3　系统决策的特点

系统决策模型本质上是经典多准则决策模型的拓展与补充，是广义的多准则决策模型，多数已有的多准则决策模型均是本文系统决策模型的特例：

(1) 如果一系统决策问题在其决策的过程中内、外部环境基本稳定不变，不具备动态特征，计划间无关系且为单行动计划，准则间也无任何形式的关系，则此情况下的系统决策问题将退化为经典多准则决策问题。

(2) 如果一系统决策问题处于静态环境中，且无任何形式的准则间关系，则该系统决策问题将退化为多准则子集决策问题(Rajabi et al, 1998)；

(3) 如果一静态系统决策问题中，计划间无关系且为单行动计划，若准则间存在关联关系，则该系统决策问题退化为关联多准则决策问题(Sugeno, 1974; Murofushi & Sugeno, 1989; Angilella et al, 2004; Xu, 2010)；若准则间存在优先关系，则该系统决策问题退化为优先多准则决策问题(Yu & Xu, 2013; Yager, 2004; Yager, 2008; Yan et al, 2011)。

(4) 如果一系统决策问题中，计划间无关系且为单行动计划，则准则间不存在任何形式的关系，决策子问题间的反因果联系不会影响到决策结果，该系统决策问题退化为 Campanella 和 Ribeiro(Campanella & Ribeiro, 2011)介绍的动态多准则决策问题。

此外，本节还将介绍系统决策模型的三个特点，即整体性、层次性以及动态性，以便更为深入地了解系统决策模型。

2.3.1　整体性

系统决策模型的整体性包括以下两个方面：

(1) 准则系统是一个整体，不仅仅是几个独立准则的简单累积，因此在评估某个计划时，应该基于整个准则系统而不是片面地考虑一个或几个准则。

(2) 任意计划都必须整体地考虑。在前面的阐述中，系统决策问题被划分为多个时序关联的决策子问题，通过对每个决策子问题中的策略进行评估和择优，作为解决系统决策问题的中间环节。但必须注意到，如果忽略了决策子问题间的相互影响、相互制约，所得到的各决策子问题的最优策略，并由此形成的计划通常不是系统决策问题的最优计划，因此不能片面地、独立地考虑组成计划的各策略，计划是整体的。

系统决策模型的整体性特点在相关问题中表现为整体涌现性。前文已经提到，火力分配问题可用多准则决策模型建模，准则是各打击目标的毁伤程度。现假设两组打击目标有相同的对象但其间的关系结构不同，用同一个打击方案对这两组目标进行打击，打击效果可能会有巨大差异，这是因为这两组打击目标构成的准则系统有着不同的整体涌现性。另一类整体涌现性与计划相关，例如最优的火力分配方案往往不是弹药损耗最多的方案，而是能够最合理利用武器间相关性的方案。

正是因为系统决策模型的整体性特点，实际问题中的系统决策方法更需兼顾整体论和还原论。如若需要基于某准则对行动进行分析，必须时刻考虑到在准则系统下整体的计划是如何变化的，只有这样利用模型得到的决策结果才能与模型保持一致。

2.3.2　层次性

准则系统具有层次性。在实际的决策问题中，各准则是准则系统的组分，有时其本身也是一个系统。例如，战场上的各战斗单元就是一个系统，坦克、火炮、直升机是各机械零件的有机组合，士兵由各器官组成等，但若是火力分配问题，这些战斗单元作为打击目标时仅是准则系统中的一个准则而已。因此在处理系统决策问题时必须清楚问题关注的准则是哪个层次的，例如，在评估某些坦克的威胁性时，没有必要详细分析每辆坦克零件的涌现性，更常用的是对坦克进行整体分析，如基于大量实验的统计分析，以获得坦克的近似威胁性，并通过这些威胁性制定合适的作战行动。但是如果需要评估某辆坦克的作战能力，则需要细致分析坦克的各零件涌现出的能力数值，甚至需要从单个零件处开始分析计算。

计划具有层次性。如前文提到的，系统决策问题的各计划都是由多个相互关联的行动构成的系统，在计划级别的层次和行动级别的层次之间，还有便于问题处理与解决的策略层。包含若干个行动的策略本质上是通过时段划分得到的相应计划的子系统，由不同的时段划分方式得到的策略组合也不一样，因此计划如何划分为各个策略并不固定。

2.3.3　动态性

系统决策模型具有动态性，最本质的原因是系统决策问题一般历经时间比较长且时间上有相关性，在问题求解过程中需要从一组时序计划中评估和择优。

首先，决策环境是动态的。为便于处理系统决策问题，本文将此类问题划分为多个时段的决策子问题，尽管各时段内的决策环境通常认为是稳定不变的，决策问题的内部环境也认为如此，但必须意识到各决策子问题内、外部环境的差异性，因此在决策子问题求解之前确定其内、外部环境是问题求解的先决条件。此外，如果有必要，竞争对手的决策选择也应该加入到决策环境中以充分关注。

其次，需要重视决策者易变的主观偏好。在系统决策问题中，决策者的主观偏好影响着准则的重要性权重，甚至部分准则间关系。例如，在火力分配问题中，指挥员经常会依据作战目的和作战任务将打击目标划分成数个级别，级别划分决定了打击目标间的优先关系，如果在火力分配过程中指挥员认定的目标级别发生变化，其间的优先关系也会改变，进而影响着火力分配方案的制定。

最后，准则系统的调整也表现出系统决策模型的动态性。必须有意识地注意准则系统的变化(即便是微小变化)，特别是准则系统结构的变化，这是因为准则系统的整体涌现性决定了其结构的细微变化也可能导致最终决策结果的巨大差异。

本章小结

本章讨论了难以被现有多准则决策方法解决的一类多准则决策问题，通过对此类问题中准则、决策对象、决策环境、时序相关性等决策要素的深入且细致的剖析，发现了此类问题的复杂性以及求解的难度，并提出了系统决策模型以期在问题的建模与处理方面有所突破。系统决策模型的主要思想是将经典多准则决策模型中的方案重新建模为系统化的计划，并基于普遍联系的观点将多个准则的条件拓展为准则系统环境，该模型是经典多准则决策模型的改进与补充，是为更好地将多准则决策模型投入使用的新的探索与尝试。

本章提出的系统决策模型是一般的模型与方法，并给出了实际问题解决的流程与思路，如若需要解决具体问题，还需深入分析、挖掘出问题的特殊性，依照模型的流程设计解决问题的具体方法，因此基于具体问题的特殊性设计相关的系统决策方法很有益于系统决策的发展。本文后续的章节将尝试针对军事决策问题利用系统决策模型的全部或部分思想进行建模与求解，以期获得好的问题解决方案，并用于实际军事决策问题的求解。

第 3 章　系统化的方案——复合打击下火力分配

第 2 章已经提到，系统决策问题体现复杂性的一个重要方面是复杂的决策对象（计划），计划通常由多个相互关联的行动构成，例如，在火力分配问题中，某武器打击某目标为一个行动，而火力分配方案（计划）是由多个这样的行动组合而成的，若火力打击行动间还存在关联关系，也就是通常提及的复合火力打击，则此时的火力分配方案将完全吻合计划的描述，为如何对火力分配方案进行评估并择优带来困难。本章旨在将第 2 章概念化的系统决策模型具体化，依托复合打击下火力分配应用背景，解决基于系统决策模型中计划建模的关键问题。

众所周知，火力分配问题是作战决策中的热点问题，由于现代高技术条件下战争的高时效性要求，传统的由人工进行的火力控制与分配已经无法满足作战指挥的需要，火力分配方案的自动生成已成为现代作战指挥中不可缺少的决策支持技术（Dong et al，2006）。迄今为止，许多学者已经对火力分配问题展开研究，并开发了不少火力分配模型（Li et al，2005；Liu et al，2003；Zhang et al，2005），但是多数研究主要针对如何设计算法更好地基于已有的火力分配模型求解问题，因此大量的智能算法被引入到求解火力分配问题的过程中（Yang et al，2007；Kong et al，2006；Li et al，2006；Liu et al，2005），然而火力分配问题的复杂性与求解困难并非仅在模型求解一个方面。由于所处环境的复杂性、多变性，实际火力分配问题的建模本身就很复杂，通用火力分配模型往往实用性不强，一个典型的例子是多种武器弹药对目标的复合打击，按照文献（Guo et al，2010）的叙述，复合打击能够“在不增加使用兵力、弹药消耗量和射击持续时间前提下，获得更好的射击效果。或者是在获得与普通榴弹相同的射击效果下，或减少使用兵力，或减少弹药消耗量，或缩短射击持续时间，或者三者兼而有之”，到目前为止尚未见到能够对复合打击建模的火力分配模型，如果照搬通用火力分配模型解决该类问题将难以得到好的火力分配方案。考虑到上述不足，本章将对复合打击下的火力分配方案评估问题展开探讨，以达到完善和补充现有火力分配模型的目的。

3.1　行动间关系的数学建模

在许多决策问题中，决策者面对的决策对象往往不是单个的行动，而是一组行动，如何准确地量化这一组行动的效用，达到科学决策的目的，受到许多学者的关注。人们将其概括成为一类新的决策问题，称之为子集选择问题（Rajabi et al，1998）。然而大多数此类问题的研究都基于一个不合理的前提，即行动之间是无关联的，根据普遍联系的观点，通过几乎所有的现实中的子集选择问题，都能清楚地看到行动间或多或少会存在关联性，本文称之为行动间关系。例如，上面提到的火力分配问题，复合打击实际上是无时无刻不存在的，在实际火力分配中，先用哪种弹药，再用哪种弹药，都需要细细考量，只是当多个火力打击行动间关联程度不高时，为便于建模与计算，假设它们是独立的。本节对行动间关系进行数学建模作为本章研究的基础。

假设某决策问题的决策对象是可行行动集 $A=\{a_1, a_2, \cdots, a_n\}$ 的子集，其中 $a_i \in A$ 表示一个可行的行动，任意子集 $B \subseteq A$ 都可能是该决策问题的决策对象，如何对 A 的所有或部分子集进行评估、择优，为解决该决策问题的目的。另设效用函数 $u: 2^A \to [0, +\infty)$ 用于对 A 的任意子集的定量评估，其中 2^A 表示集合 A 幂集，即所有 A 的子集构成的集合，若 $B=\{a_{k_1}, a_{k_2}, \cdots, a_{k_n}\} \subseteq A$，则有 $u(B) \in [0, +\infty)$，一般认为空集$\varnothing$的效用值为 0，即 $u(\varnothing)=0$。如果行动子集 B 中的行动相互独立，那么其效用值的计算满足加性性质，即

$$u(B)=\sum_{a_i \in B} u(\{a_i\})=\sum_{a_i \in B} u(i) \tag{3.1}$$

反之，若式(3.1)不成立，则行动子集 B 中的行动间相关，此时有

$$u(B)=\sum_{a_i \in B} u(i)+\sum_{\substack{T \subseteq B \\ |T| \geqslant 2}} \Delta(T) \tag{3.2}$$

式中：$\Delta(T)$ 表示集合 T 的关联指标，$|T|$ 表示集合 T 的势。根据 Fishburn 和 LaValle (Fishburn & LaValle，1996)的论述，若设 $T_{(k)}$ 为集合 T 的幂集 2^T 中所有势为 k 的元素组成的集合，则关联指标 $\Delta(T)$ 可根据下式计算：

$$\Delta(T)=u(T)-\sum_{S \subseteq T_{(m-1)}} u(S)+\sum_{S \subseteq T_{(m-2)}} u(S)-\cdots+(-1)^{m-1} \sum_{S \subseteq T_{(1)}} u(S) \tag{3.3}$$

式中：$m=|T|$。特别地，对于两个或三个行动构成的子集有

$$\Delta(\{a_i, a_j\})=u(i, j)-u(i)-u(j)$$

$$\Delta(\{a_i, a_j, a_k\})=u(i, j, k)-[u(i, j)+u(i, k)+u(j, k)]+[u(i)+u(j)+u(k)]$$

注：在不致混淆的情况下，设 $u(i)=u(\{a_i\})$，$u(i_1, i_2, \cdots, i_n)=u(\{a_{i_1}, a_{i_2}, \cdots, a_{i_n}\})$。

3.1.1　基于行动的分析

对于可行行动集 A 中的两个行动 a_i、a_j，可用下面的定义判断 a_i 与 a_j 是否相关。

定义 3.1　设 a_i、$a_j \in A$，$A^0 \subseteq A \backslash \{a_i, a_j\}$，定义给定 A^0 的条件下 a_i 与 a_j 的协作量为

$$\phi(a_i, a_j \mid A^0)=u(\{a_i, a_j\} \cup A^0)-u(\{a_i\} \cup A^0)-u(\{a_j\} \cup A^0)+u(A^0) \tag{3.4}$$

从定义中易知协作量的计算遵守交换律，即

$$\phi(a_j, a_i \mid A^0)=\phi(a_i, a_j \mid A^0)$$

定义 3.2　设 a_i，$a_j \in A$，$A^0 \subseteq A \backslash \{a_i, a_j\}$，若 $\phi(a_i, a_j \mid A^0)=0$，则称在给定 A^0 的条件下 a_i 与 a_j 独立，记为$a_i(\mathrm{I} \mid A^0)a_j$，否则称在给定 A^0 的条件下 a_i 与 a_j 相关，记为

$a_i(\Delta|A^0)a_j$；如果 $\forall A^0\subseteq A\backslash\{a_i, a_j\}$，都有 $a_i(\mathrm{I}|A^0)a_j$，则称 a_i 与 a_j 完全独立；如果 $A^0=\varnothing$ 且 $a_i(\mathrm{I}|A^0)a_j$，则称 a_i 与 a_j 简单独立，记为 $a_i\mathrm{I}a_j$。

若 $a_i\mathrm{I}a_j$，则有 $\phi(a_i, a_j)=u(i, j)-u(i)-u(j)=0$，根据式中关联指标的定义，易知 $\Delta(\{a_i, a_j\})=0$，当式中 $A^0=\varnothing$ 时，$\phi(a_i, a_j)=\phi(a_i, a_j|\varnothing)$ 称为简单协作量，易知 $\varphi(a_i, a_j)=\Delta(\{a_i, a_j\})$，即此时 a_i 与 a_j 的协作量与集合 $\{a_i, a_j\}$ 的关联指标相同。当 $\varphi(a_i, a_j)\neq 0$ 时，称在简单条件下 a_i 与 a_j 相关，记为 $a_i\Delta a_j$，当简单协作量大于 0 时，称简单条件下 a_i 与 a_j 正相关，记为 $a_i\Delta^+a_j$，若小于 0，则为负相关，记为 $a_i\Delta^-a_j$。另一个特例是 $A^0\in A_{(1)}$，即 A^0 为单行动集，设 $A^0=\{a_k\}$，此时式(3.4)为

$$\phi(a_i, a_j \mid a_k)=u(i, j, k)-u(i, k)-u(j, k)+u(k)$$

将式(3.2)代入上式中可得

$$\phi(a_i, a_j \mid a_k)=\Delta(\{a_i, a_j, a_k\})+\Delta(\{a_i, a_j\})$$

前面已经提到，当 $a_i\mathrm{I}a_j$ 时，$\varphi(a_i, a_j)=\Delta(\{a_i, a_j\})=0$，此时 $\varphi(a_i, a_j|a_k)=\Delta(\{a_i, a_j, a_k\})$ 不一定为 0，这也说明，当 a_i 与 a_j 简单独立时，不能够得出 a_i 与 a_j 完全独立的结论，即 $a_i\mathrm{I}a_j\nRightarrow a_i(\mathrm{I}|A^0)a_j$。类似地，将式(3.2)代入式(3.4)中，则有

推论 3.1　设 $a_i, a_j\in A$，$A^0\subseteq A\backslash\{a_i, a_j\}$，则有

$$\phi(a_i, a_j \mid A^0)=\sum_{T\subseteq A^0}\Delta(\{a_i, a_j\}\cup A^0) \tag{3.5}$$

进一步定义给定条件下两个行动的协作率：

定义 3.3　设 $a_i, a_j\in A$，$A^0\subseteq A\backslash\{a_i, a_j\}$，则在给定 A^0 的条件下 a_i 与 a_j 的协作率定义为

$$\gamma(a_i, a_j \mid A^0)=\frac{\phi(a_i, a_j \mid A^0)}{u(\{a_i\}\cup A^0)+u(\{a_i\}\cup A^0)-2u(A^0)} \tag{3.6}$$

其中，分子 $\phi(a_i, a_j|A^0)$ 为定义 3.1 中的协作量；特别地，a_i 与 a_j 的简单协作率定义为

$$\gamma(a_i, a_j)=\frac{\phi(a_i, a_j)}{u(i)+u(j)}=\frac{u(i, j)-u(i)-u(j)}{u(i)+u(j)} \tag{3.7}$$

从上述定义可知，协作率是两个行动相对协作程度的度量，两个行动的协作率越大，则它们的协作程度越高，与协作量一样，协作率也有正负之分。

3.1.2　基于行动子集的分析

首先定义合作量的概念：

定义 3.4　设 A 为所有可行行动构成的集合，$B\subseteq A$，行动子集 B 中所有行动的合作量定义为

$$\varphi(B)=u(B)-\sum_{a_i\in B}u(i) \tag{3.8}$$

与式(3.2)对比，有

$$\varphi(B)=\sum_{\substack{T\subseteq B\\ |T|\geqslant 2}}\Delta(T) \tag{3.9}$$

在实际问题中，一般不会讨论过于复杂的行动间关系。例如，在复合火力打击中，最有可能的是几类数枚弹药打击某目标时的关联关系，用火力打击行动描述，则为某弹药打击某目标为一个行动，数枚弹药打击该目标的关联关系可用数个火力打击行动间关系描述，一般复合火力打击的行动数量不会太多。如果最为复杂的行动间关系涉及了 k 个行动，那么此时称该问题的关联势为 k，对于行动子集 B，如果在 B 中最多有 k 个行动间相互关联，同样称子集 B 的关联势为 k，记为 $\xi(B)=k$，根据关联指标的性质(Rajabi et al，1998)有

$$\varphi(B)=\sum_{\substack{T\subseteq B\\ 2\leqslant |T|\leqslant \xi(B)}}\Delta(T) \tag{3.10}$$

这是因为对于任意的 $|T|>\xi(B)$，$\Delta(T)=0$。本小节的部分内容主要参考 Rajabi 等人(Rajabi et al，1998)的成果。

定义 3.5(Rajabi et al，1998)　设 A 为可行行动集，A_1，$A_2\subseteq A$，$A_1\cap A_2=\varnothing$，$A_1\neq\varnothing$，$A_2\neq\varnothing$，且 $A^0\subseteq A\backslash(A_1\cup A_2)$，在给定 A^0 条件下行动子集 A_1 与 A_2 的协作量定义为

$$\phi(A_1, A_2\mid A^0)=u(A_1\cup A_2\cup A^0)-u(A_1\cup A^0)-u(A_2\cup A^0)+u(A^0) \tag{3.11}$$

定义 3.6(Rajabi et al，1998)　设 A_1，$A_2\subseteq A$，$A_1\cap A_2=\varnothing$，$A_1\neq\varnothing$，$A_2\neq\varnothing$，且 $A^0\subseteq A\backslash(A_1\cup A_2)$，如果 $\varphi(A_1, A_2|A^0)=0$，则称在给定 A^0 条件下的行动子集 A_1 与 A_2 独立，记为 $A_1(\mathrm{I}|A^0)A_2$，否则在给定 A^0 条件下的行动子集 A_1 与 A_2 相关，记为 $A_1(\Delta|A^0)A_2$。

特别地，当 $A^0=\varnothing$时，称 $\phi(A_1, A_2)=\phi(A_1, A_2|\varnothing)=u(A_1\cup A_2)-u(A_1)-u(A_2)$为简单条件下 A_1 与 A_2 的协作量，若 $\phi(A_1, A_2)=0$，则 A_1 与 A_2 简单独立，记为 $A_1\mathrm{I}A_2$，否则 A_1 与 A_2 简单相关，记为 $A_1\Delta A_2$。类似地，可定义给定 A^0 条件下 A_1 与 A_2 的协作率：

$$\begin{aligned}\gamma(A_1, A_2\mid A^0)&=\frac{[u(A_1\cup A_2\cup A^0)-u(A^0)]-[u(A_1\cup A^0)+u(A_2\cup A^0)-2u(A^0)]}{u(A_1\cup A^0)+u(A_2\cup A^0)-2u(A^0)}\\&=\frac{\varphi(A_1, A_2\mid A^0)}{u(A_1\cup A^0)+u(A_2\cup A^0)-2u(A^0)}\end{aligned} \tag{3.12}$$

其含义是“实际增量”与“独立增量”的相对差值，即(实际增量－独立增量)/独立增量，其中“实际增量”是考虑行动子集间相关性的总体增量，“独立增量”是假设 A_1 与 A_2 相互独立情况下的总体增量。协作率更容易被问题分析人员理解，且由其易于得到数据支撑。例如，当谈及复合火力打击时，弹药 i 与弹药 j 可对某目标形成复合打击，将提高 50%的打击效果，这 50%就是弹药 i 与弹药 j 打击该目标两个行动的协作率，如设弹药 i、弹药 j 打击目标的行动分别为 a_i 与 a_j，则有

$$\gamma(a_i, a_j)=\frac{\phi(a_i, a_j)}{u(i)+u(j)}=50\%$$

本章后续内容主要在行动子集之间的简单相关与简单独立的基础上展开探讨，因此本小节对于条件相关与条件独立不做过多叙述，但必须注明，对于行动子集 A_1，$A_2\subseteq A$，$A_1\cap A_2=\varnothing$，$A_1\neq\varnothing$，$A_2\neq\varnothing$，对于 $A^0\subseteq A\backslash(A_1\cup A_2)$，$A_1\mathrm{I}A_2\nRightarrow A_1(\mathrm{I}|A^0)A_2$，也就是说，简单独立的两个行动子集并不是在任意给定条件下都是独立的，只能说明这两个子集没有直接的相关性，如果需要验证这两个子集完全没有联系，则 $\forall A^0\subseteq A\backslash(A_1\cup A_2)$有

$A_1(\mathrm{I}|A^0)A_2$，即 A_1 与 A_2 是完全独立的。这一点在解决后续的复合打击下火力分配问题过程中是基础。

定理 3.1(Rajabi et al，1998) 设 B_1，$B_2 \subseteq A$，$B_1 \cap B_2 = \varnothing$，$B_1 \neq \varnothing$，$B_2 \neq \varnothing$，则 B_1 与 B_2 的简单协作量(简单条件下的协作量)与关联指标的关系为

$$\phi(B_1, B_2) = \sum_{\varnothing \neq T_1 \subseteq B_1} \sum_{\varnothing \neq T_2 \subseteq B_2} \Delta(T_1 \cup T_2) \tag{3.13}$$

证明：根据式(3.11)，当 $A^0 = \varnothing$ 时有

$$\phi(B_1, B_2) = u(B_1 \cup B_2) - u(B_1) - u(B_2) \tag{3.14}$$

根据式(3.2)，有

$$\begin{aligned} u(B_1 \cup B_2) &= \sum_{a_i \in B_1 \cup B_2} u(i) + \sum_{\substack{T \subseteq B_1 \cup B_2 \\ |T| \geqslant 2}} \Delta(T) \\ &= \left[\sum_{a_i \in B_1} u(i) + \sum_{\substack{T_1 \subseteq B_1 \\ |T_1| \geqslant 2}} \Delta(T_1)\right] + \left[\sum_{a_j \in B_2} u(j) + \sum_{\substack{T_2 \subseteq B_2 \\ |T_2| \geqslant 2}} \Delta(T_2)\right] + \\ &\quad \sum_{\varnothing \neq T_1 \subseteq B_1} \sum_{\varnothing \neq T_2 \subseteq B_2} \Delta(T_1 \cup T_2) \\ &= u(B_1) + u(B_2) + \sum_{\varnothing \neq T_1 \subseteq B_1} \sum_{\varnothing \neq T_2 \subseteq B_2} \Delta(T_1 \cup T_2) \end{aligned}$$

将该式代入式(3.14)中，得式(3.13)，证毕。

同样可以得到条件协作量与关联指标的关系。

定理 3.2　设 B_1，$B_2 \subseteq A$，$B_1 \cap B_2 = \varnothing$，$B_1 \neq \varnothing$，$B_2 \neq \varnothing$，且有 $A^0 = A \backslash (B_1 \cup B_2)$，则在给定 A^0 条件下 B_1 与 B_2 的协作量与关联指标的关系为

$$\phi(B_1, B_2 \mid A^0) = \sum_{\varnothing \neq T_1 \subseteq B_1} \sum_{\varnothing \neq T_2 \subseteq B_2} \sum_{T_3 \subseteq A^0} \Delta(T_1 \cup T_2 \cup T_3) \tag{3.15}$$

证明：根据式(3.11)，可得

$$\phi(B_1, B_2 \mid A^0) = u(B_1 \cup B_2 \cup A^0) - u(B_1 \cup A^0) - u(B_2 \cup A^0) + u(A^0) \tag{3.16}$$

将上式右侧各项按式(3.2)展开：

$$\begin{aligned} \phi(B_1, B_2 \mid A^0) &= u(B_1 \cup B_2 \cup A^0) - u(B_1 \cup A^0) - u(B_2 \cup A^0) + u(A^0) \\ &= \left[\sum_{a_i \in B_1} u(i) + \sum_{a_j \in B_2} u(j) + \sum_{a_k \in A^0} u(k) + \sum_{\substack{T \subseteq B_1 \cup B_2 \cup A^0 \\ |T| \geqslant 2}} \Delta(T)\right] - \\ &\quad \left[\sum_{a_i \in B_1} u(i) + \sum_{a_k \in A^0} u(k) + \sum_{\substack{T \subseteq B_1 \cup A^0 \\ |T| \geqslant 2}} \Delta(T)\right] - \\ &\quad \left[\sum_{a_j \in B_2} u(j) + \sum_{a_k \in A^0} u(k) + \sum_{\substack{T \subseteq B_2 \cup A^0 \\ |T| \geqslant 2}} \Delta(T)\right] + \left[\sum_{a_k \in A^0} u(k) + \sum_{\substack{T \subseteq A^0 \\ |T| \geqslant 2}} \Delta(T)\right] \end{aligned}$$

$$=\left[\sum_{\varnothing\neq T_1\subseteq B_1}\sum_{\varnothing\neq T_2\subseteq B_2}\sum_{\varnothing\neq T_3\subseteq A^0}\Delta(T_1\cup T_2\cup T_3)+\right.$$

$$\sum_{\varnothing\neq T_1\subseteq B_1}\sum_{\varnothing\neq T_2\subseteq B_2}\Delta(T_1\cup T_2)+\sum_{\varnothing\neq T_1\subseteq B_1}\sum_{\varnothing\neq T_3\subseteq A^0}\Delta(T_1\cup T_3)+$$

$$\left.\sum_{\varnothing\neq T_2\subseteq B_2}\sum_{\varnothing\neq T_3\subseteq A^0}\Delta(T_2\cup T_3)+\sum_{\substack{T_1\subseteq B_1\\|T_1|\geqslant 2}}\Delta(T_1)+\sum_{\substack{T_2\subseteq B_2\\|T_2|\geqslant 2}}\Delta(T_2)+\sum_{\substack{T_3\subseteq A^0\\|T_3|\geqslant 2}}\Delta(T_3)\right]-$$

$$\left[\sum_{\varnothing\neq T_1\subseteq B_1}\sum_{\varnothing\neq T_3\subseteq A^0}\Delta(T_1\cup T_3)+\sum_{\substack{T_1\subseteq B_1\\|T_1|\geqslant 2}}\Delta(T_1)+\sum_{\substack{T_3\subseteq A^0\\|T_3|\geqslant 2}}\Delta(T_3)\right]-$$

$$\left[\sum_{\varnothing\neq T_2\subseteq B_2}\sum_{\varnothing\neq T_3\subseteq A^0}\Delta(T_2\cup T_3)+\sum_{\substack{T_2\subseteq B_2\\|T_2|\geqslant 2}}\Delta(T_2)+\sum_{\substack{T_3\subseteq A^0\\|T_3|\geqslant 2}}\Delta(T_3)\right]+\sum_{\substack{T_3\subseteq A^0\\|T_3|\geqslant 2}}\Delta(T_3)$$

$$=\sum_{\varnothing\neq T_1\subseteq B_1}\sum_{\varnothing\neq T_2\subseteq B_2}\sum_{\varnothing\neq T_3\subseteq A^0}\Delta(T_1\cup T_2\cup T_3)+\sum_{\varnothing\neq T_1\subseteq B_1}\sum_{\varnothing\neq T_2\subseteq B_2}\Delta(T_1\cup T_2)$$

$$=\sum_{\varnothing\neq T_1\subseteq B_1}\sum_{\varnothing\neq T_2\subseteq B_2}\sum_{T_3\subseteq A^0}\Delta(T_1\cup T_2\cup T_3)$$

证毕。

通过上述两个定理得到了行动子集间的协作量与关联指标的联系，便于在问题求解的过程中转换思路、改变方法，除此之外，Rajabi 等人(Rajabi et al，1998)还提出了一些便于行动间关系建模的定理与概念，在此作简单介绍。

首先是两个行动子集的关联关系的退化表示，即行动子集 B_1 与 B_2 的协作量 $\phi(B_1, B_2)$与它们的子集 $B_1'\subseteq B_1$ 和 $B_2'\subseteq B_2$ 的协作量间的关系。

定理 3.3(Rajabi et al，1998)　设 B_1，$B_2\subseteq A$，$B_1\neq\varnothing$，$B_2\neq\varnothing$，$B_1\cap B_2=\varnothing$，$B_1'\subseteq B_1$ 且 $B_2'\subseteq B_2$，则下式成立：

$$\phi(B_1, B_2)=\phi(B_1', B_2')+\sum_{\varnothing\neq T_1\subseteq B_1\backslash B_1'}\sum_{\varnothing\neq T_2\subseteq B_2}\Delta(T_1\cup T_2)+$$

$$\sum_{\varnothing\neq T_1\subseteq B_1}\sum_{\varnothing\neq T_2\subseteq B_2\backslash B_2'}\Delta(T_1\cup T_2)\tag{3.17}$$

证明：根据定理 3.1 得

$$\phi(B_1, B_2)=\sum_{\varnothing\neq T_1\subseteq B_1}\sum_{\varnothing\neq T_2\subseteq B_2}\Delta(T_1\cup T_2)$$

$$=\sum_{\varnothing\neq T_1\subseteq B_1'}\sum_{\varnothing\neq T_1\subseteq B_2'}\Delta(T_1\cup T_2)+\sum_{\varnothing\neq T_1\subseteq B_1\backslash B_1'}\sum_{\varnothing\neq T_2\subseteq B_2}\Delta(T_1\cup T_2)+$$

$$\sum_{\varnothing\neq T_1\subseteq B_1}\sum_{\varnothing\neq T_2\subseteq B_2\backslash B_2'}\Delta(T_1\cup T_2)$$

因为

$$\phi(B_1', B_2')=\sum_{\varnothing\neq T_1\subseteq B_1'}\sum_{\varnothing\neq T_2\subseteq B_2'}\Delta(T_1\cup T_2)$$

所以

$$\phi(B_1, B_2) = \phi(B_1', B_2') = \sum_{\varnothing \neq T_1 \subseteq B_1 \backslash B_1'} \sum_{\varnothing \neq T_2 \subseteq B_2} \Delta(T_1 \cup T_2) + \sum_{\varnothing \neq T_1 \subseteq B_1} \sum_{\varnothing \neq T_2 \subseteq B_2 \backslash B_2'} \Delta(T_1 \cup T_2)$$

证毕。

类似地，还可以得到协作量与合作量间的关系。

定理 3.4　设 B_1，$B_2 \subseteq A$，$B_1 \neq \varnothing$，$B_2 \neq \varnothing$，$B_1 \cap B_2 = \varnothing$，则 B_1 与 B_2 的协作量与 $B_1 \cup B_2$ 的合作量间的关系如下：

$$\phi(B_1, B_2) = \varphi(B_1 \cup B_2) - \varphi(B_1) - \varphi(B_2) \tag{3.18}$$

证明：根据式(3.8)可得

$$u(B_1 \cup B_2) = \sum_{a_i \in B_1 \cup B_2} u(i) + \varphi(B_1 \cup U_2) = \sum_{a_i \in B_1} u(i) + \sum_{a_j \in B_2} u(j) + \varphi(B_1 \cup B_2)$$

$$u(B_1) = \sum_{a_i \in B_1} u(i) + \varphi(B_1)$$

$$u(B_2) = \sum_{a_j \in B_2} u(j) + \varphi(B_2)$$

因此 $u(B_1 \cup B_2) - u(B_1) - u(B_2) = \varphi(B_1 \cup B_2) - \varphi(B_1) - \varphi(B_2)$，将此式代入式(3.14)中可得

$$\phi(B_1, B_2) = \varphi(B_1 \cup B_2) - \varphi(B_1) - \varphi(B_2)$$

证毕。

在实际问题中，行动子集间的关系往往都是单一的，即除了行动子集间相互独立之外，如果两个行动子集有相关性，要么都是正相关的，要么都是负相关的。例如，在复合火力打击中，行动子集的协作量与合作量都是非负数，也就是说行动子集间的相关性都是非负的，这是因为一般不会考虑多枚弹药打击某个目标的综合打击效果不如各弹药打击该目标的效果叠加的情况，此类问题的行动子集间关系有一定的特殊性，有必要进行探究。

定理 3.5(Rajabi et al，1998)　在行动间关系单一的情况中，设 B_1，$B_2 \subseteq A$，$B_1 \neq \varnothing$，$B_2 \neq \varnothing$，$B_1 \cap B_2 = \varnothing$，则有 $B_1 \mathrm{I} B_2 \Rightarrow B_1' \mathrm{I} B_2'$，对于 $\forall B_1' \subseteq B_1$，$\forall B_2' \subseteq B_2$。

证明：(反证法)不失一般性，假设行动间关系都是正相关的。假设 $\exists B_1' \subseteq B_1$ 且 $\exists B_2' \subseteq B_2$，有 $\phi(B_1', B_2') > 0$，则根据式(3.17)，有

$$\begin{aligned}\phi(B_1, B_2) &= \phi(B_1', B_2') + \sum_{\varnothing \neq T_1 \subseteq B_1 \backslash B_1'} \sum_{\varnothing \neq T_2 \subseteq B_2} \Delta(T_1 \cup T_2) + \\ &\quad \sum_{\varnothing \neq T_1 \subseteq B_1} \sum_{\varnothing \neq T_2 \subseteq B_2 \backslash B_2'} \Delta(T_1 \cup T_2) \\ &= \phi(B_1', B_2') + \phi(B_1 \backslash B_1', B_2') + \phi(B_1', B_2 \backslash B_2')\end{aligned}$$

因为 $B_1 \mathrm{I} B_2$，也就是 $\phi(B_1, B_2) = 0$，因此上式右边的 $\phi(B_1 \backslash B_1', B_2')$，$\phi(B_1', B_2 \backslash B_2')$ 至少有一项为负数，这与前提假设相矛盾。定理成立。

前文提到行动子集 B 的关联势 $\xi(B)$，可定义为满足 $\Delta(T) \neq 0$ 的子集 $T \subseteq B$ 的最大势，即 $\xi(B) = \max\{|T| \mid T \subseteq B, \Delta(T) \neq 0\}$，若 $B' \subseteq B$，则 $\xi(B') \leqslant \xi(B)$。针对待解决问题，该问题的关联势定义为 $\xi(A)$，A 表示所有可行行动构成的集合。下述定理用于在关联

势确定的情况下揭示行动子集的独立性与它们子集独立性的关系。

定理 3.6(Rajabi et al, 1998) 在行动间关系单一的情况中，可行行动集 A 的关联势 $\xi(A)=k$，设 $B_i \subset A$，$B_i \neq \varnothing$，$i=1, 2, \cdots, n$，$C_j \subset A$，$C_j \neq \varnothing$，$j=1, 2, \cdots, m$，且 $B_i \cap C_j=\varnothing$，如果对于所有的 i 和 j 都有 $|B_i \cup C_j| \geqslant k$，则以下两个命题等价：

(1) $(\bigcup_i B_i)\mathrm{I}(\bigcup_i C_j)$。

(2) $B_i \mathrm{I} C_j$，$\forall i, j$。

证明：先证(1) ⇒ (2)，根据定理 3.5 直接可得该命题。

再证(2) ⇒ (1)。设 $B=\bigcup_i B_i$，$C=\bigcup_j C_j$，则需证明已知 $B_i \mathrm{I} C_j$，$\forall i, j$ 的条件下 $B\mathrm{I}C$，也就是 $\phi(B, C)=0$，根据式(3.13)，即要证明

$$\phi(B, C)=\sum_{\varnothing \neq T_1 \subseteq B_i} \sum_{\varnothing \neq T_2 \subseteq C} \Delta(T_1 \cup T_2)=0 \tag{3.19}$$

又因为 $B_i \mathrm{I} C_j$，$\forall i, j$，所以

$$\sum_{\varnothing \neq T_1 \subseteq B_i} \sum_{\varnothing \neq T_2 \subseteq C_j} \Delta(T_1 \cup T_2)=0, \ \forall i, j$$

此外，已知 $\xi(A)=k$，且 $|B_i \cup C_j| \geqslant k$，因此若 $B_i \subseteq T_1$，$C_j \subseteq T_2$，则有 $\Delta(T_1 \cup T_2)=0$。综上所述，式(3.19)右边叠加式中所有分项都为 0，因此$(\bigcup_i B_i)\mathrm{I}(\bigcup_i C_j)$。证毕。

在解决实际问题过程中，最为重要的是通过上面提出的协作量、合作量及关联指标三个概念，结合具体问题中行动子集相关性的特点，根据问题已知条件，对行动间的关系进行建模，最终解决问题。本小节着重讨论了三个概念的联系与转换关系，是行动间关系建模与问题求解的基础。

3.1.3 行动间关系冲突的分析与处理

以上两个小节对行动间关系作出了详细的分析与建模，然而这些分析与建模有一个基本前提，即行动间关系相互无冲突。什么是行动间关系存在冲突？不妨再以复合火力打击问题为例，假设对某目标的火力打击行动有 4 个，记为 a_1、a_2、a_3、a_4，通过火力打击实验等多方面的数据进行统计分析发现，行动子集 $B_1=\{a_1, a_2, a_3\}$中存在行动间关系，其合作量为 $\varphi(B_1)$，同时行动 a_3 与 a_4 间存在关系，其协作量为 $\phi(a_3, a_4)$，此情况下这两组行动间关系存在冲突，因为行动 a_3 只有一个，两种可能的复合火力打击中都包含该行动，限制了在一个火力打击阶段中只能使用两种复合火力打击中的一种，如果都使用将会过于夸大复合火力打击的效果。

可利用上两小节的知识作简单分析，设 $B=\{a_1, a_2, a_3, a_4\}$，则可通过下式定量计算行动子集 B 的打击效果：

$$u(B)=\sum_{i=1}^{4} u(i)+\varphi(B)=\sum_{i=1}^{4} u(i)+\sum_{\substack{T \subseteq B \\ |T| \geqslant 2}} \Delta(T) \tag{3.20}$$

因为该问题中仅存在上述两个行动间关系，因此根据式(3.9)和式(3.5)，分别有

$$\Delta(\{a_1, a_2, a_3\})=\Delta(B_1)=\varphi(B_1), \ \Delta(\{a_3, a_4\})=\phi(a_3, a_4) \tag{3.21}$$

且有 B 的关联势 $\xi(B)=3$，因此式(3.20)中进一步略去零项有

$$u(B)=\sum_{i=1}^{4}u(i)+\Delta(\{a_1, a_2, a_3\})+\Delta(\{a_3, a_4\}) \tag{3.22}$$

上式表明在利用上两小节的知识计算行动子集的效用时未能考虑到行动子集中行动间关系的冲突问题，计算出的行动子集的效用值有偏差。在上面的行动子集效用值计算问题中，如果还存在一个与 a_3 完全相同的行动 a_3'，即需要计算 $B'=\{a_1, a_2, a_3, a_3', a_4\}$ 的效用值 $u(B')$ 时，易知 $\Delta(\{a_1, a_2, a'_3\})=\Delta(\{a_1, a_2, a_3\})$，$\Delta(\{a'_3, a_4\})=\Delta(\{a_3, a_4\})$，与上面的计算过程相同，可得：

$$u(B')=\sum_{i=1}^{4}u(i)+u(a_3')+2\cdot[\Delta(\{a_1, a_2, a_3\})+\Delta(\{a_3, a_4\})] \tag{3.23}$$

再假设 $B''=\{a_1, a_2, a_4, a_3^{(1)}, a_3^{(2)}, \cdots, a_3^{(n)}\}$，即行动子集 B'' 中有 n 个 a_3 的行动，此时

$$u(B'')=\sum_{a_i\in B''}u(i)+n\cdot[\Delta(\{a_1, a_2, a_3\})+\Delta(\{a_3, a_4\})] \tag{3.24}$$

该式说明，只需不断地将 a_3 的行动加入到行动子集中，就会极大地提高行动子集的效用值，这与多数实际情况不符。因此必须深入分析行动间关系的冲突，以有效防止此类计算偏差。

诸如复合火力打击等实际问题中，行动间的关系经常是通过数个行动的合作量或者合作率给出的。例如，火力打击行动 a_1、a_2、a_3、a_4 中，a_1、a_2、a_3 形成复合火力打击，其合作量为 3，或者合作率为 50%，设 $B_1=\{a_1, a_2, a_3\}$，则有合作量 $\varphi(B_1)=3$，合作率 $\gamma(B_1)=50\%$。本节为更好地吻合实际应用需求，将基于合作量对行动间关系存在冲突的情况进行分析与处理。

注：合作率与协作率在本文中使用相同的符号表示，根据上面几小节的叙述可知

$$u(B_1)=\sum_{a_i\in B_1}u(i)+\varphi(B_1) \tag{3.25}$$

则 B_1 的合作率定义为

$$\gamma(B_1)=\frac{\varphi(B_1)}{\sum_{a_i\in B_1}u(i)} \tag{3.26}$$

因此，即使题设给出的是合作率，也可以很方便地转化为合作量。

首先定义什么是行动间关系的冲突。设 A 为所有可行行动构成的集合，根据题设条件定义集合 A 的最小关联集。

定义 3.7　$\forall G_k\subseteq A$，若 $\varphi(G_k)$ 或 $\gamma(G_k)$ 为题设已知非零值，或者 $G_k\in A_{(1)}$，则称 G_k 为集合 A 的一个最小关联集。任意最小关联集 $G_k\in G$。

根据 A 的关联势的性质易知，$|G_k|\leqslant\xi(A)$。最小关联集具有如下性质。

定理 3.7　$\forall B\subseteq A$，则 $\exists D=\{D_1, D_2, \cdots, D_s\}$，$D_i\in G$，$D_i\cap D_j=\varnothing$，$i, j=1, 2, \cdots, s$，使得 $B=D_1\cup D_2\cup\cdots\cup D_s$，即从 G 中至少能找出一组 B 的划分。

该定理可进行简单验证，设 $B=\{a_1, a_2, \cdots, a_s\}$，因为 $B\subseteq A$，所以 $\{a_i\}\in G$，$i=1, 2, \cdots, s$，因此如果 $D_i=\{a_i\}$，则 $D=\{D_1, D_2, \cdots, D_s\}$ 满足定理要求。再者如果从 G 中找出了一些不相容的最小关联集 G_k、$G_l\in G$，且 $G_k\cap G_l=\varnothing$，同时这些最小关联集都是 B

的子集，即 G_k、$G_l \subseteq B$，此时 B 的划分可由这些最小关联集与部分 $A_{(1)}$ 中的元素组合而成。由上述分析可知，通常情况下，多数行动子集 $B \subseteq A$ 的划分有多种形式，而且不同划分下 B 的效用值一般不同。

定义 3.8 设 $B \subseteq A$ 为一行动子集，$D=\{D_1, D_2, \cdots, D_s\}$ 为 B 的一个划分，则在划分 D 的条件下 B 的效用值 $u(B|D)$ 如下式计算：

$$u(B \mid D)=\sum_{a_i \in B} u(i)+\sum_{D_j \in D} \varphi(D_j) \tag{3.27}$$

其中 $\varphi(D_j)=0$，若 $D_j \in A_{(1)}$。

上式中，因为 $D_j \in G$，所以 $\varphi(D_j)$ 为题设已知量，因此 $u(B|D)$ 可计算。

例 3.1 有行动子集 $B=\{a_1, a_2, a_3, a_4\} \subseteq A$，已知 $u(a_1)=u(a_2)=u(a_3)=u(a_4)=1$，$\varphi(B_1)=\varphi(\{a_1, a_2, a_3\})=3$，$\varphi(B_2)=\varphi(\{a_3, a_4\})=1$。根据定义 3.7，$B_1=\{a_1, a_2, a_3\}$，$B_2=\{a_3, a_4\}$，$\{a_1\}$、$\{a_2\}$、$\{a_3\}$、$\{a_4\}$ 均为最小关联集，且有

$$G=\{\{a_1, a_2, a_3\}, \{a_3, a_4\}, \{a_1\}, \{a_2\}, \{a_3\}, \{a_4\}\}$$

根据定理 3.7，可在 G 中找出 B 的划分：

$$D=\{\{a_1, a_2, a_3\}, \{a_4\}\}$$

根据式(3.27)，可计算在划分 D 的条件下 B 的效用值为

$$u(B \mid D)=\sum_{i=1}^{4} u(a_i)+\varphi(B_1)+\varphi(\{a_4\})=7$$

此外，还可以在 G 中找到 B 的另一个划分，记为

$$D'=\{\{a_1\}, \{a_2\}, \{a_3, a_4\}\}$$

则在划分 D' 的条件下 B 的效用值为

$$u(B \mid D')=\sum_{i=1}^{4} u(a_i)+\varphi(\{a_1\})+\varphi(\{a_2\})+\varphi(B_2)=5$$

从上例的分析中可知，D 与 D' 同为 B 的划分，但是在这两个划分的条件下 B 的效用值不同，理论上看，选择哪个划分条件下 B 的效用值都可以，但是在实际问题的解决过程中，划分的选择还需要基于问题背景。例如，在复合打击下的火力分配问题中，优选的火力打击方案更期待有好的打击效果，因此一般需要从诸多划分中找出一个最优的划分 D^*，使得 $u(B|D^*)$ 最大，即需要求解最优化模型：

$$\begin{aligned} \max \quad & u(B \mid D) \\ \text{s.t.} \quad & D=\{D_j \mid \cup_j D_j=B, D_j \subseteq B, D_j \in G, D_i \cap D_j=\varnothing\} \end{aligned} \tag{3.28}$$

模型(3.28)求出的结果即可认为是 B 的效用值，即 $u(B)=u(B|D^*)$。当然也有可能问题需要求解的是 $u(B|D^*)$ 最小或者中间值的划分 D^*，限于文章篇幅，本节仅讨论式(3.28)中的情况，其他情况可参考此情况的分析过程。

为便于分析，可在 G 中提取与行动子集 B 相关的最小关联集，即 $G_B=\{G_k \in G \mid G_k \subseteq B, |G_k| \geqslant 2\}$，可知，$G_B$ 中的元素不存在 $A_{(1)}$ 中的元素，即 $\forall G_k \in G_B$，有 $G_k \notin A_{(1)}$。再从 G_B 中选择数个不相容的元素构成集合 T，即 $T=\{T_i \in G_B \mid T_i \cap T_j=\varnothing\}$，从集合 T 的构造过程来看，设行动子集 B 的一个划分为 D，则必定有

$$\bigcup_{T_i \in T} T_i \subseteq B = \bigcup_{D_j \in D} D_j \tag{3.29}$$

也就是说 T 中的元素很难组合成 B 的划分。然而可以通过集合 T 构造出行动子集 B 的划分，即

$$D = T \cup \{D_i \in B_{(1)} \mid D_i \not\subset \cup_{T_j \in T} T_j\} \tag{3.30}$$

从构造的方式来看，对于划分 D 中的元素 D_i，要么 $D_i \in T$，要么 $D_i \in B_{(1)}$，也就是说，先看 T 中遍历了 B 中哪些行动，未涉及的行动构造成单元素集加入至划分 D 中即可。由此构造方法得到的 D 必然为 B 的一个划分，而且如果 T 得以确定，所构造的划分必然是唯一的，同时有以下定理。

定理 3.8 设 $T=\{T_i \in G_B \mid T_i \cap T_j = \varnothing\}$，$D$ 为基于 T 构造出的行动子集 B 的划分，则有

$$u(B \mid T) = u(B \mid D) \tag{3.31}$$

其中，参照式(3.27)，有

$$u(B \mid T) = \sum_{a_i \in B} u(i) + \sum_{T_j \in T} \varphi(T_j) \tag{3.32}$$

证明：根据式(3.27)，要证明式(3.31)，只需证明

$$\sum_{T_j \in T} \varphi(T_j) = \sum_{D_k \in D} \varphi(D_k)$$

因为 D 是基于 T 构造的，根据构造过程可知

$$D = T \cup \left\{D_i \in B_{(1)} \mid D_i \not\subset \cup_{T_j \in T} T_j\right\}$$

因此

$$\sum_{D_k \in D} \varphi(D_k) = \sum_{T_j \in T} \varphi(T_j) + \sum_{\substack{D_l \in D \\ |D_l| = 1}} \varphi(D_l)$$

因为 $\forall a_l \in A$ 有 $\varphi(\{a_i\})=0$，所以

$$\sum_{D_k \in D} \varphi(D_k) = \sum_{T_j \in T} \varphi(T_j)$$

定理得证。

因此式(3.28)中的优化模型可转化为如下形式：

$$\begin{aligned} \max \quad & u(B \mid T) \\ \text{s.t.} \quad & G_B = \{G_k \in G \mid G_k \subseteq B, \ |G_k| \geqslant 2\} \\ & T \subseteq G_B \\ & \forall T_i, T_j \in T \Rightarrow T_i \cap T_j \neq \varnothing \end{aligned} \tag{3.33}$$

该优化模型从如何设计行动子集 B 的最优划分转变为如何从集合 G_B 中找出最优的由不相容的最小关联集构成的组合，以使得在这些最小关联集条件下行动子集 B 的效用值最大。虽然就优化模型(3.28)而言，模型(3.33)有所改进，但仍然难以求解，需进一步改进。

假设集合 G_B 中有 n 个元素，记为 $G_B=\{G_1, G_2, \cdots, G_n\}$，可用矩阵形式更直观地描述出 G_i、$G_j \in G_B$，便于判断是否 $G_i \cap G_j = \varnothing$，记为 $\boldsymbol{G}_B=(g_{ij})_{n\times n}$，其中对于 i、$j=1, 2,$

$\cdots$, n, 有

$$g_{ij}=\begin{cases}1, & 若\ i=j\\ -1, & 若\ i\neq j\ 且\ G_i\cap G_j\neq\varnothing\\ 0, & 否则\end{cases}$$

易知，矩阵 $\boldsymbol{G}_B$ 的对角线元素都为 1，如果 $G_i\cap G_j=\varnothing$，则矩阵中对应位置的元素 $g_{ij}=g_{ji}=0$，否则矩阵中对应位置的元素为 -1。若置 $\boldsymbol{G}_B$ 中部分行与相应列的元素为 0，构造一个新的矩阵 $\boldsymbol{T}=(t_{ij})_{n\times n}$，即设 $k\in\{k_1, k_2, \cdots, k_s\}$，$s<n$，使得 $\boldsymbol{T}=\boldsymbol{G}_B$，且有 $t_{k\cdot}=t_{\cdot k}=\boldsymbol{0}$，其中 $t_{k\cdot}$ 表示 $\boldsymbol{T}$ 的第 k 行，$t_{\cdot k}$ 表示 $\boldsymbol{T}$ 的第 k 列，$\boldsymbol{0}$ 表示零向量，如果 $\forall i\neq j$ 有 $t_{ij}=0$，则 $\boldsymbol{T}$ 对应于式(3.33)中的一个集合 T。此时可取一个 n 维向量 $\boldsymbol{x}=(x_1, x_2, \cdots, x_n)^{\mathrm{T}}$，当 $i\in\{k_1, k_2, \cdots, k_s\}$时，$x_i=0$，否则 $x_i=1$，$\mathrm{diag}(\boldsymbol{x})$为以向量 $\boldsymbol{x}$ 为主对角线的矩阵，其非主对角线上的元素为 0，则有

定理 3.9 设矩阵 $\boldsymbol{G}_B=(g_{ij})_{n\times n}$ 为集合 $G_B=\{G_1, G_2, \cdots, G_n\}$的矩阵形式，$\boldsymbol{T}=(t_{ij})_{n\times n}$ 有当 $k\in\{k_1, k_2, \cdots, k_s\}$时，$\forall i, j\in\{1, 2, \cdots, n\}\Rightarrow t_{ik}=t_{kj}=0$，否则 $t_{ij}=g_{ij}$；设 $\boldsymbol{x}=(x_1, x_2, \cdots, x_n)^{\mathrm{T}}$，当 $i\in\{k_1, k_2, \cdots, k_s\}$时，$x_i=0$，否则 $x_i=1$，此种情况下

$$\boldsymbol{T}=\mathrm{diag}(\boldsymbol{x})\cdot\boldsymbol{G}_B\cdot\mathrm{diag}(\boldsymbol{x}) \tag{3.34}$$

证明：计算式(3.34)右边可得

$$\mathrm{diag}(\boldsymbol{x})\cdot\boldsymbol{G}_B\cdot\mathrm{diag}(\boldsymbol{x})=(x_i g_{ij} x_j)_{n\times n}$$

因为当 $i\in\{k_1, k_2, \cdots, k_s\}$时，$x_i=0$，所以

$$x_i g_{ij} x_j=\begin{cases}0, & i\in\{k_1, k_2, \cdots, k_s\}\\ 0, & j\in\{k_1, k_2, \cdots, k_s\}\\ g_{ij}, & 其他\end{cases}$$

又因为当 $k\in(k_1, k_2, \cdots, k_s)$时，$\forall i, j\in\{1, 2, \cdots, n\}\Rightarrow t_{ik}=t_{kj}=0$，否则 $t_{ij}=g_{ij}$，所以 $t_{ij}=x_i g_{ij} x_j$。因此 $\boldsymbol{T}=\mathrm{diag}(\boldsymbol{x})\cdot\boldsymbol{G}_B\cdot\mathrm{diag}(\boldsymbol{x})$，得证。

设 $\boldsymbol{\varphi}=(\varphi(G_1), \varphi(G_2), \cdots, \varphi(G_n))^{\mathrm{T}}$，通过引入 0-1 向量 $\boldsymbol{x}=(x_1, x_2, \cdots, x_n)^{\mathrm{T}}$，使得由式(3.34)计算出的矩阵 $\boldsymbol{T}$ 满足 $\forall i\neq j$ 有 $t_{ij}=0$，即矩阵 $\boldsymbol{T}$ 对应一个由集合 G_B 中若干个不相容的最小关联集组成的集合 T，则可通过矩阵乘积的形式计算

$$\sum_{T_i\in T}\varphi(T_i)=\boldsymbol{e}^{\mathrm{T}}\cdot\boldsymbol{T}\cdot\boldsymbol{\varphi}=\boldsymbol{e}^{\mathrm{T}}\cdot\mathrm{diag}(\boldsymbol{x})\cdot\boldsymbol{G}_B\cdot\mathrm{diag}(\boldsymbol{x})\cdot\boldsymbol{\varphi} \tag{3.35}$$

其中 $\boldsymbol{e}$ 为全 1 向量，即 $\boldsymbol{e}=(1, 1, \cdots, 1)^{\mathrm{T}}$。如果所有最小关联集 $G_i\in\boldsymbol{G}_B(i=1, 2, \cdots, n)$ 的合作量都为正值，即 $\varphi(G_i)>0$，则此情况下可以得到下述定理。

定理 3.10 若 $\exists\boldsymbol{x}^*$ 为 0-1 向量，使得 $\boldsymbol{e}^{\mathrm{T}}\cdot\boldsymbol{T}^*\cdot\boldsymbol{\varphi}=\boldsymbol{e}^{\mathrm{T}}\cdot\mathrm{diag}(\boldsymbol{x})\cdot\boldsymbol{G}_B\cdot\mathrm{diag}(\boldsymbol{x})\cdot\boldsymbol{\varphi}$ 最大，则由 $\mathrm{diag}(\boldsymbol{x})\cdot\boldsymbol{G}_B\cdot\mathrm{diag}(\boldsymbol{x})$计算出的 $\boldsymbol{T}^*=(t_{ij})_{n\times n}$ 满足 $\forall i\neq j\in\{1, 2, \cdots, n\}$有 $t_{ij}=0$，其中 $\boldsymbol{\varphi}=(\varphi(G_1), \varphi(G_2), \cdots, \varphi(G_n))^{\mathrm{T}}$ 且 $\forall i\in\{1, 2, \cdots, n\}$有 $\varphi(G_i)>0$。

证明：(反证法)假设 $\boldsymbol{x}^*$ 为最优，且 $\boldsymbol{H}=(h_{ij})_{n\times n}=\mathrm{diag}(\boldsymbol{x}^*)\cdot\boldsymbol{G}_B\cdot\mathrm{diag}(\boldsymbol{x}^*)$中第 k 行有多个元素等于-1，即 $\exists j\in\{j_1, j_2, \cdots, j_s\}(s\leqslant n)$有 $h_{kj}=-1$。

根据矩阵 $\boldsymbol{H}$ 的特点易知：$h_{kk}=h_{j_1j_1}=\cdots=h_{j_sj_s}=1$，$h_{j_1k}=h_{j_2k}=\cdots=h_{j_sk}=-1$。

设 $\boldsymbol{x}^*=\boldsymbol{x}'+\boldsymbol{x}''$，其中 0-1 向量 $\boldsymbol{x}''$中仅有第 k 个元素 $x''_k=1$，其他元素都为 0，此时 $\boldsymbol{H}=\text{diag}(\boldsymbol{x}')\cdot\boldsymbol{G}_B\cdot\text{diag}(\boldsymbol{x}')+\text{diag}(\boldsymbol{x}'')\cdot\boldsymbol{G}_B\cdot\text{diag}(\boldsymbol{x}'')=\boldsymbol{H}'+\boldsymbol{H}''$，因此

$$\begin{aligned}\boldsymbol{e}^{\mathrm{T}}\cdot\boldsymbol{H}\cdot\boldsymbol{\varphi}&=\boldsymbol{e}^{\mathrm{T}}\cdot\boldsymbol{H}'\cdot\boldsymbol{\varphi}+\boldsymbol{e}^{\mathrm{T}}\cdot\boldsymbol{H}''\cdot\boldsymbol{\varphi}\\&=\boldsymbol{e}^{\mathrm{T}}\cdot\boldsymbol{H}'\cdot\boldsymbol{\varphi}+\varphi(G_k)-\sum_{l=1}^{s}\varphi(G_{j_l})-s\cdot\varphi(G_k)\\&=\boldsymbol{e}^{\mathrm{T}}\cdot\boldsymbol{H}'\cdot\boldsymbol{\varphi}-\left[\sum_{l=1}^{s}\varphi(G_{j_l})+(s-1)\cdot\varphi(G_k)\right]\\&<\boldsymbol{e}^{\mathrm{T}}\cdot\boldsymbol{H}'\cdot\boldsymbol{\varphi}\end{aligned}$$

因此 $\boldsymbol{x}^*$ 劣于 $\boldsymbol{x}'$，这与题设中 $\boldsymbol{x}^*$ 最优相矛盾，所以由 $\boldsymbol{x}^*$ 计算得到了矩阵 $\boldsymbol{H}$ 中非对角线位置无−1 元素，定理得证。

依据该定理，当题设条件中的所有合作量均为正值，即 $\forall i\in\{1,2,\cdots,n\}$时有 $\varphi(G_i)>0$，模型可进一步转化为易于求解的 0-1 整数规划：

$$\begin{aligned}\max\quad&\boldsymbol{e}^{\mathrm{T}}\cdot\boldsymbol{T}\cdot\boldsymbol{\varphi}=\boldsymbol{e}^{\mathrm{T}}\cdot\text{diag}(\boldsymbol{x})\cdot\boldsymbol{G}_B\cdot\text{diag}(\boldsymbol{x})\cdot\boldsymbol{\varphi}\\\text{s.t.}\quad&\boldsymbol{x}=(x_1,x_2,\cdots,x_n)^{\mathrm{T}}\\&x_i=0\text{ 或 }1;\ i=1,2,\cdots,n\end{aligned}\tag{3.36}$$

3.2 火力分配问题分析

使用 $\omega_1,\omega_2,\cdots,\omega_m$ 等 m 个武器，每个武器有弹药若干，攻击 $t_1,t_2,\cdots,t_n$ 等 n 个目标，如何最优地分配各武器的弹药以最大程度地削弱目标的威胁为火力分配问题(Dong et al，2006；Li et al，2005；Liu et al，2003；Zhang et al，2005)。假设武器 ω_i 的单枚弹药对目标 t_j 的毁伤概率为 $p_{ij}(i=1,2,\cdots,m;\ j=1,2,\cdots,n)$，则可计算目标 $t_j(j=1,2,\cdots,n)$在某火力分配方案 $\mathbf{X}$ 下的存活概率：

$$E_j(\mathbf{X})=q_j=\prod_{i=1}^{m}(1-p_{ij})^{x_{ij}}\tag{3.37}$$

其中火力分配方案 $\mathbf{X}=(x_{ij})_{m\times n}$ 为 $m\times n$ 的矩阵，x_{ij} 表示武器 ω_i 用于打击目标 t_j 的弹药数量。设 $\mathbf{X}$ 表示所有可行的火力分配方案构成的可行方案集，$\mathbf{X}$ 实际上是基于诸如弹药数量、火力打击限制等约束构造的可行火力分配方案的矩阵空间，也就是说 $\mathbf{X}$ 中的火力分配方案必定是火力分配问题中可行的。利用多目标整数规划模型对火力分配问题进行建模：

$$\begin{aligned}\min_{j\in\{1,2,\cdots,n\}}\quad&E_j(\mathbf{X})=\prod_{i=1}^{m}(1-p_{ij})^{x_{ij}}\\\text{s.t.}\quad&\mathbf{X}=(x_{ij})_{m\times n}\in\mathbf{X}\\&x_{ij}\in\mathbf{N}_0;\ i\in\{1,2,\cdots,m\},\ j\in\{1,2,\cdots,n\}\end{aligned}\tag{3.38}$$

其中 $\mathbf{N}_0$ 表示非负整数集，目标函数 $E_j(\mathbf{X})$表示在火力分配方案 $\boldsymbol{X}$ 下受打击目标 t_j 的存活概率。由于模型(3.38)不便于求解，多数文献通过引入威胁率将多目标模型转化为单目标整数规划模型。若各目标的威胁性分别为 $v_j(j=1,2,\cdots,n)$，则可以目标威胁性为权重引

入加权平均算子计算所有目标在方案 $\boldsymbol{X}$ 下的总体存活概率，从而得以评估方案 $\boldsymbol{X}$：

$$\begin{aligned} E(\boldsymbol{X}) &= \sum_{j=1}^{n} v_j \cdot E_j(\boldsymbol{X}) = \sum_{j=1}^{n} v_j \cdot q_j \\ &= \sum_{j=1}^{n} v_j \cdot \prod_{i=1}^{m} (1 - p_{ij})^{x_{ij}} \end{aligned} \tag{3.39}$$

从 $\mathbf{X}$ 中选择出 $E(\boldsymbol{X})$ 最小的火力分配方案即可解决火力分配问题，即求解以下单目标整数规划模型：

$$\begin{aligned} \min \quad & E(\boldsymbol{X}) = \sum_{j=1}^{n} v_j \cdot \prod_{i=1}^{m} (1 - p_{ij})^{x_{ij}} \\ \text{s.t.} \quad & \boldsymbol{X} = (x_{ij})_{m\times n} \in \mathbf{X} \\ & x_{ij} \in \mathbf{N}_0;\ i \in \{1, 2, \cdots, m\},\ j \in \{1, 2, \cdots, n\} \end{aligned} \tag{3.40}$$

然而上述问题的解决是建立在一个基本假设上的，即假设不同弹药对同一目标的影响是相互独立的，如此才能很方便地根据式(3.37)计算出各目标的存活概率。然而在实际火力分配问题中，往往不同弹药打击同一目标存在关联性，也就是复合打击。例如，打击坚固防御工事下的有生力量时，需先利用穿甲弹破坏防御工事，而后发射云爆弹杀伤藏匿于地下的有生力量，此情况下穿甲弹与云爆弹便存在关联性，两类弹药复合打击下目标的总体存活概率会因为其关联性而小于单独使用各类弹药下的存活概率之积，式(3.37)不再适用。假设武器 ω_1 和武器 ω_2 对目标 t_1 的毁伤概率分别为 $p_{11}=0.1$ 和 $p_{21}=0.1$，此时通过式(3.37)计算得到的 t_1 的存活概率 $q_1=0.81$，然而如果武器 ω_1 和武器 ω_2 之间形成复合打击，目标 t_1 实际的存活概率可能仅为 0.5，并不能直接通过式(3.37)计算得到，若忽略了此类复合打击，则通过式(3.40)择优的火力分配方案不再可信。

为方便分析复合打击行为，本节引入上文提及的行动集的概念。设武器 ω_i 有 s_i 枚可用弹药，记作 $\{\alpha_i^{(1)}, \alpha_i^{(2)}, \cdots, \alpha_i^{(s_i)}\}(i=1, 2, \cdots, m)$，则可定义武器 ω_i 使用弹药 $\alpha_i^{(k)}$ 打击目标 t_j 为火力打击行动 $a_{ij}^{(k)}$，所有可行火力打击行动的集合称为行动集 A，即 $A=\{a_{ij}^{(k)} \mid i=1, 2, \cdots, m;\ j=1, 2, \cdots, n;\ k=1, 2, \cdots, s_i\}$。矩阵形式的火力分配方案 $\boldsymbol{X}$ 也可改写为火力打击行动的集合形式。例如，在火力分配方案 $\boldsymbol{X}$ 下 ω_1 分别使用 1 枚打击 t_1、2 枚打击 t_2，而 ω_2 分别使用 2 枚打击 t_1、1 枚打击 t_2，则 $\boldsymbol{X}$ 的矩阵形式为

$$\boldsymbol{X} = \begin{pmatrix} 1 & 2 \\ 2 & 1 \end{pmatrix}$$

与如下的火力打击行动的集合形式等价：

$$X = \{a_{11}^{(1)}, a_{12}^{(2)}, a_{12}^{(3)}, a_{21}^{(1)}, a_{21}^{(2)}, a_{22}^{(3)}\}$$

即根据火力分配方案 $\boldsymbol{X}$，弹药 $\alpha_1^{(1)}$ 被分配打击 t_1，弹药 $\alpha_1^{(2)}$ 和 $\alpha_1^{(3)}$ 被分配打击 t_2，弹药 $\alpha_2^{(1)}$ 和 $\alpha_2^{(2)}$ 被分配打击 t_1，以及弹药 $\alpha_2^{(3)}$ 被分配打击 t_2。任意火力分配方案 X 均为 A 的子集，即 $X \subseteq A$，火力分配问题本质上是上文提及的子集选择问题，也就是如何从行动集 A 中选择出最优的可行子集使所有目标的总体存活概率最小。

为便于分析，设计效能函数 $u_j: 2^A \to \mathbf{R}$，计算行动 $a_{ij}^{(k)}$ 的效能值：

$$u_k(\{a_{ij}^{(k)}\}) = -\log_2(1-p_{ij}) \tag{3.41}$$

且令 $u_j(\varnothing)=0$，其中 2^A 表示 A 的幂集，也就是 A 的所有子集构成的集合。若各火力打击行动打击 t_j 的行为相互独立，火力分配方案 X 对目标 t_j 的效能值计算如下：

$$\begin{aligned} u_j(X) &= \sum_{a_{ij}^{(k)} \in X} u_j(\{a_{ij}^{(k)}\}) \\ &= \sum_{a_{ij}^{(k)} \in X} -\log_2(1-p_{ij}) \\ &= -\log_2 \prod_{a_{ij}^{(k)} \in X} (1-p_{ij}) \end{aligned} \tag{3.42}$$

若设 X 中与 t_j 有关的行动构成集合 X_j，则有

$$u_j(X) = u_j(X_j) = \sum_{a_{ij}^{(k)} \in X_j} u_j(\{a_{ij}^{(k)}\}) \tag{3.43}$$

易知式(3.37)中的存活概率 q_j 与 $u_j(X)$的关系为

$$q_j = 2^{-u_j(X)} = \prod_{a_{ij}^{(k)} \in X} (1-p_{ij}) \tag{3.44}$$

分析式(3.42)可知行动间相互独立情况下效能函数满足加性性质，简单来说若武器 ω_i 和 $\omega_{i'}$ $(i, i' \in \{1, 2, \cdots, m\})$分别使用弹药 $\alpha_i^{(k)}$ 和 $\alpha_{i'}^{(k')}$ $(k \in \{1, 2, \cdots, n_i\}, k' \in \{1, 2, \cdots, n_{i'}\})$打击目标 t_j，方案$\{a_{ij}^{(k)}, a_{i'j}^{(k')}\}$的效能值则为行动 $a_{ij}^{(k)}$ 与 $a_{i'j}^{(k')}$ 的效能值之和，即

$$u_j(\{a_{ij}^{(k)}, a_{i'j}^{(k')}\}) = u_j(\{a_{ij}^{(k)}\}) + u_j(\{a_{i'j}^{(k')}\}) \tag{3.45}$$

当式(3.42)和式(3.45)中的等式不成立时，则火力分配方案中的火力打击行动之间存在关联性，这就是本章所要讨论的问题。

注：本文规定 $u_j(\{a_{ij}^{(k)}, a_{i'j}^{(k')}\}) = u_j(\{a_{i'j}^{(k')}, a_{ij}^{(k)}\})$，即火力分配方案中的行动无先后之分，当行动间的关联关系考虑时序时，自动选择最有利于决策者的行动顺序。

3.3　复合火力打击行动分析与建模

再以上述行动的 $a_{ij}^{(k)}$ 与 $a_{i'j}^{(k')}$ 为例，若 $a_{ij}^{(k)}$ 与 $a_{i'j}^{(k')}$ 间存在关系，则式(3.45)不再成立，有

$$u_j(\{a_{ij}^{(k)}, a_{i'j}^{(k')}\}) > u_j(\{a_{ij}^{(k)}\}) + u_j(\{a_{i'j}^{(k')}\}) \tag{3.46}$$

或

$$u_j(\{a_{ij}^{(k)}, a_{i'j}^{(k')}\}) < u_j(\{a_{ij}^{(k)}\}) + u_j(\{a_{i'j}^{(k')}\}) \tag{3.47}$$

按照前面的分析可知，若式(3.46)成立，则 $a_{ij}^{(k)}$ 与 $a_{i'j}^{(k')}$ 间为正相关，意思是这两个火力打击行动产生协同时，其打击效果要优于两个行动各自的效果之和，一般的复合打击均是行动间的正相关，本文也主要考虑正相关的情况；而若式(3.47)成立，则它们之间为负相关。引入关联指标 $\Delta_j(\{a_{ij}^{(k)}, a_{i'j}^{(k')}\})$，使得

$$u_j(\{a_{ij}^{(k)}, a_{i'j}^{(k')}\}) = u_j(\{a_{ij}^{(k)}\}) + u_j(\{a_{i'j}^{(k')}\}) + \Delta_j(\{a_{ij}^{(k)}, a_{i'j}^{(k')}\}) \tag{3.48}$$

进一步可定义两个行动的协作率：

$$\gamma_j(\{a_{ij}^{(k)},a_{i'j}^{(k')}\})=\frac{\Delta_j(\{a_{ij}^{(k)},a_{i'j}^{(k')}\})}{u_j(\{a_{ij}^{(k)}\})+u_j(\{a_{i'j}^{(k')}\})}$$

$$=\frac{u_j(\{a_{ij}^{(k)},a_{i'j}^{(k')}\})-u_j(\{a_{ij}^{(k)}\})-u_j(\{a_{i'j}^{(k')}\})}{u_j(\{a_{ij}^{(k)}\})+u_j(\{a_{i'j}^{(k')}\})} \tag{3.49}$$

协作率的概念在复合火力打击问题的描述中经常用到，如行动 $a_{ij}^{(k)}$ 与 $a_{i'j}^{(k')}$ 对目标 t_j 的复合打击可提高 10％的攻击效果，此时 $\gamma_j(\{a_{ij}^{(k)},a_{i'j}^{(k')}\})=0.1$。根据式(3.49)有

$$u_j(\{a_{ij}^{(k)},a_{i'j}^{(k')}\})=\left[1+\gamma_j(\{a_{ij}^{(k)},a_{i'j}^{(k')}\})\right]\cdot\left[u_j(\{a_{ij}^{(k)}\})+u_j(\{a_{i'j}^{(k')}\})\right] \tag{3.50}$$

利用式(3.44)可得方案$\{a_{ij}^{(k)},a_{i'j}^{(k')}\}$下目标 t_j 的存活概率为

$$q_j=\left[(1-p_{ij})\cdot(1-p_{i'j})\right]^{\left[1+\gamma_j(\{a_{ij}^{(k)},a_{i'j}^{(k')}\})\right]} \tag{3.51}$$

然而复合火力打击问题中并非仅有两个行动相关的简单情况，更多的是包含多个行动的行动子集的复合火力打击情况。例如，2 枚武器 ω_1 的弹药、2 枚武器 ω_2 的弹药和 1 枚武器 ω_3 的弹药的组合在打击目标 t_j 的过程中产生复合打击效果，其复合火力打击将提升 70％的打击效率，此时应考虑 5 个打击行动间的关系问题。从行动集的视角出发，已知所有可行火力打击行动构成的集合为 A，任意火力分配方案 X 为行动集 A 的子集，而 X 中与目标 t_j 相关的火力打击行动构成集合 X_j，也就是 $X_j\subseteq X$。前面已经提出要得到火力分配方案 X 下对目标 t_j 的打击效果，只需计算 $u_j(X_j)$即可，然而 X_j 中的行动是存在关系的，而且多数情况下是两个以上行动间的关系，可设行动子集 B 为 X_j 的子集，即 $B\subseteq X_j$，在只考虑行动间关系为正相关的情况下，若行动子集 B 中的行动相关，则有

$$u_j(B)>\sum_{a_{ij}^{(k)}}u_j(\{a_{ij}^{(k)}\}) \tag{3.52}$$

此时可根据 0 节中的内容定义行动子集 B 中各行动的合作量：

$$\varphi_j(B)=u_j(B)-\sum_{a_{ij}^{(k)}}u_j(\{a_{ij}^{(k)}\}) \tag{3.53}$$

类似地可进一步定义各行动的合作率：

$$\gamma_j(B)=\frac{\varphi_j(B)}{\sum_{a_{ij}^{(k)}}u_j(\{a_{ij}^{(k)}\})} \tag{3.54}$$

对于上述所谓的提升 70％的打击效率，若设这 5 个行动构成行动子集 B，则有其合作率 $\gamma_j(B)=0.7$。

一般来说，复合火力打击的已知条件包括某武器单枚弹药打击某目标的毁伤概率，以及若干枚相同或不同武器的弹药打击某目标的合作率，已知条件中的毁伤概率可通过式(3.41)转化为行动的效能值，而基于效能值和已知的合作率通过式(3.54)可进一步转化为合作量。因此对于行动子集 X_j，认为可以根据题设条件找出行动集 A 中所有的最小关联集 G_k(见定义 3.7)，进而找出与行动子集 X_j 相关的非单行动的最小关联集 G_{jk}，由此可

通过前面的相关方法得到在火力分配方案 X 下对各目标 t_j 的打击效果(将在下一节详细讨论)。

3.4　复合打击下火力分配方案评估

本节将首先利用前面的方法对复合打击下的火力分配方案进行评估，而后考虑火力分配问题的特殊性，对相关方法进行改进，以减少计算量，为后续复合打击下火力分配方案优选提供便利。

3.4.1　基于最小关联集冲突分析的评估方法

本小节是前面方法的使用，此外仅罗列评估过程，具体内容本小节不再赘述。

通过对题设条件的分析，找出了所有与行动子集 X_j 相关的非单行动的最小关联集 G_{jk}，$\varphi(G_{jk})$为题设已知，$G_{jk}\subseteq X_j$ 且$|G_{jk}|\geqslant 2$，所有的 G_{jk} 构成集合G_j，设最小关联集 G_{jk} 有 s 个，则有 $G_j=\{G_{j1}, G_{j2}, \cdots, G_{js}\}$，令 $\boldsymbol{G}_j=(g_{kl})_{s\times s}$ 为通过集合 G_j 转化得到的矩阵，则有

$$g_{kl}=\begin{cases}1, & \text{若 } k=l \\ -1, & \text{若 } k\neq l \text{ 且 } G_{jk}\cap G_{jl}\neq\varnothing \\ 0, & \text{其他}\end{cases}$$

因为复合打击下火力分配问题中所有最小关联集 G_{jk} 的合作量都为正值，因此可通过式(3.36)中整数规划模型计算行动子集 X_j 的最优效能值：

$$\begin{aligned} \max\quad & \boldsymbol{e}^{\mathrm{T}}\cdot \mathrm{diag}(\boldsymbol{x})\cdot \boldsymbol{G}_j\cdot \mathrm{diag}(\boldsymbol{x})\cdot \boldsymbol{\varphi}_j \\ \text{s.t.}\quad & \boldsymbol{x}=(x_1, x_2, \cdots, x_s)^{\mathrm{T}} \\ & x_i=0 \text{ 或 } 1;\ i=1, 2, \cdots, s \end{aligned} \tag{3.55}$$

其中向量 $\boldsymbol{\varphi}_j=(\varphi_j(G_{j1}), \varphi_j(G_{j2}), \cdots, \varphi_j(G_{js}))^{\mathrm{T}}$，$\boldsymbol{e}$ 为全 1 列向量，进而有

$$u_j(X_j)=\sum_{a_{ij}^{(k)}\in X_j} u(\{a_{ij}^{(k)}\})+\boldsymbol{e}^{\mathrm{T}}\cdot \mathrm{diag}(\boldsymbol{x})\cdot \boldsymbol{G}_j\cdot \mathrm{diag}(\boldsymbol{x})\cdot \boldsymbol{\varphi}_j \tag{3.56}$$

再根据式(3.44)即可计算出复合打击下目标 t_j 的存活概率。

下面通过实例了解该方法的计算过程。

例 3.2　在某火力分配方案 X 中，武器 ω_1、ω_2、ω_3、ω_4 分别有 3、2、3、2 枚弹药被分配打击目标 t_j，记为 $X_j=\{a_{1j}^{(1)}, a_{1j}^{(2)}, a_{1j}^{(3)}, a_{2j}^{(1)}, a_{2j}^{(2)}, a_{3j}^{(1)}, a_{3j}^{(2)}, a_{3j}^{(3)}, a_{4j}^{(1)}, a_{4j}^{(2)}\}$，各类武器打击 t_j 的毁伤概率分别为 $p_{1j}=0.15$，$p_{2j}=0.2$，$p_{3j}=0.1$，$p_{4j}=0.15$。已知下述 3 类行动组合可对目标 t_j 进行复合打击：

(1) 2 枚 ω_2 的弹药，2 枚 ω_3 的弹药，1 枚 ω_4 的弹药，协作率为 0.7。

(2) 2 枚 ω_1 的弹药，1 枚 ω_4 的弹药，协作率为 0.5。

(3) 3 枚 ω_3 的弹药，2 枚 ω_4 的弹药，协作率为 0.8。

首先根据式(3.41)，代入毁伤概率计算出各火力打击行动对目标 t_j 的效能值：

$$u_j(\{a_{1j}^{k_1}\})=0.235,\ u_j(\{a_{2j}^{k_2}\})=0.322,\ u_j(\{a_{3j}^{k_3}\})=0.152,\ u_j(\{a_{4j}^{k_4}\})=0.235$$

其中 $k_1=1$、2、3，$k_2=1$、2，$k_3=1$、2、3，$k_4=1$、2。再根据题设中 3 类复合打击可罗列出所有最小关联集：

$$G_{j1}=\{a_{2j}^{(1)},\ a_{2j}^{(2)},\ a_{3j}^{(1)},\ a_{3j}^{(2)},\ a_{4j}^{(1)}\},\ G_{j2}=\{a_{2j}^{(1)},\ a_{2j}^{(2)},\ a_{3j}^{(1)},\ a_{3j}^{(3)},\ a_{4j}^{(1)}\},$$

$$G_{j3}=\{a_{2j}^{(1)},\ a_{2j}^{(2)},\ a_{3j}^{(2)},\ a_{3j}^{(3)},\ a_{4j}^{(1)}\},\ G_{j4}=\{a_{2j}^{(1)},\ a_{2j}^{(2)},\ a_{3j}^{(1)},\ a_{3j}^{(2)},\ a_{4j}^{(2)}\},$$

$$G_{j5}=\{a_{2j}^{(1)},\ a_{2j}^{(2)},\ a_{3j}^{(1)},\ a_{3j}^{(3)},\ a_{4j}^{(2)}\},\ G_{j6}=\{a_{2j}^{(1)},\ a_{2j}^{(2)},\ a_{3j}^{(2)},\ a_{3j}^{(3)},\ a_{4j}^{(2)}\}$$

$$G_{j7}=\{a_{1j}^{(1)},\ a_{1j}^{(2)},\ a_{4j}^{(1)}\},\ G_{j8}=\{a_{1j}^{(1)},\ a_{1j}^{(3)},\ a_{4j}^{(1)}\},$$

$$G_{j9}=\{a_{1j}^{(2)},\ a_{1j}^{(3)},\ a_{4j}^{(1)}\},\ G_{j10}=\{a_{1j}^{(1)},\ a_{1j}^{(2)},\ a_{4j}^{(2)}\},$$

$$G_{j11}=\{a_{1j}^{(1)},\ a_{1j}^{(3)},\ a_{4j}^{(2)}\},\ G_{j12}=\{a_{1j}^{(2)},\ a_{1j}^{(3)},\ a_{4j}^{(2)}\},$$

$$G_{j13}=\{a_{3j}^{(1)},\ a_{3j}^{(2)},\ a_{3j}^{(3)},\ a_{4j}^{(1)},\ a_{4j}^{(2)}\}$$

即有 $G_j=\{G_{jk}\mid k=1,\ 2,\ \cdots,\ 13\}$，各最小关联集的合作率分别为

$$\gamma_j(G_{j1})=\gamma_j(G_{j2})=\gamma_j(G_{j3})=\gamma_j(G_{j4})=\gamma_j(G_{j5})=\gamma_j(G_{j6})=0.7$$

$$\gamma_j(G_{j7})=\gamma_j(G_{j8})=\gamma_j(G_{j9})=\gamma_j(G_{j10})=\gamma_j(G_{j11})=\gamma_j(G_{j12})=0.5,\ \gamma_j(G_{j13})=0.8$$

根据式(3.54)计算各最小关联集的合作量为

$$\varphi_j(G_{j1})=\varphi_j(G_{j2})=\varphi_j(G_{j3})=\varphi_j(G_{j4})=\varphi_j(G_{j5})=\varphi_j(G_{j6})=0.828$$

$$\varphi_j(G_{j7})=\varphi_j(G_{j8})=\varphi_j(G_{j9})=\varphi_j(G_{j10})=\varphi_j(G_{j11})=\varphi_j(G_{j12})=0.353,\ \varphi_j(G_{j13})=0.741$$

根据 G_j 可得到矩阵

$$\boldsymbol{G}_j=\begin{bmatrix}
1 & -1 & -1 & -1 & -1 & -1 & -1 & -1 & -1 & 0 & 0 & 0 & -1\\
-1 & 1 & -1 & -1 & -1 & -1 & -1 & -1 & -1 & 0 & 0 & 0 & -1\\
-1 & -1 & 1 & -1 & -1 & -1 & -1 & -1 & -1 & 0 & 0 & 0 & -1\\
-1 & -1 & -1 & 1 & -1 & -1 & 0 & 0 & 0 & -1 & -1 & -1 & -1\\
-1 & -1 & -1 & -1 & 1 & -1 & 0 & 0 & 0 & -1 & -1 & -1 & -1\\
-1 & -1 & -1 & -1 & -1 & 1 & 0 & 0 & 0 & -1 & -1 & -1 & -1\\
-1 & -1 & -1 & 0 & 0 & 0 & 1 & -1 & -1 & -1 & -1 & -1 & -1\\
-1 & -1 & -1 & 0 & 0 & 0 & -1 & 1 & -1 & -1 & -1 & -1 & -1\\
-1 & -1 & -1 & 0 & 0 & 0 & -1 & -1 & 1 & -1 & -1 & -1 & -1\\
0 & 0 & 0 & -1 & -1 & -1 & -1 & -1 & -1 & 1 & -1 & -1 & -1\\
0 & 0 & 0 & -1 & -1 & -1 & -1 & -1 & -1 & -1 & 1 & -1 & -1\\
0 & 0 & 0 & -1 & -1 & -1 & -1 & -1 & -1 & -1 & -1 & 1 & -1\\
-1 & -1 & -1 & -1 & -1 & -1 & -1 & -1 & -1 & -1 & -1 & -1 & 1
\end{bmatrix}$$

合作量构成的向量为

$$\boldsymbol{\varphi}_j=(0.828,\ 0.828,\ 0.828,\ 0.828,\ 0.828,\ 0.828,\ 0.353,\ 0.353,\ 0.353,\ 0.353,\ 0.353,\ 0.353,\ 0.741)^{\mathrm{T}}$$

代入模型(3.55)求解可得最优解 $\boldsymbol{x}^*=(1,\ 0,\ 0,\ 0,\ 0,\ 0,\ 1,\ 0,\ 0,\ 0,\ 0,\ 0,\ 0)^{\mathrm{T}}$，最优值为

$$\boldsymbol{e}^{\mathrm{T}}\cdot\mathrm{diag}(\boldsymbol{x}^*)\cdot\boldsymbol{G}_j\cdot\mathrm{diag}(\boldsymbol{x}^*)\cdot\boldsymbol{\varphi}_j=1.181$$

将该值代入式(3.56)中即可得到 X_j 的效能值：

$$\begin{aligned} u(X_j) &= \sum_{a_{ij}^{(k)} \in X_j} u(\{a_{ij}^{(k)}\}) + \boldsymbol{e}^{\mathrm{T}} \cdot \mathrm{diag}(\boldsymbol{x}^*) \cdot \boldsymbol{G}_j \cdot \mathrm{diag}(\boldsymbol{x}^*) \cdot \boldsymbol{\varphi}_j \\ &= 3 \times 0.235 + 2 \times 0.322 + 3 \times 0.152 + 2 \times 0.235 + 1.181 \\ &= 3.456 \end{aligned}$$

将该值代入式(3.44)计算得目标 t_j 的存活概率 $q_j = 0.091$。

通过上例可以看到，利用前面的方法可以有效得到各火力分配方案下各目标毁伤程度的评估，然而从求解的过程中可以看到该方法过于依赖前面的方法，虽然按部就班，但是未能充分把握复合打击火力分配问题的特点。例如，例 3.2 的求解过程中认为相同武器不同弹药打击同一目标为不同行动，所以武器 ω_1 的 3 枚弹药打击目标 t_j 分为三个行动，本质上这三个相同作用的行动可以相互替换，由此需要罗列出更多的最小关联集，增加了问题求解的复杂性。在上例中，前 6 个最小关联集 G_{j1}、G_{j2}、G_{j3}、G_{j4}、G_{j5}、G_{j6}，以及 G_{j7}、G_{j8}、G_{j9}、G_{j10}、G_{j11}、G_{j12} 具有完全相同的行动组成，3 类复合火力打击需要使用包含 13 个最小关联集的集合表示，增加了求解困难，因此有必要改进前面的方法，以更为适应复合打击下火力分配问题的特点。

3.4.2　改进的评估方法

在前面火力分配问题的分析中提到，原本火力分配方案是通过矩阵进行表示的，即 $\boldsymbol{X} = (x_{ij})_{m \times n}$，其中 x_{ij} 表示在火力分配方案中武器 ω_i 分配给目标 t_j 的弹药数量，而火力分配方案中与目标 t_j 有关的火力打击行动子集 X_j 则对应于矩阵 $\boldsymbol{X}$ 中的第 j 列，表示为向量 $\boldsymbol{X}_j = (x_{1j}, x_{2j}, \cdots, x_{mj})^{\mathrm{T}}$。假设题设条件中有 s 个与目标 t_j 相关的最小关联集，记为 $G_{jk}(k=1, 2, \cdots, s)$，与行动子集 X_j 一样，各最小关联集也可以用一个 m 维的向量表示，如 $\boldsymbol{G}_{jk} = (g_{jk1}, g_{jk2}, \cdots, g_{jkm})^{\mathrm{T}}$，其中向量中的元素 $g_{jki}(i=1, 2, \cdots, m)$表示最小关联集 G_{jk} 中与武器 ω_i 相关的行动数量。在上例中，一类复合打击为“2 枚 ω_2 的弹药，2 枚 ω_3 的弹药，1 枚 ω_4 的弹药”对目标 t_j 的打击，则此时最小关联集的向量形式为 $\boldsymbol{G}_{j1} = (0, 2, 2, 1)^{\mathrm{T}}$，因为依照题设条件，该类复合打击对应的最小关联集中无武器 ω_1 相关的行动，分别有 2 个、2 个、1 个与武器 ω_2、ω_3、ω_4 相关的行动。按照类似的转化，可以将所有与目标 t_j 相关的最小关联集变换为向量形式。并且变换过后的最小关联集向量可组合为 $m \times s$ 的矩阵 $\boldsymbol{G}_j = (\boldsymbol{G}_{j1}, \boldsymbol{G}_{j2}, \cdots, \boldsymbol{G}_{js})$，事实上，矩阵 $\boldsymbol{G}_j$ 为上文提及的集合 G_j 的矩阵形式，与集合 G_j 有相同的含义。

设 s 维向量 $\boldsymbol{y}_j = (y_{j1}, y_{j2}, \cdots, y_{js})^{\mathrm{T}}$ 表示行动子集 X_j 中包含各最小关联集的数量，则有约束 $y_{jk} \in \mathbf{N}_0 (k \in \{1, 2, \cdots, s\})$，而且由于行动间关系冲突，最终选择出的不同最小关联集中不能包含相同的行动，因为同一武器打击同一目标的行动认为是相同行动，可以相互替换，但是所有被选中的最小关联集关于某一武器的行动总量应小于行动子集 X_j 中关于该武器的行动总量，否则被选中的最小关联集之间会存在冲突，这也是根据复合打击下火力分配问题特点，对行动间关系存在冲突的表示，也就是说，为避免行动间关系的冲突，在解决复合打击下火力分配方案评估问题时必须满足约束 $\boldsymbol{G}_j \cdot \boldsymbol{y}_j \leqslant \boldsymbol{X}_j$。因此模型可转化为下式中的模型：

$$\begin{aligned} \max \quad & \boldsymbol{\varphi}_j^{\mathrm{T}} \cdot \boldsymbol{y}_j \\ \text{s. t.} \quad & \boldsymbol{G}_j \cdot \boldsymbol{y}_j \leqslant \boldsymbol{X}_j \\ & \boldsymbol{y}_j = (y_{j1}, y_{j2}, \cdots, y_{js})^{\mathrm{T}} \\ & y_{jk} \in \mathbf{N}_0; k = 1, 2, \cdots, s \end{aligned} \tag{3.57}$$

其中 $\boldsymbol{\varphi}_j = (\varphi_j(G_{j1}), \varphi_j(G_{j2}), \cdots, \varphi_j(G_{js}))^{\mathrm{T}}$ 为所有最小关联集 G_{jk} 的合作量组成的向量。根据模型(3.57)计算得到的最优的 $\boldsymbol{y}_j^*$（如设 $u_j = (u_j(\{a_{1j}\}), u_j(\{a_{2j}\}), \cdots, u_j(\{a_{mj}\}))^{\mathrm{T}}$）为各类武器单枚弹药打击目标 $\boldsymbol{t}_j$ 这一火力打击行动的效能值组合而成的向量，则可通过下式计算行动子集 X_j 的效能值：

$$u_j(X_j) = \boldsymbol{X}_j^{\mathrm{T}} \cdot \boldsymbol{u}_j + \boldsymbol{\varphi}_j^{\mathrm{T}} \cdot \boldsymbol{y}_j^* \tag{3.58}$$

仍以例 3.2 中的复合打击下火力分配方案评估问题为例详述改进方法评估火力分配方案的过程。

例 3.3 重新来看例 3.2，根据题设条件，有三类复合打击，分别表示为最小关联集的向量形式

$$\boldsymbol{G}_{j1} = \begin{pmatrix} 0 \\ 2 \\ 2 \\ 1 \end{pmatrix}, \boldsymbol{G}_{j2} = \begin{pmatrix} 2 \\ 0 \\ 0 \\ 1 \end{pmatrix}, \boldsymbol{G}_{j3} = \begin{pmatrix} 0 \\ 0 \\ 3 \\ 2 \end{pmatrix}$$

因此矩阵 $\boldsymbol{G}_j = (\boldsymbol{G}_{j1}, \boldsymbol{G}_{j2}, \boldsymbol{G}_{j3})$ 可表示为

$$\boldsymbol{G}_j = \begin{pmatrix} 0 & 2 & 0 \\ 2 & 0 & 0 \\ 2 & 0 & 3 \\ 1 & 1 & 2 \end{pmatrix}$$

行动子集 X_j 的向量形式为 $\boldsymbol{X}_j = (3, 2, 3, 2)^{\mathrm{T}}$，各类最小关联集的合作量为

$$\boldsymbol{\varphi}_j = (\varphi_j(G_{j1}), \varphi_j(G_{j2}), \varphi_j(G_{j3}))^{\mathrm{T}} = (0.828, 0.353, 0.741)^{\mathrm{T}}$$

将相关的数值代入模型(3.57)进行求解可得 $\boldsymbol{y}_j^* = (1, 1, 0)^{\mathrm{T}}$，此时模型的最优值为 $\boldsymbol{\varphi}_j^{\mathrm{T}} \cdot \boldsymbol{y}_j^* = 1.181$，与例 3.2 中求解出的最优值相同。根据例 3.2 中对各火力打击行动效能值的计算结果易知

$$\boldsymbol{u}_j = (u_j(\{a_{1j}\}), u_j(\{a_{2j}\}), u_j(\{a_{3j}\}), u_j(\{a_{4j}\}))^{\mathrm{T}} = (0.235, 0.322, 0.152, 0.235)^{\mathrm{T}}$$

将相关数值代入式(3.58)即可得行动子集 X_j 的效能值为

$$u_j(X_j) = \boldsymbol{X}_j^{\mathrm{T}} \cdot \boldsymbol{u}_j + \boldsymbol{\varphi}_j^{\mathrm{T}} \cdot \boldsymbol{y}_j^* = 3.456$$

即在行动子集 X_j 的打击下，目标 t_j 的存活概率为 $q_j = 0.091$。

通过比较例 3.2 与例 3.3 可知，本小节改进的评估方法通过引入复合打击下火力分配问题的特点，在解决问题的过程中利用了同一武器通过不同弹药打击同一目标实则为等效

的火力打击行动这一特点，避免了重复考虑最小关联集引起的繁复，提高了解决问题的效率。两个例子的求解结果相同，这也在一定程度上证明了改进方法的有效性与可行性。然而在火力分配方案的评估中用 3.4.1 小节的方法还是本小节的改进方法还需具体问题具体对待，如果火力分配问题中的武器是导弹发射架，一般来说，一次火力分配中每个导弹发射架只发射一枚导弹，此时行动子集 X_j 中的行动数量十分有限，变换得到的向量 $\mathbf{X}_j$ 也十分稀疏，向量中多数元素为 0，只有极少元素为 1，此时若再利用本小节的改进方法对此类问题中的火力分配方案进行评估，不仅不能提高求解效率，还会增大最优解搜索的难度，基于 3.4.1 小节的方法将会更加便利。

3.5　复合打击下火力分配方案的优选

本节讨论复合打击下火力分配方案的优选，目的是在所有可行的火力分配方案中选择出最优的方案，其模型已在式(3.38)与式(3.40)中进行了分析，就式(3.40)中的模型来看，若要从可行火力分配方案空间 $\mathbf{X}$ 中选择出最优的火力分配方案，通常有以下几个步骤(见图 3.1)：

(1) 空间搜索。即依据空间 $\mathbf{X}$ 对火力分配方案的限制，按照一定的程序和算法迭代产生可行的方案。

(2) 方案评估。对搜索得到的火力分配方案进行合理评估，上节的评估方法可用于该步骤中，必须符合复合火力打击的要求。

(3) 停止判决。判决是否停止搜索空间 $\mathbf{X}$，若判决为停止，则输出最优火力分配方案，否则继续搜索空间 $\mathbf{X}$。

(4) 输出最优火力分配方案。即根据各次迭代中方案的评估，择优输出最优火力分配方案。

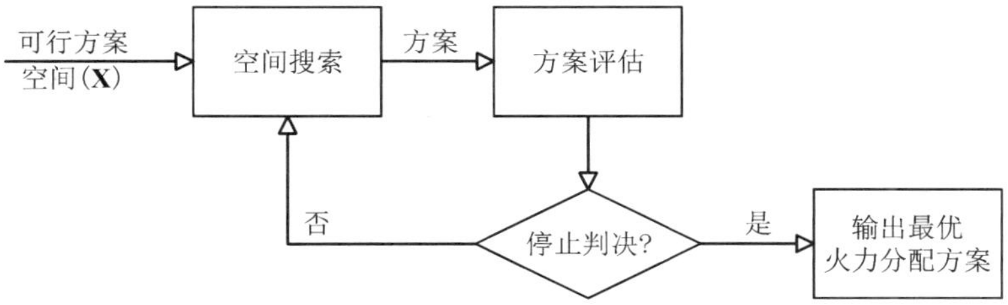

图 3.1　复合打击下火力分配方案优选流程

在上述流程中，“空间搜索”与“停止判决”两个步骤在优化算法和智能算法等相关方法中都有详细而且完善的介绍，诸如搜索算法有最近邻域搜索、禁忌搜索、随机搜索等，而停止判决可以依据设定的最大迭代次数、最优方案评估值的变化程度、预定的最优方案满足条件等，根据具体问题选择合适方法即可，本文将不再详细讨论，而主要关注如何评估由搜索算法产生的火力分配方案(前面已有详述)，以及如何降低整个流程的计算复杂度。

假设复合打击下火力分配问题涉及 ω_1，ω_2，…，ω_m 等 m 个武器，打击 t_1，t_2，…，t_n 等 n 个目标，武器 ω_i 使用单枚弹药打击目标 t_j 的毁伤概率已知，记为 p_{ij}，复合打击的形式与效率也如同例 3.2，按照弹药限量、作战目的与任务等约束，确定了可行火力分配方案空间

X。按照上述流程，首先需要从空间 **X** 中搜索产生一个待评估的火力分配方案，记为 X，根据式(3.40)中的模型可知，需要评估火力分配方案 $\boldsymbol{X}$ 下所有目标的总体存活概率，即

$$E(X)=\sum_{j=1}^{n}v_j\cdot E_j(X)=\sum_{j=1}^{n}v_j\cdot q_j \tag{3.59}$$

然而上式中各目标的存活概率 q_j 并非已知量，需要根据复合打击进行计算，当然本章前阶段的工作完全可以胜任各目标存活概率的计算任务。只需将与目标 $t_j(j=1, 2, \cdots, n)$ 火力分配方案中的火力打击行动、基于复合打击的最小关联集以及相关火力打击行动的合作量抽取出来，代入到式(3.55)或式(3.57)中的模型，就可以得到效能值 $u_j(X)$，再根据式(3.44)进行效能值到存活概率的转换即可评估出在火力分配方案 X 下目标 t_j 的存活概率。然而不管是用式(3.55)还是式(3.57)中的模型，在产生一个可行的火力分配方案后，必须对所有目标进行存活概率的评估，即要进行 n 次(有 n 个打击目标)优化模型的求解，循环 n 次类似于图 3.1 所示的优选流程(见图 3.2)。假设每个优化模型的求解，或者说类似于图 3.1 的优选流程，需要迭代搜索 L 次，则在图 3.2 所示的方案评估阶段，每个目标存活概率的优选都需要迭代搜索 L 次，共需要迭代 nL 次，因此要解算出最优的复合打击下火力分配方案，需要循环迭代 nL^2 次，计算量巨大。因此图 3.2 所示的基于各目标火力分配方案评估的复合打击下火力分配方案优选计算复杂性过高，不具备好的可行性，需要进行必要的方法上的改进。

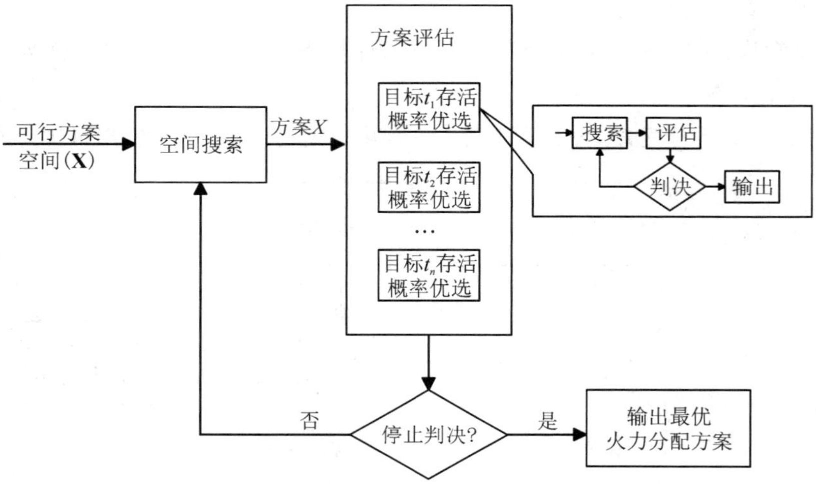

图 3.2 基于各目标火力分配方案评估的方案优选流程

重新考虑前面火力分配问题的模型，当各目标的威胁程度分别为 $v_1, v_2, \cdots, v_n$ 时，则有

$$\begin{aligned}\max \quad & E(X)=\sum_{j=1}^{n}v_j\cdot E_j(X)\\ \text{s.t.} \quad & X=(x_{ij})_{m\times n}\in X\\ & \boldsymbol{x}_{ij}\in \mathbf{N}_0\end{aligned} \tag{3.60}$$

首先分析模型的目标函数，因为 $E_j(X)=q_j$ 表示在火力分配方案 X 下目标 t_j 的存活概率，因而根据式(3.44)有

$$E(X)=\sum_{j=1}^{n} v_j \cdot q_j=\sum_{j=1}^{n} v_j \cdot 2^{-u_j(X)}=\sum_{j=1}^{n} v_j \cdot 2^{-u_j(X_j)} \tag{3.61}$$

其中 X_j 表示火力分配方案 X 中与目标 t_j 相关的行动构成的行动子集，根据前面的分析可知，行动子集 X_j 可表示为向量形式的 $\boldsymbol{X}_j$，而 $\boldsymbol{X}_j$ 为矩阵 $\boldsymbol{X}$ 中的第 j 列，因此式(3.61)中的 $u_j(X_j)$ 等同于 $u_j(\boldsymbol{X}_j)$，即由矩阵 $\boldsymbol{X}$ 第 j 列计算得到的效能值，也就是说模型中的目标函数等同于下式：

$$E(\boldsymbol{X})=\sum_{j=1}^{n} v_j \cdot 2^{-u_j(\boldsymbol{X}_j)} \tag{3.62}$$

再对约束条件进行分析，问题的对象是 t_1，t_2，…，t_n 等 n 个打击目标，各目标有各自相关的打击行动，对应为矩阵 $\boldsymbol{X}$ 中的列向量，因此可将矩阵 $\boldsymbol{X}$ 视为 n 个列向量的组合，即

$$\boldsymbol{X}=(\boldsymbol{X}_1, \boldsymbol{X}_2, \cdots, \boldsymbol{X}_n) \tag{3.63}$$

其中向量 $\boldsymbol{X}_j=(x_{1j}, x_{2j}, \cdots, x_{mj})^{\mathrm{T}}$ 有 m 个元素，$x_{ij}(i=1, 2, \cdots, m)$ 表示武器 ω_i 打击目标 t_j 的行动数量。类似前面对最小关联集的分析，假设题设条件中有 s_j 个与目标 t_j 相关的最小关联集，记为 $G_{jk}(k=1, 2, \cdots, s_j)$，则可用 m 维的向量对最小关联集 G_{jk} 进行表示，$\boldsymbol{G}_{jk}=(g_{jk1}, g_{jk2}, \cdots, g_{jkm})^{\mathrm{T}}$，其中向量中的元素 $g_{jki}(i=1, 2, \cdots, m)$ 表示最小关联集 G_{jk} 中与武器 ω_i 相关的行动数量，所有与目标 t_j 相关的向量 $\boldsymbol{G}_{jk}(k=1, 2, \cdots, s_j)$ 可组合成 $m\times s_j$ 的矩阵，表示为 $\boldsymbol{G}_j=(\boldsymbol{G}_{j1}, \boldsymbol{G}_{j2}, \cdots, \boldsymbol{G}_{js_j})$，则总能找到一组非负的整数值，设为 $\boldsymbol{y}_j=(y_{j1}, y_{j2}, \cdots, y_{js_j})^{\mathrm{T}}$ 满足 $y_{jk}\in\mathbf{N}_0(k=1, 2, \cdots, s_j)$，使得 $\boldsymbol{G}_j \cdot \boldsymbol{y}_j \leqslant \boldsymbol{X}_j$，另设 m 维的列向量 $\boldsymbol{Z}=(z_{1j}, z_{2j}, \cdots, z_{mj})^{\mathrm{T}}$，满足 $\boldsymbol{Z}_j=\boldsymbol{X}_j-\boldsymbol{G}_j \cdot \boldsymbol{y}_j$，则有 $z_{ij}\in\mathbf{N}_0(i=1, 2, \cdots, m)$，因此

$$\boldsymbol{X}_j=\boldsymbol{G}_j \cdot \boldsymbol{y}_j+\boldsymbol{Z}_j \tag{3.64}$$

将该式代入式(3.63)中有

$$\begin{aligned}\boldsymbol{X}&=(\boldsymbol{X}_1, \boldsymbol{X}_2, \cdots, \boldsymbol{X}_n)\\&=(\boldsymbol{G}_1 \cdot \boldsymbol{y}_1+\boldsymbol{Z}_1, \boldsymbol{G}_2 \cdot \boldsymbol{y}_2+\boldsymbol{Z}_2, \cdots, \boldsymbol{G}_n \cdot \boldsymbol{y}_n+\boldsymbol{Z}_n)\\&=(\boldsymbol{G}_1 \cdot \boldsymbol{y}_1, \boldsymbol{G}_2 \cdot \boldsymbol{y}_2, \cdots, \boldsymbol{G}_n \cdot \boldsymbol{y}_n)+\boldsymbol{Z}\end{aligned} \tag{3.65}$$

其中 $\boldsymbol{Z}=(\boldsymbol{Z}_1, \boldsymbol{Z}_2, \cdots, \boldsymbol{Z}_n)=(z_{ij})_{m\times n}$。

式(3.65)的物理意义为复合打击的火力分配方案可分为两个部分。第一个部分是由最小关联集体现的复合打击部分，在式中表现为最小关联集的线性组合，即式中的$(\boldsymbol{G}_1 \cdot \boldsymbol{y}_1, \boldsymbol{G}_2 \cdot \boldsymbol{y}_2, \cdots, \boldsymbol{G}_n \cdot \boldsymbol{y}_n)$；第二个部分是复合打击之外的独立打击部分，表现为武器 ω_i 对目标 t_j 实施独立打击的弹药量为 z_{ij}（可理解为同类火力打击行动的数量），所有的独立打击行动数量组合成矩阵 $\boldsymbol{Z}$。

接下来是基于式(3.64)与式(3.65)中火力分配方案表示的行动子集效能值的计算，因为已知条件中根据毁伤概率 p_{ij} 可计算出各行动 a_{ij} 的效能值 $u_j(\{a_{ij}\})$，以及各最小关联集 G_{jk} 的合作量 $\varphi(G_{jk})$，或者一致化为向量形式 $\varphi(\boldsymbol{G}_{jk})$，因此可方便计算出 $\boldsymbol{G}_{jk}$ 的效能值：

$$u_j(\boldsymbol{G}_{jk}) = u_j(G_{jk}) = \sum_{a_{ij} \in G_{jk}} u_j(\{a_{ij}\}) + \varphi(G_{jk}) = \sum_{i=1}^{m} g_{jki} \cdot u_j(\{a_{ij}\}) + \varphi(\boldsymbol{G}_{jk}) \tag{3.66}$$

进而可计算 $\boldsymbol{X}_j = \boldsymbol{G}_j \cdot \boldsymbol{y}_j + \boldsymbol{Z}_j$ 时的 $u_j(\boldsymbol{X}_j)$，有

$$\begin{aligned} u_j(\boldsymbol{X}_j) &= \sum_{k=1}^{s_j} u_j(\boldsymbol{G}_{jk}) \cdot y_{jk} + \sum_{i=1}^{m} u(\{a_{ij}\}) \cdot z_{ij} \\ &= \boldsymbol{u}_j(\boldsymbol{G}_j) \cdot \boldsymbol{y}_j + \sum_{i=1}^{m} u(\{a_{ij}\}) \cdot z_{ij} \end{aligned} \tag{3.67}$$

其中 $\boldsymbol{u}_j(\boldsymbol{G}_j) = (u_j(\boldsymbol{G}_{j1}), u_j(\boldsymbol{G}_{j2}), \cdots, u_j(\boldsymbol{G}_{js_j}))$为由所有 $\boldsymbol{G}_{jk}(k=1, 2, \cdots, s_j)$的效能值组成的 s_j 维行向量。将该式代入式(3.62)中有

$$\begin{aligned} E(\boldsymbol{X}) &= \sum_{j=1}^{n} v_j \cdot 2^{-\left[\boldsymbol{u}_j(\boldsymbol{G}_j) \cdot \boldsymbol{y}_j + \sum_{i=1}^{m} u(\{a_{ij}\}) \cdot z_{ij}\right]} \\ &= \sum_{j=1}^{n} \left(v_j \cdot 2^{-\boldsymbol{u}_j(\boldsymbol{G}_j) \cdot \boldsymbol{y}_j} \cdot \prod_{i=1}^{m} (1 - p_{ij})^{z_{ij}}\right) \end{aligned} \tag{3.68}$$

综合上述的目标函数与约束条件的变换，可以把模型进一步改写如下：

$$\begin{aligned} \min \quad & E(\boldsymbol{X}) = \sum_{j=1}^{n} \left(v_j \cdot 2^{-\boldsymbol{u}_j(\boldsymbol{G}_j) \cdot \boldsymbol{y}_j} \cdot \prod_{i=1}^{m} (1 - p_{ij})^{z_{ij}}\right) \\ \text{s.t.} \quad & \boldsymbol{X} = (\boldsymbol{G}_1 \cdot \boldsymbol{y}_1, \boldsymbol{G}_2 \cdot \boldsymbol{y}_2, \cdots, \boldsymbol{G}_n \cdot \boldsymbol{y}_n) + \boldsymbol{Z} \\ & \boldsymbol{X} \in \mathbf{X} \\ & \boldsymbol{y}_j = (y_{j1}, y_{j2}, \cdots, y_{js_j})^{\mathrm{T}};\ j = 1, 2, \cdots, n \\ & \boldsymbol{Z} = (z_{ij})_{m \times n} \\ & y_{jk}, z_{ij} \in \mathbf{N}_0;\ i = 1, 2, \cdots, m;\ j = 1, 2, \cdots, n;\ k = 1, 2, \cdots, s_j \end{aligned}$$

该模型有变量 $\boldsymbol{y}_1, \boldsymbol{y}_2, \cdots, \boldsymbol{y}_n, \boldsymbol{Z}$，变量元素共有 $\sum_{j=1}^{n} s_j + m \times n$ 个，虽然较模型的 $m \times n$ 个变量元素多了 $\sum_{j=1}^{n} s_j$ 个，但该模型只需进行图 3.1 中的流程即可优选出复合打击下火力分配方案，而无需像模型(3.60)一样进行图 3.2 中的流程，减少了循环迭代的步骤，提高了解算复合打击下最优火力分配方案的效率。下一节将基于该模型求解一个复合打击下火力分配简单示例，以验证该模型的可行性。

3.6 示例分析

例 3.4 假设在某次考虑复合火力打击的火力分配问题中，有 ω_1、ω_2、ω_3、ω_4 等 4 类武器，各武器装配的弹药数量分别为 5、6、7、5 枚，现需利用这些武器弹药打击 t_1、t_2 两个目标，根据目标的威胁程度，这两个目标的归一化后权重分别为 $v_1 = 0.7$，$v_2 = 0.3$，相关毁伤概率数据有

$$\boldsymbol{P}=(p_{ij})_{4\times2}=\begin{pmatrix}0.15 & 0.3\\0.2 & 0.15\\0.1 & 0.25\\0.15 & 0.2\end{pmatrix}$$

其中 $p_{ij}(i=1, 2, 3, 4; j=1, 2)$表示武器 ω_i 的单枚弹药对目标 t_j 的毁伤概率。依据前期的实验数据，分析出以下 5 类复合火力打击，其中与目标 t_1 相关的复合火力打击类型如下：

(1) 2 枚武器 ω_1 的弹药，1 枚武器 ω_4 的弹药，其合作率为 50%。

(2) 2 枚武器 ω_2 的弹药，2 枚武器 ω_3 的弹药，1 枚武器 ω_4 的弹药，其合作率为 70%。

(3) 1 枚武器 ω_1 的弹药，2 枚武器 ω_3 的弹药，其合作率为 40%。

而与目标 t_2 相关的复合火力打击类型如下：

(4) 1 枚武器 ω_1 的弹药，3 枚武器 ω_4 的弹药，其合作率为 60%。

(5) 1 枚武器 ω_1 的弹药，1 枚武器 ω_3 的弹药，其合作率为 30%。

首先依照本章的相关内容对本例的数据作必要的分析与处理。根据式(3.41)计算各打击行动的效能值：

$$\boldsymbol{U}=(u_{ij})_{4\times2}=\begin{pmatrix}0.235 & 0.515\\0.322 & 0.235\\0.152 & 0.415\\0.235 & 0.322\end{pmatrix}$$

其中 $u_{ij}=u_j(\{a_{ij}\})$表示武器 ω_i 单枚弹药打击目标 t_j 这一行动的效能值。用向量的形式表示复合火力打击如下：

$$\boldsymbol{G}_1=(\boldsymbol{G}_{11}, \boldsymbol{G}_{12}, \boldsymbol{G}_{13})=\begin{pmatrix}2 & 0 & 1\\0 & 2 & 0\\0 & 2 & 2\\1 & 1 & 0\end{pmatrix}$$

以及

$$\boldsymbol{G}_2=(\boldsymbol{G}_{21}, \boldsymbol{G}_{22})=\begin{pmatrix}1 & 0\\0 & 1\\0 & 1\\3 & 0\end{pmatrix}$$

依据题意，可得各复合火力打击的合作率如下：

$$\gamma(\boldsymbol{G}_{11})=0.5,\ \gamma(\boldsymbol{G}_{12})=0.7,\ \gamma(\boldsymbol{G}_{13})=0.4,\ \gamma(\boldsymbol{G}_{21})=0.6,\ \gamma(\boldsymbol{G}_{22})=0.3$$

根据式(3.66)，可进一步计算各复合火力打击的效能值如下：

$$u_1(\boldsymbol{G}_{11})=\sum_{a_{ij}\in G_{11}}u_1(\{a_{ij}\})+\varphi(\boldsymbol{G}_{11})=\boldsymbol{G}_{11}^{\mathrm{T}}\cdot\boldsymbol{u}_{\cdot1}\cdot[1+\gamma(\boldsymbol{G}_{11})]=1.055$$

其中 $\boldsymbol{u}_{\cdot1}$ 表示矩阵 $\boldsymbol{U}$ 中第一列元素构成的列向量。类似地可以计算：

$$u_1(\boldsymbol{G}_{12})=2.010,\ u_1(\boldsymbol{G}_{13})=0.754,\ u_2(\boldsymbol{G}_{21})=2.369,\ u_2(\boldsymbol{G}_{22})=0.844$$

因此

$$u_1(\boldsymbol{G}_1)=(u_1(\boldsymbol{G}_{11}),\ u_1(\boldsymbol{G}_{12}),\ u_1(\boldsymbol{G}_{13}))=(1.055,\ 2.010,\ 0.754)$$

$$u_2(\boldsymbol{G}_2)=(u_2(\boldsymbol{G}_{21}),\ u_2(\boldsymbol{G}_{22}))=(2.369,\ 0.844)$$

分析问题可知，火力分配方案的约束只有一个，即弹药数量约束，也就是如果火力分配方案 $\boldsymbol{X}=(x_{ij})_{4\times 2}$，则若 $\forall i\in\{1,2,3,4\}$，$j\in\{1,2\}$，有 $x_{ij}\in\mathbf{N}_0$ 且

$$\begin{aligned}x_{11}+x_{12}&\leqslant 5\\x_{21}+x_{22}&\leqslant 6\\x_{31}+x_{32}&\leqslant 7\\x_{41}+x_{42}&\leqslant 5\end{aligned}$$

此时火力分配方案 $\boldsymbol{X}$ 是可行的。假设 $\boldsymbol{y}_1=(y_{11},\ y_{12},\ y_{13})^{\mathrm{T}}$，$\boldsymbol{y}_2=(y_{21},\ y_{22})^{\mathrm{T}}$，$\boldsymbol{Z}=(z_{ij})_{4\times 2}$ 为该问题的变量，根据式(3.65)有

$$\boldsymbol{X}=(\boldsymbol{G}_1\cdot\boldsymbol{y}_1,\ \boldsymbol{G}_2\cdot\boldsymbol{y}_2)+\boldsymbol{Z}$$

则上述 $\boldsymbol{X}$ 的约束条件可转变为 $\boldsymbol{y}_1$、$\boldsymbol{y}_2$、$\boldsymbol{Z}$，即

$$\begin{aligned}2y_{11}+y_{13}+y_{21}+z_{11}+z_{12}&\leqslant 5\\2y_{12}+y_{22}+z_{21}+z_{22}&\leqslant 6\\2y_{12}+2y_{13}+y_{22}+z_{31}+z_{32}&\leqslant 7\\y_{11}+y_{12}+3y_{21}+z_{41}+z_{42}&\leqslant 5\end{aligned}$$

且有 $y_{11},\ y_{12},\ y_{13},\ y_{21},\ y_{22},\ z_{ij}\in\mathbf{N}_0(i=1,2,3,4;\ j=1,2)$。

将处理后的数据代入到模型中，可得

$$\begin{aligned}\min\quad & v_1\cdot 2^{-\boldsymbol{u}_1(\boldsymbol{G}_1)\cdot\boldsymbol{y}_1}\cdot\prod_{i=1}^{4}(1-p_{i1})^{z_{i1}}+v_2\cdot 2^{-\boldsymbol{u}_2(\boldsymbol{G}_2)\cdot\boldsymbol{y}_2}\cdot\prod_{i=1}^{4}(1-p_{i2})^{z_{i2}}\\\text{s.t.}\quad & \boldsymbol{y}_1=(y_{11},\ y_{12},\ y_{13})^{\mathrm{T}}\\& \boldsymbol{y}_2=(y_{21},\ y_{22})^{\mathrm{T}}\\& \boldsymbol{Z}=(z_{ij})_{4\times 2}\\& 2y_{11}+y_{13}+y_{21}+z_{11}+z_{12}\leqslant 5\\& 2y_{12}+y_{22}+z_{21}+z_{22}\leqslant 6\\& 2y_{12}+2y_{13}+y_{22}+z_{31}+z_{32}\leqslant 7\\& y_{11}+y_{12}+3y_{21}+z_{41}+z_{42}\leqslant 5\\& y_{11},\ y_{12},\ y_{13},\ y_{21},\ y_{22},\ z_{ij}\in\mathbf{N}_0;\ i=1,2,3,4;\ j=1,2\end{aligned}$$

解算该整数规划模型可得

$$\boldsymbol{y}_1^*=(0,\ 2,\ 1)^{\mathrm{T}},\ \boldsymbol{y}_2^*=(1,\ 0)^{\mathrm{T}}$$

$$\boldsymbol{Z}^*=\begin{pmatrix}0&3\\2&0\\0&1\\0&0\end{pmatrix}$$

也就是说在该问题的题设条件下，若使用 2 次 G_{12}、1 次 G_{13} 及 1 次 G_{21} 的复合火力打击，剩余的弹药实施如 $\boldsymbol{Z}^*$ 所示的独立打击，可获得最优的打击效果。在最优解下两个受打击目

标总体的存活概率为 $E(\boldsymbol{X}^*)=0.0313$，其中目标 t_1 的存活概率为 $q_1=0.0234$，目标 t_2 的存活概率为 $q_2=0.0498$。在该打击方案下，各武器用于打击各目标的弹药数量分别为

$$\hat{\boldsymbol{X}}=(\hat{x}_{ij})_{4\times 2}=\begin{pmatrix}1 & 4\\ 6 & 0\\ 6 & 1\\ 2 & 3\end{pmatrix}$$

其中 $\hat{x}_{ij}$ 表示武器 ω_i 打击目标 t_j 的弹药数量。

在类似文献(Dong et al，2006；Zhang et al，2005)的求解火力分配问题的研究中，现有方法基本上都是利用类似式(3.40)中的整数规划模型以期得到最优的火力分配方案，未能充分考虑问题中隐含的复合火力打击行为，下面作简单的对比分析。将题设中的毁伤概率、弹药数量限制及目标权重等数据代入至模型中，可得如下整数规划模型：

$$\begin{aligned}
\min\quad & E(\boldsymbol{X})=\sum_{j=1}^{2}v_j\cdot\prod_{i=1}^{4}(1-p_{ij})^{x_{ij}}\\
\text{s. t.}\quad & \boldsymbol{X}=(x_{ij})_{4\times 2}\\
& x_{11}+x_{12}\leqslant 5\\
& x_{21}+x_{22}\leqslant 6\\
& x_{31}+x_{32}\leqslant 7\\
& x_{41}+x_{42}\leqslant 5\\
& x_{ij}\in\mathbf{N}_0;\ i=1,2,3,4;\ j=1,2
\end{aligned}$$

其中，$v_1=0.7$，$v_2=0.3$，$\boldsymbol{P}=(p_{ij})_{4\times 2}$ 为题设已知量。

求解上述模型，最优解为

$$\boldsymbol{X}^*=\begin{pmatrix}3 & 2\\ 6 & 0\\ 0 & 7\\ 5 & 0\end{pmatrix}$$

最优解下的最优总体存活概率为 $E(\boldsymbol{X}^*)=0.0696$，其中目标 t_1 的存活概率为 $q_1=0.0714$，目标 t_2 的存活概率为 $q_2=0.0654$。

对比之下，考虑复合火力打击的情况较不考虑复合火力打击的情况，两个目标的总体存活概率不到后者的一半，两个目标各自的存活概率也要小许多，这也能反映出如果武器弹药对目标存在复合火力打击，但未能善于利用，其打击效果将会有较大偏差，所取得的火力分配方案也难以最为有效地提高弹药利用率。

本章小结

本章立足于第 2 章系统决策模型对复合打击下火力分配问题进行了深入细致的研究，首先基于行动间关系对系统决策模型中的计划(系统化的方案)进行了数学建模与分析，并

充分考虑复合打击下火力分配问题的特点，创新性地提出行动间关系存在冲突的建模方法。而后以数学建模为基础，通过对火力分配问题的深入探析，剖析了复合火力打击行动，并提出了复合打击下火力分配方案评估与优选的方法，通过示例验证了所提出方法的可行性，以及实际火力分配问题中重视复合火力打击行动的必要性。

然而本章的方法还处于理论分析阶段，适当简化了实际问题的影响因素，虽然可以用于解决问题方法上的指导，但要完全利用本章的方法解决实际问题还有不少的难题要面对。首先实际火力分配问题中涉及的武器弹药与打击目标类型更多，情况更复杂，虽然本章对相关的解算模型进行了必要优化，但还难以确保能够解决实际中复杂的复合打击下火力分配问题，还需要针对具体问题做必要解算方法上的优化。另外本章在打击目标间可能存在的联系上未作讨论，如目标的分级、目标间的影响等，这些联系也可能造成火力分配方案设计上的失准，需要重视。再者本章未能讨论模型的求解算法，通过模型的形式可以看到，基本的整数规划求解算法难以适用，好的求解算法可以解算出更准确的最优解，并且也能有效降低求解复杂性，因此有必要深入探究。

综上，本章方法还有进一步提升的空间，需要再接再厉潜心研究。当然作为利用数学建模的方式处理复合打击下火力分配问题的理论论述，是实际火力分配问题解决与指挥自动化平台开发间的桥梁，对于建立更优的指挥自动化平台有所帮助，这也是本章研究的潜在价值。

第 4 章　关联准则——基于节点打击战术的火力分配

所谓关联准则，是指准则间存在关联关系，关联关系是诸多准则间关系的一种，是形成准则系统的基础。本章讨论如何建模、剖析准则间的关联关系，作为第 2 章系统决策模型的重要补充。在第 2 章的 2.1.1 小节中已经提及了准则系统中不可忽略的准则间关系，也通过示例分析了准则关系的重要性，以及作为最常见的准则间关系，关联关系极大地影响着决策结果的准确性。以通信网的打击为例，通信网由多个通信节点组成，其间相互连通用于收发信息，本质上通信网通过信息的传递以期达到有效降低各作战单元信息熵的目的，而打击通信网的目的则相反，是为阻止敌作战单元信息熵的降低，获取信息优势。如若将通信网中各节点的瘫毁程度视为准则，则通信网打击策略的选择即为多准则决策问题。不同的是通信网的打击往往有“牵一发而动全身”的效果，例如有效致瘫了某通信节点，不仅仅是该通信节点的信息收发受到影响，与其相联系的通信节点在信息准确性、完整性、时效性等多个方面都会受到影响，这便是准则间关联关系的直观描述。若不能准确觉察出准则间的关联关系，仅是孤立地看待各通信节点，虽然可以在一定程度上降低敌通信网信息传输效率，遏制敌信息熵的降低趋势，但往往需要花费更多的资源，行动效率低下，只有破网断链、体系作战才是更好的选择，而准则间的关联关系是建模的基础。

本章在关联准则建模的基础上，尝试分析基于节点打击战术的火力分配问题，以期总结出一些有意义的结果。众所周知，信息化战争是体系与体系的对抗，是非线式的战争。所谓作战体系，是由于信息技术的高效应用，各种武器平台联成一个有机的整体，战斗、战斗支援和战斗保障各单元间密切协调，各武器系统和各作战部队之间，能够共享信息，前后方形成一个整体，相互间积极支援与配合(Wang，1998)。简单来说，信息化战争中，对战双方的各作战单元通过信息紧密地联结成为一个开放战斗系统。在信息化战争中的火力、突击、机动和防护等行动或者计划制定中，都必须充分考虑到战斗系统的涌现性。基于还原论的观点，也就是不仅要清楚各作战单元的能力，更要清楚他们之间的协作与联系。节点打击战术就是上述系统论在火力控制中的简单应用，所谓节点，主要是指与敌安危相关的作战“关节点”，通过对“关节点”的打击，产生牵一发而动全身的作战效应，尽快致瘫敌方整体结构，最大限度地削弱敌方整体抗击能力(Guo & Zeng，2000)。王凯(Wang，1998)提到三类关节点：一是力量体系的“关节点”，二是战场态势的“关节点”，三是作战意志的“关节点”。上述三类之所以会被称为关节点，均是因为这三类节点会对其他作战单元产生影响，进而提高部队整体效能，而打击节点，无非是“擒贼擒王”战术。战场态势确定情况下投入多少兵力、火力打击已知节点，才能最大程度地扩大我方整体优势，本章将基于关联准则的建模对该问题进行数学分析，以期得到一些有意义的结果。

4.1 图论基础

首先介绍后续关联准则建模的基础——图论，图论的知识在本章与下一章的相关研究中都将大量应用，在此一并作基础性介绍。

4.1.1 图与模糊图

图表示为一个集对，$G(V, E)$，满足 $E\subseteq V\times V$，即集合 E 中的元素为 V 的二元子集，V 中的元素为图 G 的顶点，而集合 E 由 G 中的所有边组成(Diestel，2006)。下面将在本章使用的一些关于图的概念定义如下。

定义 4.1(Diestel，2006)　设 $G=(V, E)$为一非空图，顶点 $v\in V$ 的度 $d(v)$定义为与顶点 v 相关的边数$|E(v)|$，根据图的定义易知，$d(v)$等价 v 的邻节点数量。本节中记顶点 v 的邻域为 N_v，即 v 的所有邻节点组成的集合。

众所周知，图能够非常便利地利用顶点与边表示对象及对象间的联系，当对象或对象间的联系或者二者不能准确地进行描述时，将模糊理论引入到图中成为必然选择。

定义 4.2(Mordeson & Nair，2000)　模糊图 $\widetilde{G}=(V, \mu, \rho)$由一个非空集 V 以及一对函数 $\mu: V\to[0, 1]$和 $\rho: V\times V\to[0, 1]$构成，其中 $\forall u, v\in V$，有 $\rho(u, v)\leqslant\mu(u)\wedge\mu(v)$(符号 $\wedge$ 表示取小运算)，称 μ 为模糊图 $\widetilde{G}$ 的模糊顶点集，ρ 为 $\widetilde{G}$ 的模糊边(模糊关系)集。

模糊图有以下类似概念。

定义 4.3(Mordeson & Nair，2000)　设 $\widetilde{G}=(V, \mu, \rho)$为一模糊图，顶点 $v\in V$ 的度定义为

$$d(v)=\sum_{u\in V\backslash\{v\}}\rho(u, v) \tag{4.1}$$

定义 4.4(Mordeson & Nair，2000)　设 $\widetilde{G}=(V, \mu, \rho)$为一模糊图，模糊图的路径为相异顶点 $u_0, u_1, \cdots, u_n$ 的序列，首尾顶点 u_0 与 u_n 可为相同顶点，且这串序列满足 $\rho(u_{i-1}, u_i)>0(1\leqslant i\leqslant n)$。路径强度定义为路径中最弱边的隶属度，即 $\bigwedge_{i=1}^{n}\rho(u_{i-1}, u_i)$。

注：若无歧义，本章所有的第 i 个顶点与第 j 个顶点的模糊关系，如 $\rho(v_i, v_j)$或是 $\rho(c_i, c_j)$，都简记为 ρ_{ij}。

定义 4.5(Bhattacharya，1987)　设 $\widetilde{G}=(V, \mu, \rho)$为一模糊连通图，$\hat{P}=(u=u_0, u_1, \cdots, u_{n-1}, u_n=v)$为模糊图 $\widetilde{G}$ 的一条路径，则 $\hat{P}$ 的 ρ-距 $\delta_{\hat{P}}(u, v)$定义为

$$\delta_{\hat{P}}(u, v)=\sum_{i=1}^{n}\frac{1}{\rho(u_{i-1}, u_i)} \tag{4.2}$$

若 $n=0$，即 $u=v$，则有 $\delta_{\hat{P}}(u, v)=0$，此时顶点 v 的偏心度(eccentricity)定义为

$$e(v)=\max_{u\in V}\{\delta_{\hat{P}}(v, u)\} \tag{4.3}$$

4.1.2 有向图与模糊有向图

有向图广泛用于单通通信、非对称社会关系、行动比赛等问题中，定义如下。

定义 4.6(Bang-Jensen & Gutin, 2008)　有向图 $D=(V, E)$由顶点集 V 和有向边集 $E\subseteq V\times V$ 构成，$\forall v\in V$，不存在环(v, v)，在有向图中边(u, v)与(v, u)不等价，同时$(u, v)\in E \nRightarrow (v, u)\in E$，若$(u, v)\in E$，则称顶点 u 为顶点 v 的源节点，v 为 u 的末节点。

假设有向图 $D=(V, E)$有 n 个顶点，$V=\{v_1, v_2, \cdots, v_n\}$，若$(v_i, v_j)(i, j\in\{1, 2, \cdots, n\}$为 D 中的有向边，则有 $e_{ij}=(v_i, v_j)\in E$。

定义 4.7(Bang-Jensen & Gutin, 2008)　设有向图 $D=(V, E)$中 $e_{i_k, i_{k+1}}\in E(k=1, 2, \cdots, s)$，则 $W=(e_{i_1, i_2}, e_{i_2, i_3}, \cdots, e_{i_{s-1}, i_s})$为 D 中的一条有向路(directed walk)，W 的路长为$s-1$，也可用顶点表示有向路$W=(v_{i_1}, v_{i_2}, \cdots, v_{i_s})$；如果 W 中的所有顶点都无重复顶点，则有向路 W 退化为一条有向路径(directed path)；若 W 中前 $s-1$ 个顶点 $v_{i_k}(k=1, 2, \cdots, s-1)$无重复顶点且有 $v_{i_1}=v_{i_s}$，则此时有向路 W 退化为一个有向圈(directed circle)。

定义 4.8(Bang-Jensen & Gutin, 2008)　有向图中顶点的度有出度与入度之分，出度定义为顶点 v_i 的流出有向边的数量，记为 $d^+(v_i)$，入度定义为顶点 v_i 的流入有向边的数量，记为 $d^-(v_i)$，即有

$$d^+(v_i)=|\{e_{ij} \mid e_{ij}=(v_i, v_j), v_j\in V\backslash\{v_i\}\}| \tag{4.4}$$

及

$$d^-(v_i)=|\{e_{ji} \mid e_{ji}=(v_j, v_i), v_j\in V\backslash\{v_i\}\}| \tag{4.5}$$

其中$|\cdot|$表示集合的势。

根据上述有向图的定义，可给出以下定理。

定理 4.1　若有向图 $D=(V, E)$无有向圈，则下面两个条件必有一个成立：

(1) $E=\varnothing$；

(2) $\exists v_i\in V$ 有$d^+(v_i)=0$ 且 $d^-(v_i)\neq 0$，同时$\exists v_j\in V$ 有 $d^-(v_j)=0$ 且 $d^+(v_j)\neq 0$。

证明：(1) 在第一个条件下，所有的顶点间都没有联系，因此不存在任何有向圈。

(2) 若$\forall v_i\in V$ 有 $d^+(v_i)\neq 0$，则顶点 v_i 至少有一个末节点，即$\exists v_k\in V\backslash\{v_i\}$有$(v_i, v_k)\in E$，此种情况下总能找出 D 中的一个有向路，其路长为无穷大，也就是说在有向图 D 中至少有一个有向圈。类似地，若$\forall v_j\in V$ 有 $d^-(v_j)\neq 0$，则顶点 v_j 至少有一个源节点，因此同样能在有向图 D 中至少找出一个有向圈。换句话说，如果有向图 D 中无任何有向圈，且存在通过有向边联系的顶点，则$\exists v_i\in V$ 有 $d^+(v_i)=0$ 且 $d^-(v_i)\neq 0$，同时$\exists v_j\in V$ 有 $d^-(v_j)=0$ 且 $d^+(v_j)\neq 0$。

综上所述，定理成立。

定义 4.9(Bang-Jensen & Gutin, 2008)　n 顶点的有向图 $D=(V, E)$的邻接矩阵(adjacency matrix)定义为一个 $n\times n$ 的矩阵 $\boldsymbol{M}=(\varepsilon_{ij})_{n\times n}$，其中

$$\varepsilon_{ij}=\begin{cases}1, & e_{ij}\in E\\ 0, & \text{其他}\end{cases}\tag{4.6}$$

根据上述出度、入度及邻接矩阵的定义，可利用邻接矩阵计算各顶点的出度与入度：

$$d^{+}(v_i)=\sum_{j=1}^{n}\varepsilon_{ij},\ i=1,\ 2,\ \cdots,n\tag{4.7}$$

且

$$d^{-}(v_j)=\sum_{i=1}^{n}\varepsilon_{ij},\ i=1,\ 2,\ \cdots,n\tag{4.8}$$

基于邻接矩阵 $\boldsymbol{M}$，可进一步定义有向图 $D=(V, E)$的 s-可达矩阵，在此之前，先定义两个矩阵的组合运算。

定义 4.10　设 $\boldsymbol{X}=(x_{ij})_{m\times n}$ 与 $\boldsymbol{Y}=(y_{ij})_{n\times s}$，矩阵 $\boldsymbol{X}$ 与 $\boldsymbol{Y}$ 的组合表示为 $\boldsymbol{Z}=\boldsymbol{X}\circ\boldsymbol{Y}$，其中 $\boldsymbol{Z}=(z_{ij})_{m\times s}$，$z_{ij}=\max\limits_{k=1,\ 2,\ \cdots,\ n}\{\min(x_{ik},\ y_{kj})\}$。

定义 4.11　有向图 $D=(V, E)$的 s-可达矩阵 $\boldsymbol{M}^{(s)}$ 定义为 D 的 s 个可达矩阵的组合，即

$$\boldsymbol{M}^{(s)}=(\varepsilon_{ij}^{(s)})_{n\times n}=\underbrace{\boldsymbol{M}\circ\boldsymbol{M}\circ\cdots\circ\boldsymbol{M}}_{s\text{个}}\tag{4.9}$$

一般认为，D 的 1-可达矩阵为邻接矩阵本身，即 $\boldsymbol{M}^{(1)}=\boldsymbol{M}$。

一般来说，如果在有向图 $D=(V, E)$中从顶点 v_i 到顶点 v_j(v_i，$v_j\in V$)有一个或一个以上路长大于 s 的有向路，则有 $\varepsilon_{ij}^{(s)}=1$，反之也成立。进一步可以得到以下定理。

定理 4.2　若有向图 $D=(V, E)$中存在一有向圈(v_{i_1}，v_{i_2}，$\cdots$，v_{i_s}，v_{i_1})，则有$\varepsilon_{i_1,i_1}^{(s)}=\varepsilon_{i_2,i_2}^{(s)}=\cdots=\varepsilon_{i_s,i_s}^{(s)}=1$，换句话说，若有向图中存在路长为 s 的有向圈，则 s-可达矩阵 $\boldsymbol{M}^{(s)}$ 中部分对角线元素非零。反过来说，若有向图 $D=(V, E)$的 s-可达矩阵 $\boldsymbol{M}^{(s)}$($s\geqslant 2$)中存在非零对角线元素，则 D 中必定至少存在一个有向圈。

定义 4.12(Bang-Jensen & Gutin，2008)　若 $V_A\subseteq V$ 且 $E_A\subseteq E$，则称 $A=(V_A, E_A)$为有向图 $D=(V, E)$的子图。

定义 4.13　在有向图 $D=(V, E)$中，如果下述四个条件有一个成立，则称顶点 v_i，v_j($\in V$)是准连接的：

(1) $v_i=v_j$；

(2) $(v_i,\ v_j)\in E$；

(3) $(v_j,\ v_i)\in E$；

(4) $\exists\, v_i=u_0$，u_1，$\cdots$，$u_s=v_j$ 对于 $u_k\in V(k=0,\ 1,\ \cdots,\ s)$，有$(u_{k-1},\ u_k)\in E$ 或者 $(u_k,\ u_{k-1})\in E(k=1,\ 2,\ \cdots,\ s)$。

定义 4.14　若 A 中的任意两个顶点在有向图 D 中是准连接的，则称有向图 $D=(V, E)$的子图 $A=(V_A, E_A)$为 D 的准连接子图。若从准连接子图 A 中删除任意一个顶点或有向边，得到的新子图不再是 D 的准连接子图，则称 A 为 D 的一个块(component)。

模糊集的概念由 Zadeh(Zadeh，1965)提出。设在论域 Ω 中模糊集 $\widetilde{F}$ 为二元组构成的集

合 $\widetilde{F}=\{(x, \mu_{\widetilde{F}}(x)) \mid x\in\Omega\}$，简记为 $\widetilde{F}=(\Omega, \mu_{\widetilde{F}})$，其中 $\mu_{\widetilde{F}}: \Omega\to[0, 1]$称为论域 Ω 中的隶属函数。另定义取大、取小运算符“$\vee$”和“$\wedge$”，即 $a\vee b=\max(a, b)$，$a\wedge b=\min(a, b)$。特别地，对于 $a_i\in[0, 1](i=1, 2, \cdots, n)$，有

$$\bigvee_{i=1}^{n} a_i = a_1 \vee a_2 \vee \cdots \vee a_n = \max\{a_1, a_2, \cdots, a_n\} \tag{4.10}$$

及

$$\bigwedge_{i=1}^{n} a_i = a_1 \wedge a_2 \wedge \cdots \wedge a_n = \min\{a_1, a_2, \cdots, a_n\} \tag{4.11}$$

模糊集 $\widetilde{F}$ 的 α-截集定义为 $\widetilde{F}_\alpha=\{x\in\Omega \mid \mu_{\widetilde{F}}(x)\geqslant\alpha\}$。

若 $\widetilde{R}$ 为论域 $\Omega\times\Omega$ 中的模糊集，则称 $\widetilde{R}$ 为论域 Ω 中的模糊关系(fuzzy relation)(Rosenfeld，1975)，记为 $\widetilde{R}=\{((x, y), \rho_{\widetilde{R}}(x, y)) \mid (x, y)\in\Omega\times\Omega\}$，或简记为 $\widetilde{R}=(\Omega\times\Omega, \rho_{\widetilde{R}})$。

定义 4.15(Rosenfeld，1975)　设 $\widetilde{R}_1$，$\widetilde{R}_2$ 为论域 Ω 上的模糊关系，则 $\widetilde{R}_1$ 与 $\widetilde{R}_2$ 的组合运算定义如下：

$$\widetilde{R}_1 \circ \widetilde{R}_2 = \{((x, z), \rho_{\widetilde{R}_1\circ\widetilde{R}_2}(x, z)) \mid x, z\in\Omega\} \tag{4.12}$$

其中

$$\rho_{\widetilde{R}_1\circ\widetilde{R}_2}(z, z)=\sup_{y\in\Omega}(\rho_{\widetilde{R}_1}(x, y) \wedge \rho_{\widetilde{R}_2}(y, z))$$

定义 4.16(Rosenfeld，1975)　设 $\widetilde{R}$ 为论域 Ω 上的模糊关系，$\widetilde{R}$ 的 s 次幂定义如下：

$$\widetilde{R}^{(s)}=\underbrace{\widetilde{R}\circ\widetilde{R}\circ\cdots\circ\widetilde{R}}_{s\text{个}} \tag{4.13}$$

特别地，有 $\widetilde{R}^{(1)}=\widetilde{R}$。

定义 4.17(Chen & Wu，1985)　设 $\widetilde{V}=(\Omega, \mu_{\widetilde{V}})$为论域 Ω 上的模糊集，$\widetilde{E}=(\Omega\times\Omega, \rho_{\widetilde{E}})$为论域 Ω 上的模糊关系，称 $\widetilde{D}=(\widetilde{V}, \widetilde{E})$为 Ω 上的模糊有向图。若对于 $x\in\Omega$ 有 $\mu_{\widetilde{V}}(x)>0$，则 x 为 $\widetilde{D}$ 的一个顶点，若对于 $x, y\in\Omega$ 有 $\rho_{\widetilde{E}}(x, y)>0$，则$(x, y)$为 $\widetilde{D}$ 的一条边。一般来说，模糊有向图 $\widetilde{D}$ 中有 $\rho_{\widetilde{E}}(x, y)\leqslant\mu_{\widetilde{V}}(x)\wedge\mu_{\widetilde{V}}(y)$。

本书更关心的是一类特殊的模糊有向图 $\widetilde{D}=(V, \widetilde{E})$，其中 V 不再是模糊集，而是论域 Ω 的子集。在此类模糊有向图中，关注的是图 $\widetilde{D}$ 上可能存在的模糊边，而不是顶点的似有似无带来的模糊性。根据模糊有向图的定义，因为 $\rho_{\widetilde{E}}(x, y)\leqslant\mu_{\widetilde{V}}(x)\wedge\mu_{\widetilde{V}}(y)$，对于 x、$y\in\Omega$ 若有 $x\notin V$ 或者 $y\notin V$，则必定有 $\rho_{\widetilde{E}}(x, y)=0$，此时模糊关系 $\widetilde{E}$ 也可以认为是集合 V 上的模糊关系。

定义 4.18(Chen & Wu，1985)　设 $\widetilde{D}=(\widetilde{V}, \widetilde{E})$为论域 Ω 上的模糊有向图，则称 $D=(V, E)$为 $\widetilde{D}$ 的 α-导出有向图(α-induced digraph)，$\alpha\in[0, 1]$，若 V 与 E 分别为模糊集 $\widetilde{V}$ 与模糊关系 $\widetilde{E}$ 的 α-截集，即对于 x、$y\in\Omega$，若 $\mu_{\widetilde{V}}(x)\geqslant\alpha$，则 $x\in V$，且若 $\rho_{\widetilde{E}}(x, y)\geqslant\alpha$，则$(x, y)\in E$。

从定义可以看出，α-导出有向图实际上就是一个有向图。

定义 4.19 设 $\widetilde{D}=(\widetilde{V}, \widetilde{E})$为 Ω 上的模糊有向图，其中 $\widetilde{V}=\{(v_i, \mu_{\widetilde{V}}(v_i))\mid i=1, 2, \cdots, n\}$，$\widetilde{E}=\{\Omega\times\Omega, \rho_{\widetilde{E}}\}$，则定义 $\widetilde{D}$ 的邻接矩阵为一 $n\times n$ 的矩阵 $\widetilde{\boldsymbol{M}}=(\widetilde{\varepsilon}_{ij})_{n\times n}$，其中 $\widetilde{\varepsilon}_{ij}=\rho_{\widetilde{E}}(v_i, v_j)$。

定义 4.20 模糊有向图 $\widetilde{D}=(\widetilde{V}, \widetilde{E})$的 s-可达矩阵定义为 s 个邻接矩阵的组合运算，即

$$\widetilde{\boldsymbol{M}}^{(s)}=(\widetilde{\varepsilon}_{ij}^{(s)})_{n\times n}=\underbrace{\widetilde{\boldsymbol{M}}\circ\widetilde{\boldsymbol{M}}\circ\cdots\circ\widetilde{\boldsymbol{M}}}_{s\text{个}} \tag{4.14}$$

一般认为，1-可达矩阵就是邻接矩阵本身，即 $\widetilde{\boldsymbol{M}}^{(1)}=\widetilde{\boldsymbol{M}}$。

定理 4.3 设 $\widetilde{D}=(\widetilde{V}, \widetilde{E})$为论域 Ω 上的模糊有向图，且有 $\widetilde{V}=\{(v_i, \mu_{\widetilde{V}}(v_i))\mid i=1, 2, \cdots, n\}$，$\widetilde{E}^{(s)}=(\Omega\times\Omega, \rho_{\widetilde{E}^{(s)}})$，以及 $\widetilde{\boldsymbol{M}}^{(s)}=(\widetilde{\varepsilon}_{ij}^{(s)})_{n\times n}$，则对于 $i, j\in\{1, 2, \cdots, n\}$有 $\widetilde{\varepsilon}_{ij}^{(s)}=\rho_{\widetilde{E}^{(s)}}(v_i, v_j)$。

证明：(1) 首先证明 $s=2$ 的情况。

按照定义 4.15，有

$$\widetilde{E}^{(2)}=\{((v_i, v_j), \rho_{\widetilde{E}^{(2)}}(v_i, v_j))\mid v_i, v_j\in\Omega\}$$

其中 $\rho_{\widetilde{E}^{(2)}}(v_i, v_j)=\bigvee\limits_{k=1}^{n}(\rho_{\widetilde{E}}(v_i, v_k)\wedge\rho_{\widetilde{E}}(v_k, v_j))$。又因为

$$\widetilde{\varepsilon}_{ij}^{(2)}=\bigvee_{k=1}^{n}(\widetilde{\varepsilon}_{ik}\wedge\widetilde{\varepsilon}_{kj})=\bigvee_{k=1}^{n}(\rho_{\widetilde{E}}(v_i, v_k)\wedge\rho_{\widetilde{E}}(v_k, v_j)),\ i, j\in\{1, 2, \cdots, n\}$$

所以 $\forall i$、$j\in\{1, 2, \cdots, n\}$，有 $\widetilde{\varepsilon}_{ij}^{(2)}=\rho_{\widetilde{E}^{(2)}}(v_i, v_j)$。

(2) 假设当 $s=\kappa(\geqslant 2)$时，$\forall i, j\in\{1, 2, \cdots, n\}$有 $\widetilde{\varepsilon}_{ij}^{(\kappa)}=\rho_{\widetilde{E}^{(\kappa)}}(v_i, v_j)$，则

$$\widetilde{\varepsilon}_{ij}^{(\kappa+1)}=\bigvee_{k=1}^{n}(\widetilde{\varepsilon}_{ik}^{(\kappa)}\wedge\widetilde{\varepsilon}_{kj})=\bigvee_{k=1}^{n}(\rho_{\widetilde{E}^{(\kappa)}}(v_i, v_k)\wedge\rho_{\widetilde{E}}(v_k, v_j))=\rho_{\widetilde{E}^{(\kappa+1)}}(v_i, v_j)$$

因此定理成立，证毕。

类似地，可定义模糊有向图的有向路、有向路径和有向圈的概念。

定义 4.21(Chen & Wu, 1985) 设 $\widetilde{D}=(\widetilde{V}, \widetilde{E})$为论域 Ω 上的模糊有向图，对于任意实数 $\alpha\in[0, 1]$，$\widetilde{D}$ 的 α-有向路(directed α-walk)定义为一个顶点序列$(u_0, u_1, \cdots, u_s)$，满足 $\forall j\in\{1, 2, \cdots, s\}$有 $\rho_{\widetilde{E}}(u_{j-1}, u_j)\geqslant\alpha$，此时 s ($\geqslant 0$)称为该 α-有向路的路长；若顶点序列$(u_0, u_1, \cdots, u_s)$中的顶点无重复，$(u_0, u_1, \cdots, u_s)$称为 $\widetilde{D}$ 的一条 α-有向路径(directed α-path)；若$(u_0, u_1, \cdots, u_s)$中的顶点$(u_0, u_1, \cdots, u_{s-1})$无重复，且 $u_s=u_0$，则此时$(u_0, u_1, \cdots, u_s)$称为 $\widetilde{D}$ 的一条 α-有向圈(directed α-circle)。此外，α-有向路$(u_0, u_1, \cdots, u_s)$的强度定义为 $\beta=\bigwedge\limits_{i=1}^{n}\rho_{\widetilde{E}}(u_{i-1}, u_i)$，显然有 $\beta\geqslant\alpha$。

定理 4.4 设 $\widetilde{D}=(\widetilde{V}, \widetilde{E})$为论域 Ω 上的模糊有向图，$W_\alpha=(u_0, u_1, \cdots, u_s)$为 $\widetilde{D}$ 的一条路长为 s 的 α-有向路，其强度为 β，则必有 $\rho_{\widetilde{E}^{(s)}}(u_0, u_s)\geqslant\beta$。若令 $\alpha>\rho_{\widetilde{E}^{(s)}}(u_0, u_s)$，则必定不存在长度为 s 的分别以 u_0 和 u_s 为首端点和末端点的 α-有向路。

该定理的证明十分简单，在此不作详细阐述。根据模糊关系组合运算的定义有

$$\rho_{\widetilde{E}^{(s)}}(u_0, u_s)=\bigvee\nolimits_{v_i\in\Omega,\, i=1, 2, \cdots, s-1}(\rho_{\widetilde{E}}(u_0, v_1)\wedge\rho_{\widetilde{E}}(v_1, v_2)\wedge\cdots\wedge\rho_{\widetilde{E}}(v_{s-1}, u_s))$$

若以 u_0 为首端点，以 u_s 的末端点，路长为 s 的 α-有向路有 m 条，其强度分别记为 $\beta_i(i=1, 2, \cdots, m)$，则有 $\rho_{\tilde{E}^{(s)}}(u_0, u_s)=\max\limits_{i=1, 2, \cdots, m}(\beta_i)$。

定理 4.5　设 $\widetilde{D}=(\widetilde{V}, \widetilde{E})$为论域 Ω 上的模糊有向图，$D_\alpha=(V_\alpha, E_\alpha)$为 $\widetilde{D}$ 的 α-导出有向图($\alpha\in[0, 1]$)，若$(u_0, u_1, \cdots, u_s)$为 $\widetilde{D}$ 的一条 α-有向路，则$(u_0, u_1, \cdots, u_s)$同时也是 D_α 的一条有向路。

证明：根据定义 4.21，对于 $\forall j\in\{1, 2, \cdots, s\}$ 有 $\rho_{\tilde{E}}(u_{j-1}, u_j)\geqslant\alpha$，所以依据定义 4.18 有$(u_{j-1}, u_j)\in E_\alpha$，因此$(u_0, u_1, \cdots, u_s)$为 D_α 的一条有向路。

4.2　关联多准则决策

本节主要讨论当准则间存在关联关系时，如何处理相关的多准则决策问题。准则间的关联关系在第 2 章中已经进行了叙述，最为常见的例子有两个：一个是身材高大的人一般来说体重也较大，如果用身高与体重两个指标来评估一些人，则必定需要考虑这两个指标的关联关系；另一个是数学好的学生物理一般会不错，此时涉及了数学与物理两个衡量学生成绩的指标，也存在一定的关联关系。假设在准则间关联的多准则决策问题中，有 m 个方案，即 $x_1, x_2, \cdots, x_m$，构成方案集 X，有 n 个准则，即 $c_1, c_2, \cdots, c_n$，构成准则集 C，可用图的相关理论建模准则间的关联关系。设图 $G=(C, E)$，图的顶点集即为准则集 C，边集 $E\subseteq C\times C$ 表示准则间可能存在的关联关系，如果两个准则之间存在关联关系，则集合 E 中的相关元素不为零。此建模分析之下，准则间关联的多准则决策问题即转化为本章待讨论的基于图的多准则决策(graph-based multi-criteria decision making)问题。

4.2.1　模型构建

与第 1 章中所示的各决策方法流程相似，可构建基于图的多准则决策方法的流程，如图 4.1 所示。

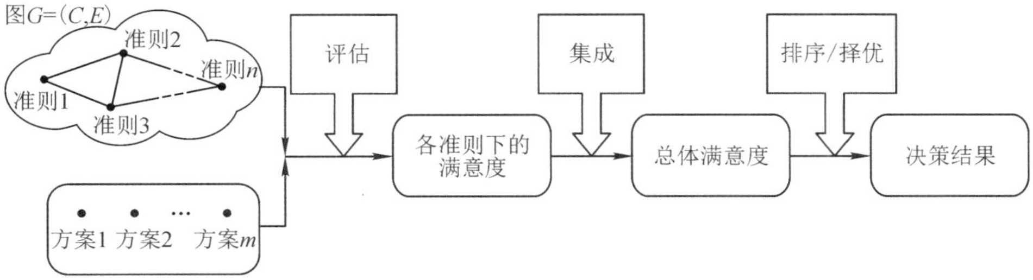

图 4.1　基于图的多准则决策方法的流程

从前面章节的分析与上述基于图的多准则决策方法的流程可以看出，选择一个合适的集成函数对各方案在图化准则下的评估信息进行综合集成十分必要，这是评估、择优方案的基础。在此之前，首先要清楚方案选定后影响各准则的评估机制，这不仅是直接的影响，还包括其他准则评估信息的变化对所关注准则的影响，也就是准则间的关联关系对准则评估的作用。例如，在打击通信网络时，一个通信节点受到损毁或是限制，必然影响到与该通信节点相联系的一些通信节点(特别是邻节点)的信息传输能力，因此有必要基于网状结构(准则间关联关系)深入分析各方案在各准则下的评估优劣。然而由于问题的特殊性，在进行此阶段的分析时，需要具体情况具体对待，针对具体问题设计合适的方法。

研究发现，可通过改进 Galeotti 等人(Galeotti et al，2010)的方法评估各方案。设某多准则决策问题中有 n 个准则，建模为图 G 的 n 个顶点。对于一个方案，已知其在各准则下的评估为布尔值，即若该方案在某准则下为满意的，将其评估为 1；若不满意，则评估为 0。若方案在准则 c_i 下的评估为 1，则记为 $t_i=1$；否则记为 $t_i=0$。当考虑准则间的关联关系时，方案在准则 c_i 下的评估值可如下计算：

$$b_i=t_i+\bar{t}_{N_i},\ i=1,\ 2,\ \cdots,\ n \tag{4.15}$$

其中 N_i 为顶点 c_i 的邻域，有 $\bar{t}_{N_i}=\sum_{j\in N_i}\xi_{ij}t_j$($\xi_{ij}\in[0,\ 1]$ 表示关联准则间的影响系数)。若对于所有 $j\in N_i$ 有 $\xi_{ij}=0$，则有 $b_i=t_i$，意思是准则 c_i 与其邻域的准则间无相关性。若所有准则均如此，则准则的图结构可以忽略。

在实际的多准则决策问题中，准则的重要性权重有时会与其间的关联关系相关，反映到由准则构造的图上，可认为与图的结构有关，因此有必要基于图论的相关概念讨论如何计算准则的权重。有时认为若某准则与更多的准则相关，则其更为重要，即该准则对应的顶点，若其邻节点越多，则其越重要；有时也会认为若删除图中某顶点，将严重降低该图的连通性，则该顶点对应的准则为重要准则。正如通信网络中毁伤某通信节点时，该网络的连通性降低，进而会直接影响到该通信网络的信息传输能力，因此此类通信节点更为重要。综上，可以通过分析准则所构建的图的度、连通性等概念分析出准则的关联关系对准则重要性权重的影响。

假设在依据关联准则构造的图 $G=(C,\ E)$ 中有 n 个顶点 $C=(c_1,\ c_2,\ \cdots,\ c_n)$，根据定义 4.1 可计算得到各顶点的度 $d(c_i)$，则依据度的大小可计算各准则的权重如下：

$$w_i=\frac{d(c_i)}{\sum_{j=1}^{n}d(c_j)},\ i=1,\ 2,\ \cdots,\ n \tag{4.16}$$

例如，在某多准则决策问题中有 5 个准则，$C=\{c_1,\ c_2,\ c_3,\ c_4,\ c_5\}$，所构造的图为 $G=(C,\ E)$，其中 $E=\{(c_1,\ c_2),\ (c_1,\ c_3),\ (c_1,\ c_4),\ (c_1,\ c_5),\ (c_2,\ c_3),\ (c_2,\ c_4)\}$，如图 4.2 所示。

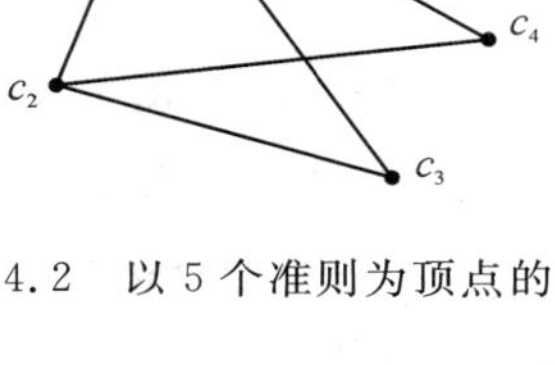

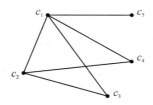

图 4.2　以 5 个准则为顶点的图

根据定义 4.1 有

$$d(c_1)=4,\ d(c_2)=3,\ d(c_3)=2,\ d(c_4)=2,\ d(c_5)=1$$

利用式(4.16)中的计算公式可得各准则的权重：

$$w_1=\frac{1}{3},\ w_2=\frac{1}{4},\ w_3=\frac{1}{6},\ w_4=\frac{1}{6},\ w_5=\frac{1}{12}$$

此外，在求解基于图的多准则决策问题的过程中，有必要考虑一些主观因素。例如，有时决策者心中已经对各准则的重要性有了定位，他们会认为如果某方案在某个重要准则下有良好的评估，该方案更应该受到重视，也就是说图中的准则在决策者看来已经具备了主观差异，一些准则被认为是优于其他准则的。正如网络中的服务器、通信网络中的通信枢纽、战场上的指挥机构等，如此某方案在高优先级的准则上的损失难以为低优先级的准则上的获益所弥补。为了在此类问题上获得合理的决策结果，必须依据题意构建准则间的优先关系，而后通过优先集成算子(prioritized aggregation function)(Yager，2008；Yager，2009)准确评估各方案。接下来将针对基于图的多准则决策问题中存在的准则间的优先关系设计相关集成算子以达到解决问题的目的。

假设准则图 $G=(C, E)$的 n 个准则 $C=(c_1, c_2, \cdots, c_n)$可划分为 q 个等级 $H_1, H_2, \cdots, H_q$，有 $H_i=\{a_{i1}, a_{i2}, \cdots, a_{in_i}\}$，$\sum_{i=1}^{q} n_i=n$，且这 q 个等级间存在优先关系 $H_1 \succ H_2 \succ \cdots \succ H_q$(符号“$\succ$”表示“优先于”)。根据准则的图结构，可计算出各顶点的度 $d(c_i)$，归一化如下：

$$\bar{d}(c_i)=\frac{d(c_i)}{\max\limits_j(d(c_j))} \tag{4.17}$$

在各等级 H_i 中可计算：

$$S_i=\begin{cases}1, & i=0\\ \min\limits_j(\bar{d}(c_{ij})), & \text{其他}\end{cases} \tag{4.18}$$

进而计算各等级的重要性权重：

$$\upsilon_i=\prod_{k=1}^{i} S_{k-1},\ i=1, 2, \cdots, q \tag{4.19}$$

根据所得的权重，可计算出各方案的总体评估值，假设某方案在各准则下的评估值为 $b_{ij}(i=1, 2, \cdots, q;\ j=1, 2, \cdots, n_i)$，则有

$$b=\sum_{i,j}\upsilon_i b_{ij}=\sum_{i=1}^{q}\upsilon_i\sum_{j=1}^{n_i}b_{ij} \tag{4.20}$$

需要注意的是，上述的权重与传统的权重不一样，并不遵守 $\sum_i \upsilon_i=1$ 的限制，也没必要再花费精力对这些权重进行标准化，相关的解释可以参考文献(Yager，2008)：如果标准化权重，则所得结果不再满足单调性。根据上述过程可方便地计算出任意方案的总体评估值，这些总体评估值是择优、排序方案的依据。接下来将通过一个简单的例子说明上述方法的实用性。

例 4.1 如图 4.2 所示的准则图，$G=(C, E)$中有 5 个准则 $c_i(i=1, 2, 3, 4, 5)$，且有 $E=\{(c_1, c_2), (c_1, c_3), (c_1, c_4), (c_1, c_5), (c_2, c_3), (c_2, c_4)\}$，则各准则顶点的度为

$$d(c_1)=4,\ d(c_2)=3,\ d(c_3)=2,\ d(c_4)=2,\ d(c_5)=1$$

进行式(4.17)的计算有

$$\bar{d}(c_1)=1,\ \bar{d}(c_2)=0.75,\ \bar{d}(c_3)=0.5,\ \bar{d}(c_4)=0.5,\ \bar{d}(c_5)=0.25$$

假设准则间存在优先次序关系$\{c_2, c_3\}\succ\{c_1\}\succ\{c_4, c_5\}$，则根据式(4.18)可得

$$S_0=1,\ S_1=0.5,\ S_2=1,\ S_3=0.25$$

进而通过式(4.19)计算各等级的权重为

$$\upsilon_1=1,\ \upsilon_2=0.5,\ \upsilon_3=0.5$$

假设需要在这 5 个相关联的准则下评估方案 x，且该方案只在准则 c_i 下能让决策者满意，即 $t_1=1$，$t_i=0(i=2, 3, 4, 5)$。若该问题中所有的影响系数均为 0.5，即 $\xi_{ij}=0.5$ $(i\neq j\in\{1, 2, 3, 4, 5\})$，则根据式(4.15)可计算考虑准则间关联关系的方案评估值：

$$b_1^{(p)}=t_1+\bar{t}_{N_1}=1,\ b_2^{(p)}=b_3^{(p)}=b_4^{(p)}=b_5^{(p)}=0+0.5\times 1=0.5$$

最后通过式(4.20)可计算出方案 x 的总体评估值：

$$b^{(p)}=\omega_1\cdot[b_2^{(p)}+b_3^{(p)}]+\omega_2\cdot b_1^{(p)}+\omega_3\cdot[b_4^{(p)}+b_5^{(p)}]=2$$

4.2.2 基于模糊图的多准则决策

模糊图是基于 Zadeh(Zadeh, 1965)提出的模糊关系的概念，由 Rosenfeld(Rosenfeld, 1975)首次提出，自提出以来，其发展迅速，在各领域均能找到许多应用背景。由于模糊图便于描述各类网络的不确定性，本小节将基于模糊图结构对相关的决策问题展开讨论，以期有效应对一类新的决策问题，本书称之为基于模糊图的多准则决策(fuzzy graph-based multi-criteria decision making)问题。首先对此类问题进行定义。

与上一小节不同，本小节针对的多准则决策问题不再局限于布尔值的准则，而是认为各方案在各准则下的评估值均表示为决策者在该准则下对该方案的满意程度，在取值为[0, 1]的区间中，以表现出方案评估的不确定性。假设某多准则决策问题中有 n 个准则，即 $C=\{c_1, c_2, \cdots, c_n\}$，则在准则 c_i 下对任意方案 x 的评估可表示成一个模糊集$\{(x, \mu_i(x))\}$，μ_i 表示与准则 c_i 相关的隶属度函数，其物理意义为方案在准则 c_i 下使决策者满意的程度。对任意方案 x 有 $\mu_i(x)\in[0, 1]$，为便于表述，本小节在分析单个方案时，将 $\mu_i(x)$简记为 μ_i。若准则 c_i 与 c_j 间存在关联关系，用模糊关系表示该关联关系，记为 ρ_{ij}，且有$0<\rho_{ij}\leqslant\mu_i\wedge\mu_j$，若不存在关联关系，则有 $\rho_{ij}=0$。基于定义 4.2 中模糊图的定义，可将准则及其间的关联关系形式化表示为模糊图 $\widetilde{G}=(C, \mu, \rho)$。另设一组方案，$X=\{x_1, x_2, \cdots, x_m\}$，基于模糊图 $\widetilde{G}=(C, \mu, \rho)$计算各方案的总体评估值，或称之为总体满意度，如何根据所得的总体满意度对方案进行择优或排序即为基于模糊图的多准则决策问题。

仍以通信网络为例，一般情况下，两军对抗中保密问题都受到各方的重视，通信网络的分布与结构也不例外。对于一方而言，敌方通信网络的结构以及信息传输方式都难以完

全弄清楚，通过前期的侦察、探测等手段可以有限地降低敌方通信网络的不确定性，但其不确定性或多或少仍然存在。因此在对敌方通信网络进行建模时，难以借助上一小节的内容采用完全确定的方法，不确定的模糊图为通信网络建模的首选。如何实现对敌方通信网络实施更为优化的打击或干扰行动是一个典型的基于模糊图的多准则决策问题。

假设在模糊图 $\widetilde{G}=(C, \mu, \rho)$ 中，对于方案 x，准则 c_i 会对该方案的评估产生影响，则有 $\widetilde{t}_i=1$，否则 $\widetilde{t}_i=0$，如此可根据下式计算该方案在准则 c_i 下的评估值：

$$\widetilde{b}_i=\mu_i\widetilde{t}_i+\overline{\widetilde{t}}_{N_i}, \ i=1, 2, \cdots, n \tag{4.21}$$

其中 $\mu_i=\mu_i(x)$ 表示单独考虑准则 c_i 时方案的满意程度，N_i 为准则 c_i 在模糊图 $\widetilde{G}$ 中的邻域，$\overline{\widetilde{t}}_{N_i}=\sum_{j\in N_i}\rho_{ij}\xi_{ij}\widetilde{t}_j$ 表示 c_i 的邻节点对方案 x 在准则 c_i 下评估的影响，$\xi_{ij}\in[0, 1]$ 表示相关准则间的影响系数。

根据式(4.21)可计算方案在各准则下的评估值，若此时所有准则的权重已知，可选择使用一个合适的函数集成所有评估值，最终得到方案的总体评估值。假设选定加权平均算子参考总体评估值的计算，则有

$$\widetilde{b}=\sum_{i=1}^{n}w_i\widetilde{b}_i \tag{4.22}$$

其中 $\boldsymbol{w}=(w_1, w_2, \cdots, w_n)^{\mathrm{T}}$ 为该算子需要的权重向量。

然而，许多实际问题中准则的权重信息都不会直接给出，需要根据已知信息，如模糊图结构、准则间的偏好关系等，先获得所需的权重信息。例如，若模糊图结构（如模糊图中顶点的度）是决定准则重要性的主要因素，则可根据各准则对应的在模糊图中顶点的度计算它们的权重：

$$w_i=\frac{d(c_i)}{\sum_{j=1}^{n}d(c_j)}, \ i=1, 2, \cdots, n \tag{4.23}$$

其中 $d(c_i)=\sum_{c_j\in N_i}\rho_{ij}$ 表示准则顶点 c_i 的度（见定义 4.3）。将式(4.23)的结果代入式(4.22)中即可计算出各方案的总体评估值，便于方案的择优。除此之外，根据问题需要，也可根据模糊图的其他概念获取各准则的权重。例如，决策者更关注在模糊图中移除一个或几个顶点降低模糊图的连通程度，此时可借助模糊图割集的概念计算各准则的权重。

类似地，如果在基于模糊图的多准则决策问题中准则间还存在优先关系，则可通过结合优先集成算子（Yager，2008；Yager，2009）和相关的模糊图结构解决该问题。假设模糊图 $\widetilde{G}=(C, \mu, \rho)$ 中的 n 个准则被划分为 q 个层级，即 $\widetilde{H}_1$，$\widetilde{H}_2$，…，$\widetilde{H}_q$，每个层级为数个准则组成的集合，即 $\widetilde{H}_i=\{\widetilde{a}_{i1}, \widetilde{a}_{i2}, \cdots, \widetilde{a}_{in_i}\}(i=1, 2, \cdots, q)$，$\bigcup_{i=1}^{q}\widetilde{H}_i=C$，且有 $\widetilde{H}_1>\widetilde{H}_2>\cdots\widetilde{H}_q$。若模糊图中顶点的度作为计算各准则权重的依据，则基于模糊图的多准则决策问题的解决方法与上一小节中解决基于图的多准则决策问题的思想相似，本小节不作详述。本小节将基于模糊图中顶点的偏心度(eccentricity)并结合优先集成算子，设计方

法以达到解决基于模糊图的多准则决策问题的目的。

根据定义 4.5，计算各准则顶点的偏心度 $e(c_i)(i=1, 2, \cdots, n)$，并标准化偏心度：

$$\bar{e}(c_i)=\frac{\min\limits_j(e(c_j))}{e(c_i)}, i=1, 2, \cdots, n \tag{4.24}$$

而后针对各层级 $\widetilde{H}_i$，计算相应的 $\widetilde{S}_i$：

$$\widetilde{S}_i=\begin{cases}1, & i=0\\ \min\limits_j(\bar{e}(\widetilde{a}_{ij})), & 其他\end{cases} \tag{4.25}$$

基于此可计算各层级的重要性权重：

$$\upsilon_i=\prod_{k=1}^{i}\widetilde{S}_{k-1}, i=1, 2, \cdots, q \tag{4.26}$$

使用上式获得的权重，可进一步计算得到方案的总体评估值：

$$\widetilde{b}=\sum_{i, j}\upsilon_i\widetilde{b}_{ij}=\sum_{i=1}^{q}\upsilon_i\sum_{j=1}^{n_i}\widetilde{b}_{ij} \tag{4.27}$$

式中 $\widetilde{b}_{ij}(i=1, 2, \cdots, q; j=1, 2, \cdots, n_i)$表示方案在层级 $\widetilde{H}_i$ 中的第 j 个准则 c_{ij} 下的评估值。

类似例 4.1，下面用一个简例说明上述方法的实用性与可行性。

例 4.2　假设模糊图 $\widetilde{G}=(C, \mu, \rho)$中有 5 个准则顶点 $c_i(i=1, 2, \cdots, 5)$（如图 4.3 所示），对于方案 x，各准则下的满意度分别为

$$\mu_1=0.9, \mu_2=0.7, \mu_3=0.9, \mu_4=0.8, \mu_5=0.7$$

各准则间存在的关联关系用模糊关系可表示为

$$\rho_{12}=0.7, \rho_{13}=0.5, \rho_{14}=0.6, \rho_{15}=0.7, \rho_{23}=0.6, \rho_{24}=0.7$$

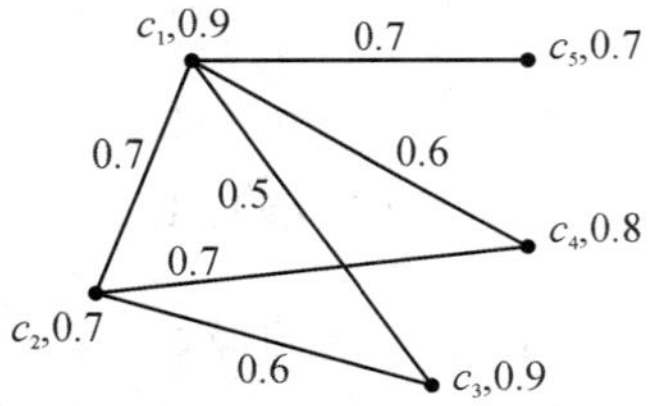

图 4.3　以 5 个准则为顶点的模糊图

根据定义 4.5，计算各准则顶点的偏心度：

$$e(c_1)=2, e(c_2)=2.86, e(c_3)=3.43, e(c_4)=3.10, e(c_5)=3.43$$

利用式(4.24)，标准化上述偏心度有

$$\bar{e}(c_1)=1, \bar{e}(c_2)=0.699, \bar{e}(c_3)=0.583, \bar{e}(c_4)=0.645, \bar{e}(c_5)=0.583$$

假设 5 个准则间还存在优先关系$\{c_2, c_3\}\succ\{c_1, c_4\}\succ\{c_5\}$，则可根据式(4.25)计算各层级的 $\widetilde{S}_i$：

$$\widetilde{S}_0=1, \widetilde{S}_1=0.583, \widetilde{S}_2=0.645, \widetilde{S}_3=0.583$$

进而利用式(4.26)，计算各层级的权重：

$$\upsilon_1=1,\ \upsilon_2=0.583,\ \upsilon_3=0.376$$

假设对于方案 x，有 $\tilde{t}_1=1$ 且 $\tilde{t}_i=0(i=2,3,4,5)$，所有的影响系数均为 0.5，即对于 $i\neq j\in\{1,2,3,4,5\}$ 有 $\xi_{ij}=0.5$，则代入式(4.21)可计算方案 x 在各准则下的评估值：

$$\tilde{b}_1=\mu_1\tilde{t}_1+\bar{\tilde{t}}_{N_1}=0.9$$

$$\tilde{b}_2=\mu_2\tilde{t}_2+\bar{\tilde{t}}_{N_2}=\rho_{12}\xi_{21}\tilde{t}_1=0.35$$

$$\tilde{b}_3=\mu_3\tilde{t}_3+\bar{\tilde{t}}_{N_3}=\rho_{13}\xi_{31}\tilde{t}_1=0.25$$

$$\tilde{b}_4=\mu_4\tilde{t}_4+\bar{\tilde{t}}_{N_4}=\rho_{14}\xi_{41}\tilde{t}_1=0.3$$

$$\tilde{b}_5=\mu_5\tilde{t}_5+\bar{\tilde{t}}_{N_5}=\rho_{15}\xi_{51}\tilde{t}_1=0.35$$

最后代入式(4.27)计算方案 x 的总体评估值：

$$\tilde{b}=\upsilon_1\cdot(\tilde{b}_2+\tilde{b}_3)+\upsilon_2\cdot(\tilde{b}_1+\tilde{b}_4)+\upsilon_3\cdot\tilde{b}_5=1.43$$

本节借助图结构描述了多准则决策问题中的关联准则，并以此为基础设计了基于图的多准则决策模型；通过分析准则的图结构如何影响方案的评估值以及准则的权重，设计了合理的方法，有效地解决了基于图的多准则决策问题。此外考虑到许多实际应用背景下问题的不确定性，引入模糊图的概念很好地描述了准则及其关联关系的不确定性，在此基础上提出了基于模糊图的多准则决策模型，作为面向实际应用的模型，相关方法的设计在未来的研究工作中值得关注。

本节内容的创新之处在于提出了准则间关联的多准则决策的通用模型，并借助准则的图结构描述，可有效地综合考虑包括关联关系、优先关系在内的多种准则间的关系，提高了模型的实用性，许多现有的旨在解决准则间关联的多准则决策模型均为本节提出的基于图的多准则决策模型的特例。此外，即使待解决的准则间关联的多准则决策问题非常复杂，也能够通过基于图或基于模糊图的多准则决策建模，清楚地描述准则间的关系，可为最终解决问题打好基础。

4.3　多准则联盟决策

实际决策问题中的决策因素之间往往存在各式各样的联系，本节抽象出一类问题，称之为多准则联盟决策(multi-criteria coalitional decision making)问题，并建立整数规划模型以求解该类问题。一般来说，多准则联盟决策问题可分为两块，即内环境(形成联盟的同阵营)和外环境(对立阵营)，内环境中的准则之间一般有合作与支援的关系，而不同阵营的准则之间更多的是竞争与敌对的关系。例如，在复杂的现代战场中，指挥员总是期望且被期望作出英明的决策以打败对手赢得战斗的胜利；在复杂的市场中企事业家需要制订合适的发展计划以在与其他企业竞争的状况中更好地发展自己；等等。这些都是多准则联盟决策问题的应用背景。上面所提及的复杂战场、复杂市场等都是多准则联盟决策问题所处的复杂环境，一般分为以下两个部分：

（1）内环境，如同一战斗阵营中的作战单元、同一企业中的不同部门，这些组分及其间的联系构成了多准则联盟决策问题的内环境。

（2）外环境，概括地讲就是对手，具体来说是由相关组分及其间联系有机组成的整体，外环境的实体仍然是与内环境中作战单元、企业的部门相似的组分。

由此可见，多准则联盟决策问题包含了多种形式的准则间的联系，解决此类问题的关键点是提供最优的联盟策略。为此，本节使用有向图的概念将多准则联盟决策问题中准则间的联系描述为图中的有向边，以此为基础分析准则间的联系对联盟策略的影响。

4.3.1　多准则联盟决策问题

本节仅针对一类特殊的多准则联盟决策问题，此类问题只涉及两个对立阵营，即对于己方阵营，它只有一个敌对阵营，问题的内环境是己方阵营，外环境就是敌对阵营。将两个阵营分别记为 A 与 B，其中 $A=\{a_1, a_2, \cdots, a_n\}$ 表示内环境中的 n 个准则，$B=\{b_1, b_2, \cdots, b_m\}$ 表示外环境中的 m 个准则。此外任意在 A 中的准则均存在若干个可能的策略(与 B 中准则有竞争关系或是可支援 A 中的其他准则)。若准则 $a_i(i=1, 2, \cdots, n)$ 的所有策略均与 B 中的某个准则有竞争关系，则称该准则为竞争准则；而若准则 a_i 的所有策略均支援 A 中其他某个准则，则称该准则为支援准则；否则，如果准则 a_i 既有与 B 中准则有竞争关系的策略又有支援 A 中其他准则的策略，则准则 a_i 为多面手。A 中某准则的所有可能策略构成该准则的可行策略集，如若准则 $a_i(i=1, 2, \cdots, n; i\neq k)$ 有两个可能策略，与集合 B 中的 b_j 有竞争关系，与集合 A 中的 a_k 有支援关系，则准则 a_i 是一个典型的多面手，其可行策略集表示为 $S_i=\{(a_i, b_j), (a_i, a_k), \varnothing\}$，其中 $\varnothing$ 表示准则 a_i 无任何联盟行为。要为阵营 A 制定一个合适的联盟决策方案，A 中的各准则 $a_i(i=1, 2, \cdots, n)$ 均需从其可行策略集中选出一个策略 $s_i\in S_i$，用 $\boldsymbol{s}=(s_1, \cdots, s_n)^{\mathrm{T}}$ 表示联盟策略，$S=\times_i S_i$ 表示联盟策略空间，即由 A 中各准则策略组合的所有可能的联盟策略组成的集合。

例 4.3　假设多准则联盟决策问题有 $A=\{a_1, a_2, a_3, a_4\}$ 和 $B=\{b_1, b_2, b_3\}$ 两个阵营，其中 a_1 与 a_2、a_4 有支援关系，a_2 与 b_1、b_2 有竞争关系，a_3 与 b_1、b_3 有竞争关系，a_4 与 b_2、b_3 有竞争关系。此时与准则 $a_i(i=1, 2, 3, 4)$ 有关的 4 个可行策略集如下：

$$S_1=\{(a_1, a_2), (a_1, a_4), \varnothing\}$$

$$S_2=\{(a_2, b_1), (a_2, b_2), \varnothing\}$$

$$S_3=\{(a_3, b_1), (a_3, b_3), \varnothing\}$$

$$S_4=\{(a_4, b_2), (a_4, b_3), \varnothing\}$$

若分别从上述 4 个集合中挑选出 1 个策略，则可构建一个联盟策略，如 $\boldsymbol{s}=((a_1, a_2), (a_2, b_2), \varnothing, (a_4, b_3))^{\mathrm{T}}$，所有可能的联盟策略构成联盟策略空间 $S=\mathop{\times}\limits_{i=1}^{4} S_i$。

通常联盟策略不可视为各准则策略的简单组合，因为逐个地考虑各策略带来的利益之和与由这些策略构成的联盟策略带来的总体获益一般不同，甚至相差很大。支援准则的支援关系会增大获益，因此不同的联盟策略一般有不同的获益，这也是评价联盟策略的基础。

如果要想准确评估一个联盟策略的获益，必须弄清楚所选联盟策略的内部关系，这也是本节将有向图引入到多准则联盟决策问题中的原因，有向图可用于两个阵营各准则间关系的描述，由此联盟策略可被更直观地表示。

任何两个阵营的多准则联盟决策问题可表示为一有向图 $G=(V, E)$，其中 $V=A\cup B$ ($A=\{a_1, a_2, \cdots, a_n\}$；$B=\{b_1, b_2, \cdots, b_m\}$)为顶点集，$E$ 为有向边集，在多准则联盟决策问题中为所有可能的策略构成的集合。根据邻接矩阵的定义(见定义 4.9)，若 A 中有 n 个准则，B 中有 m 个准则，则可用简化的邻接矩阵 $\boldsymbol{M}=(e_{ij})_{n\times(n+m)}$ 数学化地描述集合 E，其中

(1) 若 a_i 与 a_j 有支援关系($a_i, a_j\in A$)，则有 $e_{ij}=1$。

(2) 若 a_i 与 b_k 有竞争关系($a_i\in A, b_k\in B$)，则有 $e_{i,n+k}=1$。

(3) 否则 $e_{ij}=0$。

选出的联盟策略 s 可表示为有向图 G 的子图，记为 $G^{(s)}=(V, E^{(s)})$，简化的邻接矩阵记为 $\boldsymbol{M}^{(s)}=(e_{ij}^{(s)})_{n\times(n+m)}$，且有

$$\begin{cases}\displaystyle\sum_{j=1}^{n+m} e_{ij}^{(s)}=0 \text{ 或 } 1, & i=1, 2, \cdots, n \\ e_{ij}\vee(1-e_{ij}^{(s)})=1\end{cases} \tag{4.28}$$

其中“$\vee$”表示取大算子。例 4.3 中的多准则联盟决策问题可表示为有向图的形式。

例 4.4　题设条件同例 4.3。该多准则联盟决策问题可表示为有向图 $G=(V, E)$(如图 4.4 所示)，其中

$$V=A\cup B=\{a_1, a_2, a_3, a_4, b_1, b_2, b_3\}$$

$$E=\{(a_1, a_2), (a_1, a_4), (a_2, b_1), (a_2, b_2), (a_3, b_1), (a_3, b_3), (a_4, b_2), (a_4, b_3)\}$$

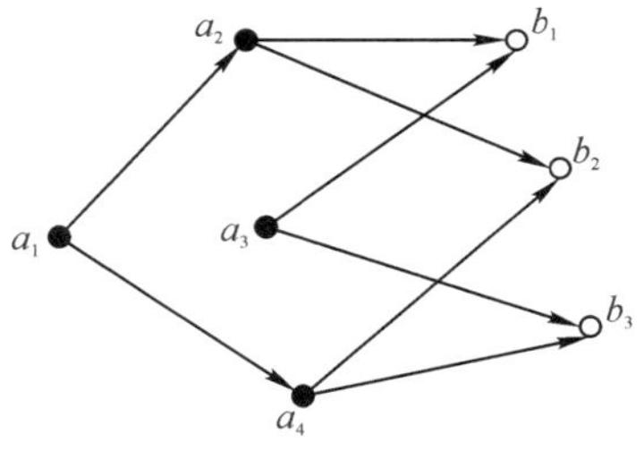

图 4.4　多准则联盟决策问题的有向图示

相应的简化邻接矩阵为

$$\boldsymbol{M}=\begin{bmatrix}0 & 1 & 0 & 1 & 0 & 0 & 0 \\ 0 & 0 & 0 & 0 & 1 & 1 & 0 \\ 0 & 0 & 0 & 0 & 1 & 0 & 1 \\ 0 & 0 & 0 & 0 & 0 & 1 & 1\end{bmatrix}$$

假设有联盟策略 $s=\{(a_1, a_2), (a_2, b_1), (a_3, b_1), (a_4, b_3)\}$，即 a_1 支援 a_2，a_2 与 b_1、a_3 与 b_1、a_4 与 b_3 之间均存在竞争关系，则此联盟策略可等价地表示为 G 的有向子图

(如图 4.5 所示)，其中 $E^{(s)}=s=\{(a_1, a_2), (a_2, b_1), (a_3, b_1), (a_4, b_3)\}$。

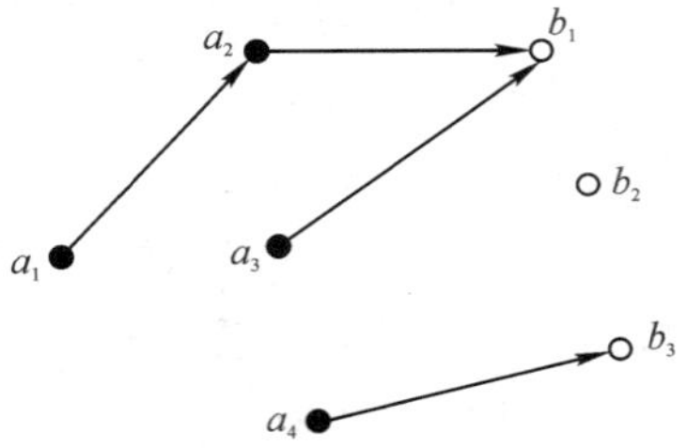

图 4.5 联盟策略的有向子图

相应地，联盟策略 s 的简化邻接矩阵为

$$M^{(s)}=\begin{bmatrix}0&1&0&0&0&0&0\\0&0&0&0&1&0&0\\0&0&0&0&1&0&0\\0&0&0&0&0&0&1\end{bmatrix}$$

对于任意的联盟策略，可利用一个 $n\times(n+m)$ 矩阵很方便地表示出来，但是如何判断这个联盟策略是不是最优，还需要进行合理的评价，这也是多准则联盟决策问题择优联盟策略的关键之处，在下一小节中，将展开讨论求解模型，以达到寻优联盟策略，并解决多准则联盟决策问题的目的。

4.3.2 多准则联盟决策问题的优化模型构建

在 A、B 两个阵营的多准则联盟决策问题中，A 阵营通常希望能最大程度地损伤 B 阵营以获益最大，依照此设想，可构建多目标整数规划模型，以找出最佳的联盟策略：

$$\begin{aligned}&\max_{k=1,2,\cdots,m} \quad d_k(\boldsymbol{M}^{(s)})\\&\text{s.t.} \quad e_{ij}^{(s)}=0, 1;\\&\qquad e_{ij} \vee (1-e_{ij}^{(s)})=1;\\&\qquad \sum_{j=1}^{n+m} e_{ij}^{(s)} \leqslant 1;\\&\qquad i=1, 2, \cdots, n; j=1, 2, \cdots, n+m\end{aligned} \tag{4.29}$$

其中，$\boldsymbol{M}^{(s)}=(e_{ij}^{(s)})_{n\times(n+m)}$ 为与联盟策略 s 相关的简化邻接矩阵，$d_k(\boldsymbol{M}^{(s)})$ 表示阵营 B 中第 k 个准则由于受到阵营 A 的联盟策略打击的损失的量化值，e_{ij} 为上一小节提及的矩阵 $\boldsymbol{M}$ 中的元素，模型中的约束条件为保证联盟策略可行性，也就是联盟策略的简化邻接矩阵需满足式(4.28)中的条件。

然而，在选定联盟策略的情况下如何计算 B 中各准则的损失？这需要依据具体情况设计损失计算公式。若所要求解的多准则联盟决策问题是复杂情况下的火力分配问题，则需要计算 B 中各作战单元的毁伤概率(Lee et al, 2003; Cai & Chen, 2006)。例如，对于 B 中的 b_k，根据联盟策略 s，有 a_i 和 a_j 同时打击 b_k，a_i 与 a_j 打击 b_k 的毁伤概率分别为 p_{ik} 与

p_{jk}，则 b_k 的总体毁伤概率为 $p_k=1-(1-p_{ik})(1-p_{jk})$。此时 $d_k(\boldsymbol{M}^{(s)})=p_k=1-(1-p_{ik})(1-p_{jk})$。如若还有另外的作战单元 a_l，在 a_i 打击目标 b_k 的过程中，a_l 有支援 a_i 的作用，此时可根据作战单元 a_l 的支援效率，设计合理的计算方法(诸如可对 a_i 打击 b_k 的相关概率作平方运算)，则 b_k 的毁伤概率计算为 $d_k(\boldsymbol{M}^{(s)})=p_k=1-(1-p_{ik})^2(1-p_{jk})$。在诸如例 4.3、例 4.4 的多准则联盟决策问题中，可通过引入合适的系数计算 B 中各准则的损失。

例 4.5　继续例 4.4，在联盟策略 s 中，a_2、a_3 与 b_1 均有竞争关系，a_1 与 a_2 有支援关系，假设支援关系的系数为 c_s，联合竞争关系的系数为 c_c，$b_k\in B$ 的基本损失值为 d，则依据联盟策略 s 得到的 b_1 损失值为

$$d_1(\boldsymbol{M}^{(s)})=c_s\cdot c_c\cdot d$$

若 $c_s=1.8$，$c_c=1.5$，$d=1$，则有 $d_1(\boldsymbol{M}^{(s)})=2.7$，由此看来，系数 c_s 与 c_c 的存在为增加损失提供了帮助，也就是支援关系与联合竞争关系有助于增大对手的损失。

在联盟策略 s 下，计算 B 中所有准则损失的过程如下：

步骤 1：初始化 $j=1$，$J_s=\varnothing$。

步骤 2：找出所有的 $i\in\{1, 2, \cdots, n\}$满足 $e_{i,n+j}^{(s)}\neq 0$，若找到的结果为空，置 $d_j(\boldsymbol{M}^{(s)})=0$，令 $j=j+1$，转到步骤 2；否则令 $J_s=J_s\cup\{(a_i, b_j)\}$。

步骤 3：对于 $a_i\in J_s$ 以及所有 $k\in\{1, 2, \cdots, n\}$，若 $e_{k,i}^{(s)}=1$，置 $J_s=J_s\cup\{(a_k, a_i)\}$，根据已选定的方法，记为函数 $f: J_s\to\mathbf{R}$，计算 b_j 的损失，即 $d_j(\boldsymbol{M}^{(s)})=f(J_s)$，令 $j=j+1$。

步骤 4：若 $j\leqslant m-1$，置 $J_s=\varnothing$，转步骤 2。

步骤 5：结束。

注：上述过程首先基于有向图的直观描述，找出 A 中所有直接或间接对 B 中 b_j 有影响的准则，将它们放入集合 J_s 中，再计算 b_j 的损失；计算函数 f 与问题背景相关，且便于根据联盟策略计算准则的损失值，如上文提到的概率方法、系数方法等。

例 4.6　按照上述过程，本例计算在例 4.4 中的联盟策略 s 下 B 中各准则 $b_j(j=1, 2, 3)$ 的损失值。

计算过程如下：

步骤 1：初始化 $j=1$，$J_s=\varnothing$。

步骤 2：由于 $e_{2,5}^{(s)}$，$e_{3,5}^{(s)}\neq 0(n+j=4+1=5)$，因而有 $J_s=\{(a_2, b_1), (a_3, b_1)\}$。

步骤 3：由于 $e_{1,2}^{(s)}=1$，有 $J_s=\{(a_2, b_1), (a_3, b_1), (a_1, a_2)\}$，易知 b_1 损失值 $d_1(\boldsymbol{M}^{(s)})$的计算与支援准则 a_1 以及两个竞争准则 a_2、a_3 相关，根据例 4.5 中的方法，可计算出 $d_1(\boldsymbol{M}^{(s)})=c_s\cdot c_c\cdot d=2.7$。

步骤 4：置 $j=j+1=2$，$J_s=\varnothing$。

步骤 5：因为 $e_{i,6}^{(s)}=0$，$i\in\{1, 2, 3, 4\}$，所以 $d_2(\boldsymbol{M}^{(s)})=0$。置 $j=j+1=3$。

步骤 6：因为 $e_{4,7}^{(s)}\neq 0$，所以有 $J_s=\{(a_4, b_3)\}$。

步骤 7：由于 $\forall k\in\{1, 2, 3, 4\}$，$e_{k,4}^{(s)}=1$ 均不满足，因此 $J_s=\{(a_4, b_3)\}$，由此可计算

出 $d_3(\boldsymbol{M}^{(s)})=d=1$。

综上所述，在联盟策略 s 下，B 中各准则的损失值为

$$d_1(\boldsymbol{M}^{(s)})=2.7,\ d_2(\boldsymbol{M}^{(s)})=0,\ d_3(\boldsymbol{M}^{(s)})=1$$

尽管迄今为止所有损失值都能很准确地计算出来，但是仍然存在的难点是式(4.29)中的多目标整数规划模型难以求解，因此需要将多目标整数规划模型转化为单目标整数规划模型：

$$\begin{aligned} \max\quad & d(\boldsymbol{M}^{(s)}) \\ \text{s.t.}\quad & e_{ij}^{(s)}=0,\ 1; \\ & e_{ij} \vee (1-e_{ij}^{(s)})=1; \\ & \sum_{j=1}^{n+m} e_{ij}^{(s)} \leqslant 1; \\ & i=1,\ 2,\ \cdots,\ n;\ j=1,\ 2,\ \cdots,\ n+m \end{aligned} \tag{4.30}$$

上述模型采用的方法是设计一个集成函数 AF：$\mathbf{R}^n \to \mathbf{R}$ 将模型中的多目标函数转化为单目标函数，也即将 B 中各准则的损失值转化为 B 的商品化损失值，表示为

$$d(\boldsymbol{M}^{(s)})=\mathrm{AF}\big(d_1(\boldsymbol{M}^{(s)}),\ d_2(\boldsymbol{M}^{(s)}),\ \cdots,\ d_m(\boldsymbol{M}^{(s)})\big) \tag{4.31}$$

集成函数的种类多种多样，由不同的集成函数得到的结果相差很大，因此需要根据多准则联盟决策问题的特点选择合适的集成函数。在上面的例子中，如果权重已知，可以选择加权平均算子作为各损失值的集成函数。设加权平均算子的权重分别为 w_1、w_2 和 w_3，则在联盟策略 s 下，B 阵营的总体损失值计算如下：

$$d(\boldsymbol{M}^{(s)})=w_1 d_1(\boldsymbol{M}^{(s)})+w_2 d_2(\boldsymbol{M}^{(s)})+w_3 d_3(\boldsymbol{M}^{(s)})=(w_1 c_s c_c+w_3)\cdot d \tag{4.32}$$

根据式(4.30)中的模型，若从所有可行的联盟策略中找出联盟策略 s，能够使得总体损失值 $d(\boldsymbol{M}^{(s)})$ 最大，则 s 为最优联盟策略。接下来的小节中，禁忌搜索算法将被使用以求解式(4.30)中的整数规划模型。

4.3.3　基于禁忌搜索算法的多准则联盟决策问题求解方法

本小节将引入禁忌搜索算法，通过求解式(4.30)中的整数规划模型，以达到解决两阵营的多准则联盟决策问题。首先介绍禁忌搜索算法框架中的主要步骤，而后通过改进禁忌搜索算法以成功解决多准则联盟决策问题。

禁忌搜索算法由 Glover(Glover，1986；Glover，1989；Glover，1990)提出，将自适应的记忆整合到局部邻域搜索算法中，避免了后者陷入局部最优的不足，成功地将人工智能整合到组合优化算法中。

为了避免陷入局部最优，在给定的当前解上都能开发出新的解。禁忌搜索算法改进了原有的邻域空间，定义了其特有的邻域，改进了从当前解到其邻域中解的移动(move)方式，质量高的移动将被存入禁忌表(tabu list)中，而且该移动在一定的禁忌周期(tabu tenure)内将一直待在禁忌表中。一般情况下禁忌表中的移动不可作为解的搜索步骤被使用，除非搜索过程中特赦准则(aspiration criterion)得以满足，某个禁忌移动才有可能解禁，

通常禁忌移动在目标函数得到的值上最优更容易受到特赦。上述过程在终止准则(stopping criterion)达到之前将一直重复。

禁忌搜索算法中的主要要素包括初始解、邻域产生机制、禁忌表、终止准则、特赦准则等，在此主要讨论一些与式(4.30)中的整数规划模型相关的要素。

(1) 搜索空间。

所有可行的联盟策略在搜索过程都应该有被搜索到的可能性，因此搜索空间应为所有可行联盟策略的集合。因为任意可行联盟策略 s 都可以唯一地表示为一满足 $\sum_{j=1}^{n+m} e_{ij}^{(s)} \leqslant 1$ 且 $e_{ij} \cup (1-e_{ij}^{(s)})=1$ 的简化邻接矩阵 $\boldsymbol{M}^{(s)}=(e_{ij}^{(s)})_{n\times(n+m)}$，所以搜索空间应为

$$\mathbf{S}=\{\boldsymbol{M}^{(s)}=(e_{ij}^{(s)})_{n\times(n+m)} \mid \sum_{j=1}^{n+m} e_{ij}^{(s)} \leqslant 1 \text{ 且 } e_{ij} \vee (1-e_{ij}^{(s)})=1;\ i=1,2,\cdots,n;\ j=1,2,\cdots,n+m\} \tag{4.33}$$

其中 $\boldsymbol{M}=(e_{ij})_{n\times(n+m)}$ 为多准则联盟决策问题对应的简化邻接矩阵。

(2) 初始解。

本文随机产生初始解，$\mathbf{S}$ 中的任意元素都有可能成为初始解。

(3) 评估函数。

通常将式(4.30)中的整数规划模型的目标函数(总体损失值)作为评估函数，如果准则的数量特别大，可设计一个简单且易于计算的函数作为评估函数，但该函数必须与目标函数的值相一致。

(4) 邻域。

假设当前的联盟策略为 s，如果某个联盟策略仅有一个准则对应的策略与 s 不同，则该联盟策略为 s 邻域 $N(s)$中的元素，所有满足该条件的联盟策略构成了 s 的领域 $N(s)$，在矩阵的形式上，$N(s)$为搜索空间 $\mathbf{S}$ 的子集，集合 $N(s)$中的元素均为一个矩阵，且该矩阵仅有一行与 s 的简化邻接矩阵 $\boldsymbol{M}^{(s)}$ 不同，表示如下：

$$N(s)=\{\boldsymbol{M}^{(s')} \in \mathbf{S} \mid \exists \text{ 唯一 } i \in \{1,2,\cdots,n\} \text{ 有 } \sum_{j=1}^{n+m} \mid e_{ij}^{(s)} - e_{ij}^{(s')} \mid \neq 0\} \tag{4.34}$$

(5) 禁忌表。

禁忌表与最近移动的准则以及禁忌周期有关。若最近移动是从 $\boldsymbol{M}^{(s)}$ 到 $\boldsymbol{M}^{(s')}(\in N(s))$，两个矩阵之间仅第 i 行不同，则将该行放入禁忌表中，即准则 a_i。一般禁忌周期的设置与 A 阵营中的准则数量有关。若 A 阵营的准则数量为 n，则可置禁忌周期为 ξn，ξ 为一系数使得 $\xi n \in \{0,1,2,\cdots,n\}$。在搜索过程中禁忌表表示为一个多元组 T，其长度为 ξn，T 由 A 的准则组成。若 T 中已经有了 ξn 个组分，在一次迭代中，另有一个不属于 T 的准则受到禁忌，则 T 中的第一个组分将解禁，并从 T 中移出。

(6) 特赦准则。

若达到特赦准则的条件，则可将禁忌表中目标函数值最优的组分移出。

(7) 终止准则。

禁忌搜索算法是启发式的，一般不能确定何时可搜索到最优解，因此必须设定终止程

序，在已设定的迭代步数内，若总体最优解未有变化，则搜索将终止。在本节问题求解中可设定终止准则如下：最优解在 ζn 步内未变化，搜索将终止，并输出最优解与最优值，其中 n 为 A 阵营中的准则数量，$\zeta \geqslant 1$ 为校正系数。

禁忌搜索算法为结合人工智能的局部邻域搜索算法的改进，与局部邻域搜索算法具有相同的邻域结构，因此对于禁忌搜索算法，邻域连通性仍然是达到全局最优的必要条件。

定义 4.22(Bang-Jensen & Gutin，2008)　对于集合 C，若 $\forall x, y \in C$，$\exists x_i \in C(i=1, 2, \cdots, l)$，$x=x_1, x_2, \cdots, x_l=y$，有 $N(x_i) \cap \{x_{i+1}\} \neq \varnothing$，$i=1, 2, \cdots, l-1$，则称 C 具有邻域连通性，其中 N 为邻域映射。

定理 4.6(Cai & Chen，2006；Glover，1986；Glover，1989)　若在解的可行域中邻域映射 N 是连通的，则可构造禁忌搜索算法在有限步内达到全局最优解。

定理 4.7　在两个阵营多准则联盟决策问题中，禁忌搜索算法可达到全局最优解。

证明：设任意两个联盟策略 s 与 s'，其简化邻接矩阵分别为 $\boldsymbol{M}^{(s)}$ 与 $\boldsymbol{M}^{(s')}$，因为 $\boldsymbol{M}^{(s)}$ 与 $\boldsymbol{M}^{(s')}$ 均属于联盟策略空间 $\mathbf{S}$，有 $\sum_{j=1}^{n+m} e_{ij}^{(s)}=0$ 或 1，且 $\sum_{j=1}^{n+m} e_{ij}^{(s')}=0$ 或 1，$i=1, 2, \cdots, n$，因此矩阵 $\boldsymbol{M}^{(s)}$ 与 $\boldsymbol{M}^{(s')}$ 不同元素的数量小于 $2n$。如下构建 $k+1$ 个矩阵 $\boldsymbol{M}^{(s)}=\boldsymbol{M}^{(x_1)}$，$\boldsymbol{M}^{(x_2)}$，$\cdots$，$\boldsymbol{M}^{(x_{k+1})}=\boldsymbol{M}^{(s')}$。

步骤 1：初始化 $l=1$。

步骤 2：找出所有在矩阵 $\boldsymbol{M}^{(x_l)}$ 中为 1，但在矩阵 $\boldsymbol{M}^{(s')}$ 中为 0 的元素，若有此类元素，改变 $\boldsymbol{M}^{(x_l)}$ 中的一个相关元素为 0，构造矩阵 $\boldsymbol{M}^{(x_{l+1})}$，置 $l=l+1$，转步骤 2；否则转步骤 3。

步骤 3：若 $l \leqslant k$，找出一个矩阵 $\boldsymbol{M}^{(x_l)}$ 中的元素，其值为 0，同时矩阵 $\boldsymbol{M}^{(s')}$ 中对应元素的值为 1，将矩阵 $\boldsymbol{M}^{(x_l)}$ 中的该元素置为 1，构建新矩阵 $\boldsymbol{M}^{(x_{l+1})}$，置 $l=l+1$，转步骤 3。

步骤 4：结束。

因为 $\boldsymbol{M}^{(s)}$ 与 $\boldsymbol{M}^{(s')}$ 均属于 $\mathbf{S}$，所以有 $e_{ij} \vee (1-e_{ij}^{(s)})=1$ 且 $e_{ij} \vee (1-e_{ij}^{(s')})=1$。根据上述构建方法，易知 $e_{ij} \vee (1-e_{ij}^{(x_l)})=1$ 且 $\sum_{j=1}^{n+m} e_{ij}^{(x_l)}=0$ 或 $1(l=1, 2, \cdots, k+1)$，其中 $\boldsymbol{M}^{(x_l)}=(e^{(x_l)})_{n\times(n+m)}$，即 $\boldsymbol{M}^{(x_l)} \in \mathbf{S}(l=1, 2, \cdots, k+1)$。同时根据上述构建方法，总能找出一个且只有一个 $i \in \{1, 2, \cdots, n\}$ 使得 $\sum_{j=1}^{n+m} | e_{ij}^{(x_l)} - e_{ij}^{(x_{l+1})} |=1(l=1, 2, \cdots, k+1)$，因此 $\boldsymbol{M}^{(x_{l+1})} \in N(x_l)$。根据定义 4.22，搜索空间 $\mathbf{S}$ 具有邻域连通性，根据定理 4.6，在两个阵营的多准则联盟决策问题中，禁忌搜索算法总能在有限步内达到全局最优。

综上，在两个阵营的多准则联盟决策问题中，使用禁忌搜索算法总能搜索到最优的联盟策略，接下来给出如何利用禁忌搜索算法解决多准则联盟决策问题的一般流程。

步骤 1：设定禁忌搜索算法的相关参数，有禁忌准则、禁忌同期、终止准则等，随机产生初始解 $\boldsymbol{M}^{(s_0)}$，置禁忌表 $T=\varnothing$。

步骤 2：若终止准则满足达到最优解在设定迭代次数 I_s 内无变化的终止条件，则搜索终止，输出最优结果，以及最优联盟策略和相应的总体损失值，否则转到下一步骤。

步骤 3：找出当前解 $\boldsymbol{M}^{(s_c)}$ 的邻域 $N(s_c)$，从 $N(s_c)$ 中选择一定数量的联盟策略作为候选解。

步骤 4：若达到特赦条件，则将与当前解 $\boldsymbol{M}^{(s_c)}$ 到目前最优解 $\boldsymbol{M}_{\mathrm{bsf}}^{(s)}$ 的移动相关的准则添加进禁忌表 T 中；若禁忌表的长度超出已设定的禁忌周期，则从禁忌表 T 中释放第一个准则，同时将候选解中的 $\boldsymbol{M}_{\mathrm{bsf}}^{(s)}$ 代替当前解 $\boldsymbol{M}^{(s_c)}$，即 $\boldsymbol{M}^{(s_c)}=M_{\mathrm{bsf}}^{(s)}$，转步骤 2。

步骤 5：从候选解中挑选出未在禁忌表内的最优解代替当前解，同时将相应的准则添加到禁忌表 T 中，如禁忌长度大于禁忌周期，则释放禁忌表中的第一个准则，转步骤 2。

本节深入探讨了两个阵营的多准则联盟决策问题，阵营的构造是准则间两个重要的关联关系——支援关系和竞争关系的体现，为所关注阵营提供了最优的联盟策略以最大化对立阵营的损失值。为便于问题的分析，本节采用有向图表示多准则联盟决策问题，并用有向子图表示联盟策略，由此各有向子图的简化邻接矩阵可方便对对立阵营的损失值进行数值计算，并得以构建最优联盟策略获得的整数规划模型。通过分析该整数规划模型的特点，发现利用禁忌搜索算法可以很好地求解该整数规划问题，并证明了最优解的可达性。

4.4 基于节点打击战术的火力分配

前两章已经对多准则决策和火力分配两类问题进行了详细研究与讨论，本节将以此为基础对基于节点打击战术的火力分配问题进行研究。

4.4.1 准则间有影响关系的多准则决策

准则间的影响关系是准则间关联关系的特殊类型，本文仅考虑准则间单向的关联关系。前两节已对准则间关联关系的建模进行了深入探讨，考虑到建模的相通性，此处仅作简单叙述。多准则决策中准则间的影响关系定义如下。

定义 4.23 如果准则 c_j 的评估信息或权重会根据准则 c_i 评估信息的大小发生变化，那么 c_i 对 c_j 有影响。

战场上此类关系普遍存在。例如，指挥控制单元能提高相关作战单元的作战一致性、计划性、目的性进而增大其威胁等。对准则集中影响关系的建模可借助于加权有向图 $\boldsymbol{G}=(C, \boldsymbol{E})$ 的概念，其中 $C=\{c_1, c_2, \cdots, c_n\}$ 为准则集，$\boldsymbol{E}=(e_{ij})_{n\times n}$ 为影响关系矩阵，$e_{ij}\in[-1, 1]$ 表示 c_i 对 c_j 标准化后的影响程度：当 $e_{ij}\in(0, 1]$ 时，c_i 对 c_j 为正影响；当 $e_{ij}\in[-1, 0)$ 时，c_i 对 c_j 为负影响；当 $e_{ij}=0$ 时，c_i 对 c_j 没有影响，且当 $i=j$ 时有 $e_{ij}=0$。

例 4.7 有 4 个准则 $C=\{c_1, c_2, c_3, c_4\}$，它们之间存在影响关系，其影响关系矩阵为

$$\boldsymbol{E}=(e_{ij})_{4\times 4}=\begin{pmatrix} 0 & 0 & 0.5 & 0 \\ 0 & 0 & -0.3 & 0.4 \\ 0 & 0 & 0 & 0.7 \\ 0 & -0.1 & 0 & 0 \end{pmatrix}$$

则相应的加权有向图 $\boldsymbol{G}=(C, \boldsymbol{E})$ 如图 4.6 所示。

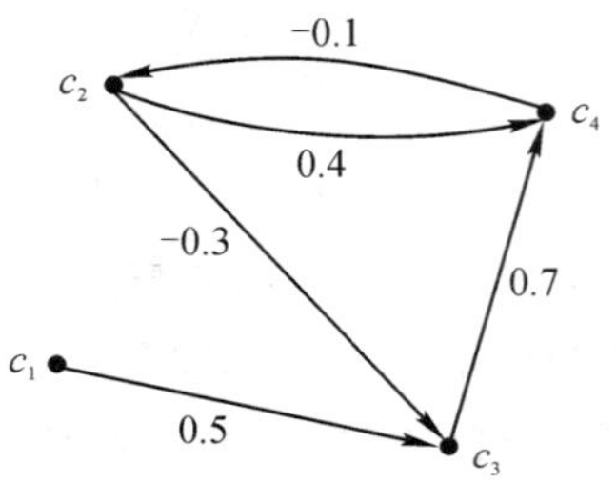

图 4.6 准则间影响关系图

从上例中可以清楚地看到，此类多准则决策的准则通过影响关系保持着与其他准则的联系。因此解决此类多准则决策问题按老套路不再可行，应该把所有准则以及它们之间的联系视为准则系统，从而基于准则系统进行决策。接下来选择合适的集成函数，并根据影响关系矩阵修正集成函数中的参数或者评估信息，得到非线性的修正集成函数。例如，在求解某个准则间有影响关系的多准则决策问题时，选择了加权平均算子作为评估信息的集成函数，影响关系作用于加权平均算子的权重，设相关加权有向图为 $\boldsymbol{G}=(C, \boldsymbol{E})$，其中 $e_{\cdot,j}$ 为矩阵 $\boldsymbol{E}$ 的第 j 列，表示准则 c_j 受影响的关系向量，则对于某个方案 $\boldsymbol{X}$，其准则 c_j 的权重应与它受影响的关系向量和相关准则的评估信息有关，此时准则 c_j 的修正后的权重可用如下公式表示：

$$\bar{w}_j=\psi(w_j, e_{\cdot,j}, (c_1(\boldsymbol{X}), \cdots, c_n(\boldsymbol{X}))^{\mathrm{T}}) \tag{4.35}$$

从式(4.35)可知，对于不同的方案，修正后的权重一般不同，这也体现了修正后的集成函数的非线性，这种非线性是准则之间的复杂结构在数学化描述中的表现。后续将基于修正的集成函数求解准则间有影响关系的多准则决策问题。

4.4.2 火力分配求解模型分析

在火力分配问题的多目标整数规划模型中(见式(3.38))，可行火力分配方案集为 $\mathbf{X}$，模型如下：

$$\begin{aligned} \min_{j\in\{1, 2, \cdots, n\}} \quad & E_j(\boldsymbol{X}) \\ \text{s.t.} \quad & \boldsymbol{X}\in\mathbf{X} \end{aligned} \tag{4.36}$$

若已知各目标的权重为 w_1，w_2，…，w_n，可将上述多目标模型转化为单目标模型：

$$\begin{aligned} \min \quad & E(\boldsymbol{X})=\sum_{j=1}^{n} w_j \cdot E_j(\boldsymbol{X}) \\ \text{s.t.} \quad & \boldsymbol{X}\in\mathbf{X} \end{aligned} \tag{4.37}$$

从多准则决策的观点来看，式(4.36)中模型到式(4.37)中模型的转化是由于引入了加权平均算子(集成函数的特例)，因此式(4.37)中模型与第 1 章中式(1.3)所示的多准则决策模型有着非常相似的形式。

不仅如此，与多准则决策问题一样，解决火力分配问题是为了得到最优的火力分配方案，而最优火力分配方案的选择是通过评估其对打击目标的毁伤效能实现的，因此在火力分配问题中，把各目标单元的毁伤程度视为准则时，如何制定最优火力分配方案即为多准则决策。

设有两个 n 维的向量 $\boldsymbol{z}=(z_1, z_2, \cdots, z_n)^{\mathrm{T}}$ 和 $\boldsymbol{y}=(y_1, y_2, \cdots, y_n)^{\mathrm{T}}$，当且仅当 $\forall i\in\{1, 2, \cdots, n\}$时，有 $y_i\geqslant z_i$ 而且 $\exists i\in\{1, 2, \cdots, n\}$使得 $y_i>z_i$，则 $\boldsymbol{y}$ 支配 $\boldsymbol{z}$，记作 $\boldsymbol{y}>\boldsymbol{z}$。依据向量之间的支配关系可以定义任意集合 $Z\subset\mathbf{R}^{+n}$ 的不可支配元素集(Borm et al，1988)为

$$M(Z)=\{\boldsymbol{z}\in Z\mid \nexists \boldsymbol{y}\in Z\Rightarrow \boldsymbol{y}>\boldsymbol{z}\} \tag{4.38}$$

事实上，式(4.36)中的多目标整数规划模型的解应是可行火力分配方案集 $\mathbf{X}$ 的不可支配元素集。设任意火力分配方案 $\boldsymbol{X}\in\mathbf{X}$ 的目标值记为向量 $\boldsymbol{V}(\boldsymbol{X})=(-E_1(\boldsymbol{X}),\cdots, -E_n(\boldsymbol{X}))^{\mathrm{T}}$，则可行火力分配方案集 $\mathbf{X}$ 的不可支配元素集为

$$M(\mathbf{X})=\{\boldsymbol{X}\in\mathbf{X}\mid \nexists \boldsymbol{X}'\in\mathbf{X}\Rightarrow \boldsymbol{V}(\boldsymbol{X}')>\boldsymbol{V}(\boldsymbol{X})\} \tag{4.39}$$

也就是说，针对某一火力分配方案 $\boldsymbol{X}$，如果 $\boldsymbol{X}\in M(\mathbf{X})$，则对于任意可行火力分配方案 $\boldsymbol{X}'\in\mathbf{X}$，至少有一个目标单元，其在火力分配方案 $\boldsymbol{X}$ 下受到的毁伤程度高于在 $\boldsymbol{X}'$下受到的毁伤程度。

设有两个可行的火力分配方案 $\boldsymbol{X}$ 与 $\boldsymbol{X}'$，且任意 $j\in\{1, 2, \cdots, n\}$有 $E_j(\boldsymbol{X})\leqslant E_j(\boldsymbol{X}')$，则式(4.37)模型中的目标函数值 $E(\boldsymbol{X})\leqslant E(\boldsymbol{X}')$，这是因为加权平均算子服从单调性。反之，不可能存在一对可行的火力分配方案 $\boldsymbol{X}$ 与 $\boldsymbol{X}'$，使得 $E(\boldsymbol{X})\leqslant E(\boldsymbol{X}')$，但是 $\boldsymbol{V}(\boldsymbol{X}')>\boldsymbol{V}(\boldsymbol{X})$。同理，对于式(4.37)中模型的最优解 $\boldsymbol{X}^*$，$E(\boldsymbol{X}^*)$为最小，因此 $\nexists \boldsymbol{X}'\in\mathbf{X}$ 使得 $\boldsymbol{V}(\boldsymbol{X}')>\boldsymbol{V}(\boldsymbol{X})$，也就是说下列结论成立。

定理 4.8　式(4.37)中模型的最优解 $\boldsymbol{X}^*$ 是可行火力分配方案集 $\mathbf{X}$ 的不可支配元素，即 $\boldsymbol{X}^*\in M(\mathbf{X})$。

从这个视角可以发现火力分配模型从式(4.36)到式(4.37)的转化，本质上缩小了最优解域的范围。式(4.36)中模型的最优解集合包含式(4.37)中模型的最优解。从数学上分析，式(4.37)模型中不同的权重选择可能导致其最优解为式(4.36)模型解集中不同的元素，理论上通过权重选择的变化，式(4.37)中模型的最优解可以遍历式(4.36)的模型最优解集中的所有元素，这也正是式(4.37)中模型在数学意义上的合理性。

在求解多准则决策问题的过程中，首先需要依据问题环境确定集成函数及函数的相关参数(权重为加权平均算子等部分集成函数的参数)。火力分配问题的求解中仅利用了加权平均算子这一特殊的集成函数，其他集成函数在此类问题中很少涉及。如果能够根据火力分配问题的特点在其求解过程中引入更多种类的集成函数，将进一步推进火力分配建模的发展。

举个简单的例子，某火力分配问题中有两个同类目标需要打击，现有三个可行的火力分配方案：

(1) 对两个目标都造成 4 单位的火力毁伤($\boldsymbol{X}_1$)；

(2) 对两个目标分别造成 3 单位和 4 单位的火力毁伤($\boldsymbol{X}_2$)；

(3) 对第一个目标造成 6 单位的火力毁伤，对第二个目标没有造成火力毁伤($\boldsymbol{X}_3$)(如图 4.7 所示)。

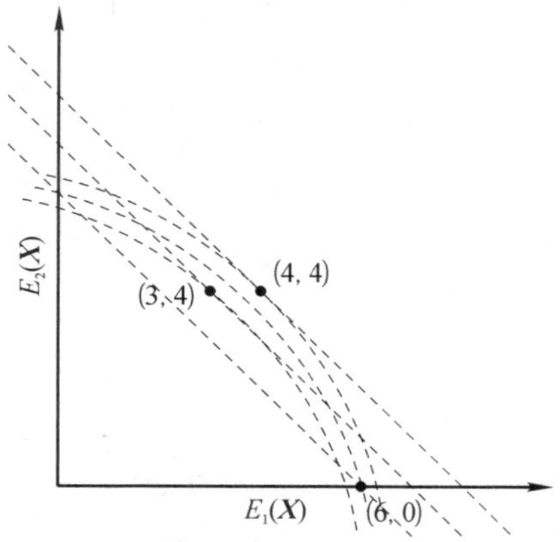

图 4.7　目标毁伤比较示意图

假设两个目标重要性相同，可利用最常用的加权平均计算三个方案的总体毁伤程度，即

$$E(\boldsymbol{X}) = 0.5 \cdot E_1(\boldsymbol{X}) + 0.5 \cdot E_2(\boldsymbol{X}) \tag{4.40}$$

因此，$E(\boldsymbol{X}_1)=4$，$E(\boldsymbol{X}_2)=3.5$，$E(\boldsymbol{X}_3)=3$。此时 $\boldsymbol{X}_1$ 优于 $\boldsymbol{X}_2$，$\boldsymbol{X}_2$ 优于 $\boldsymbol{X}_3$。然而若假设集成函数为

$$E(\boldsymbol{X}) = 0.5 \cdot (E_1(\boldsymbol{X}))^{1.5} + 0.5 \cdot (E_2(\boldsymbol{X}))^{1.5} \tag{4.41}$$

得到的结果是 $E(\boldsymbol{X}_1)=8$，$E(\boldsymbol{X}_2)=6.60$，$E(\boldsymbol{X}_3)=7.35$。此时 $\boldsymbol{X}_1$ 优于 $\boldsymbol{X}_3$，$\boldsymbol{X}_3$ 优于 $\boldsymbol{X}_2$。两种集成函数所得结果均是方案 $\boldsymbol{X}_1$ 最优，但三个方案的排序不同。

众所周知，高维的火力分配问题的规划模型的求解是 NP 难问题，通常难以得到问题的最优解，经常计算近似最优解以缩短求解时间，虽然对于不同的集成函数，总是可以设计权重或者其他参数，使得通过它们求解的最优解相同，但很难保证权重及参数确定的情况下次优解的有效性。正如上例中通过式(4.40)和式(4.41)求得的最优解均是方案 $\boldsymbol{X}_1$，但它们的次优解是不相同的。在图 4.7 中，两个集成函数的等势线也一一画出，式(4.40)的等势线为图中直虚线，式(4.41)的等势线为曲虚线。很显然，之所以会产生例中方案排序不一致的情况，正是因为两个集成函数的梯度变化不相同，只有发掘出特定战场态势下火力分配问题的特点，并根据问题特点设计相符的集成函数，才能更好地解决火力分配问题。为此可利用多准则决策的思想改写火力分配问题的整数规划模型，即

$$\begin{aligned} \min \quad & E(\boldsymbol{X}) = \mathrm{AF}(E_1(\boldsymbol{X}), E_2(\boldsymbol{X}), \cdots, E_n(\boldsymbol{X})) \\ \text{s.t.} \quad & \boldsymbol{X} \in \mathbf{X} \end{aligned} \tag{4.42}$$

解决火力分配问题的第一步也将变为分析问题、确定集成函数及相关参数。

4.4.3　基于节点打击战术的火力分配分析

上节中已经说明，在火力分配问题中如果将打击目标视为准则，如何择优火力分配方案则为典型的多准则决策问题，通过前面的分析也发现，战场中的打击对象之间可能存在影响关系。打击节点是否与影响关系有着某种联系？如果有，是否可以利用准则间有影响关系的多准则决策方法有效分配火力打击敌方节点、最大化我方整体优势？本小节将讨论这两个问题。

为便于分析，本小节讨论一类典型节点——坦克分队指挥。在一个坦克分队中，分队指挥可能与其他坦克的火力、防护、机动等战斗能力方面无明显差异，但它的存在却能够极大地影响到坦克分队的整体战斗力，毫无疑问分队指挥是坦克分队的节点。坦克分队的整体战斗能力是坦克分队战斗系统的整体效能，是由分队中各坦克的战斗力涌现出来的，不等于各坦克战斗力的线性叠加。而这种涌现现象与系统结构(各坦克间的相互关系与联系)有关，而且所有关系与联系中最主要的是分队指挥对各坦克的指挥与控制，它是坦克间相互协作的基础，能够大幅度提高各坦克的战斗力及威胁性。本质上可以认为分队指挥影响着各坦克的作战效能，进而极大地影响坦克分队的整体效能，这也是分队指挥被认为是节点的原因。因此局部或全局的战场环境的节点可通过影响关系重新定义为这样一类作战“关节点”——它的存亡或者能力大小将影响到相关战场环境中己方某些作战单元的作战效能，进而大幅度影响己方整体效能。因此可利用上一小节中设计的准则间有影响关系的多准则决策对基于节点打击战术的火力分配问题进行研究。

例 4.8　红蓝双方有相同的坦克分队，各坦克分队有 10 辆坦克，$R=\{r_1, r_2, \cdots, r_{10}\}$ 及 $B=\{b_1, b_2, \cdots, b_{10}\}$，其中 r_1 和 b_1 是各自分队的分队指挥，所有坦克的威胁性相同，作战效能相同，每辆坦克在一次进攻中击毁敌方坦克的概率相同，设为 $p=0.5$，作为节点的分队指挥具有成倍提高本分队中所有坦克威胁性的能力。本例基于上述简单战斗环境研究相关火力分配问题，比较基于节点打击战术的火力分配与经典火力分配的优劣。

假设蓝方利用经典火力分配模型设计火力分配方案，也就是蓝方不考虑分队指挥的影响。由于红方各坦克威胁性相同，即 $t_1^r=t_2^r=\cdots=t_{10}^r=t$，计算红方各坦克的权重：

$$w_j^r=\frac{t_j^r}{\sum_{k=1}^{10} t_k^r}=0.1, \quad j=1, 2, \cdots, 10$$

设蓝方火力分配方案为 $\boldsymbol{X}^b=(x_{ij}^b)_{10\times 10}$，在一次火力分配中，红蓝双方的坦克均最多只发射一枚炮弹，则有

$$x_{ij}^b \in \{0, 1\} \text{ 且 } \sum_{j=1}^{10} x_{ij}^b \leqslant 1$$

考虑到蓝方分队的坦克作战效能完全相同，可将矩阵形式的火力分配方案转化为 10 维的向量形式 $\boldsymbol{y}^b=(y_1^b, y_2^b, \cdots, y_{10}^b)^{\mathrm{T}}$，其中 $y_j^b=\sum_{i=1}^{10} x_{ij}^b$ 为 $\boldsymbol{X}^b$ 第 j 列求和，表示蓝方分队攻击红方坦克 r_j 使用的炮弹数，因此

$$y_j^b \geqslant 0 \quad (j=1, 2, \cdots, 10) \text{ 且 } \sum_{j=1}^{10} y_j^b \leqslant 10$$

此时红方各坦克存活概率可由如下公式计算：

$$E_j^r(\boldsymbol{y}^b)=(1-p)^{y_j^b}=0.5^{y_j^b}, \ j=1, 2, \cdots, 10$$

基于式(4.37)中模型设计蓝方火力分配问题的整数规划模型：

$$\min \quad E^r(\boldsymbol{y}^b)=\sum_{j=1}^{10} w_j^r \cdot E_j^r(\boldsymbol{y}^b)=0.1 \cdot \sum_{j=1}^{10} 0.5^{y_j^b}$$

$$\text{s. t.} \quad \sum_{j=1}^{10} y_j^b \leqslant 10$$

$$y_j^b \in \mathbf{N}_0;\ j \in \{1,\ 2,\ \cdots,\ n\}$$

解此模型得到最优的火力分配方案是 $\boldsymbol{y}^{b*}=(1,\ 1,\ \cdots,\ 1)^{\mathrm{T}}$，即红方分队中的每辆坦克均被分配一次攻击。

红方考虑到节点的影响，可基于准则间有影响关系的多准则决策的思想建立基于节点打击战术的火力分配模型。不失一般性，设由于分队指挥的存在，分队中各坦克的威胁性倍增，若初始情况下，蓝方分队中坦克的威胁性为 $t_1^b=t_2^b=\cdots=t_{10}^b=t$，则 b_1 被摧毁后，分队中其他坦克的威胁性将下降至 t 的 1/2，即

$$\tilde{t}_2^b=\cdots=\tilde{t}_{10}^b=\frac{t}{2}$$

计算初始情况下蓝方各坦克的权重：

$$w_j^b=\frac{t_j^b}{\sum\limits_{k=1}^{10} t_k^b}=0.1,\ j=1,\ 2,\ \cdots,\ 10$$

若红方的火力分配方案为 $\boldsymbol{y}^r=(y_1^r,\ y_2^r,\ \cdots,\ y_{10}^r)^{\mathrm{T}}$，则此时蓝方各坦克的存活概率为

$$E_j^b(\boldsymbol{y}^r)=(1-p)^{y_j^r}=0.5^{y_j^r},\ j=1,\ 2,\ \cdots,\ 10$$

当 b_1 在遭受此方案的打击后尚能存活时，蓝方的总体威胁计算如下：

$$T^b(\boldsymbol{y}^r)=t_1^b+\sum_{j=2}^{10} t_j^b \cdot E_j^b(\boldsymbol{y}^r)=t+\sum_{j=2}^{10} t \cdot E_j^b(\boldsymbol{y}^r)$$

而当 b_1 被红方摧毁时，蓝方的总体威胁为

$$T^b(\boldsymbol{y}^r)=\sum_{j=2}^{10} \tilde{t}_j^b \cdot E_j^b(\boldsymbol{y}^r)=\frac{t}{2} \cdot \sum_{j=2}^{10} E_j^b(\boldsymbol{y}^r)$$

代入 b_1 的存活概率可以计算蓝方总体威胁的期望：

$$\begin{aligned} E[T^b(\boldsymbol{y}^r)] &= E_1^b(\boldsymbol{y}^r) \cdot \left[t+\sum_{j=2}^{10} t \cdot E_j^b(\boldsymbol{y}^r)\right]+[1-E_1^b(\boldsymbol{y}^r)] \cdot \left[\frac{t}{2} \cdot \sum_{j=2}^{10} E_j^b(\boldsymbol{y}^r)\right] \\ &= t \cdot E_1^b(\boldsymbol{y}^r)+\frac{t}{2} \cdot [E_1^b(\boldsymbol{y}^r)+1] \cdot \sum_{j=2}^{10} E_j^b(\boldsymbol{y}^r) \end{aligned} \tag{4.43}$$

将式(4.43)除以初始情况的总体威胁 $10t$ 即可得到整数规划模型的目标函数及整数规划模型：

$$\begin{aligned} \min \quad E^b(\boldsymbol{y}^r) &= 0.1 \cdot E_1^b(\boldsymbol{y}^r)+\left[\frac{1}{20} \cdot E_1^b(\boldsymbol{y}^r)+\frac{1}{20}\right] \cdot \sum_{j=2}^{10} E_j^b(\boldsymbol{y}^r) \\ &= 0.1 \times 0.5^{y_1^r}+\left(\frac{1}{20} \times 0.5^{y_1^r}+\frac{1}{20}\right) \cdot \sum_{j=2}^{10} 0.5^{y_j^r} \end{aligned}$$

$$\text{s. t.} \quad \sum_{j=1}^{10} y_j^r \leqslant 10$$

$$y_j^r \in \mathbf{N}_0;\ j \in \{1,\ 2,\ \cdots,\ n\}$$

由于受到分队指挥存亡的影响，该模型中蓝方坦克 b_j($j=2$，…，10)的权重由初始的 $w_j^b=0.1$ 修正为

$$\bar{w}_j^b=\begin{cases} w_1^b=0.1, & j=1 \\ \dfrac{1}{20}\cdot E_1^b(\boldsymbol{y}^r)+\dfrac{1}{20}, & j=2,\cdots,10 \end{cases}$$

此处修正权重的方法符合式(4.35)的特点。从上式可以清楚地看到，普通坦克的权重与分队指挥的存活概率(分队指挥这一准则的评估值)有关，分队指挥存活概率越大，普通坦克的权重越大，这也正是准则间有影响关系的多准则决策的特点。

求解上述整数规划问题，可以得到红方最优火力分配方案之一 $\boldsymbol{y}^{r*}=(3,1,\cdots,0,0)^{\mathrm{T}}$，也就是红方将计划使用 3 枚炮弹攻击蓝方分队指挥，以进行节点打击。

此时根据式(4.43)可计算在红方火力分配方案为 $\boldsymbol{y}^{r*}=(3,1,\cdots,0,0)^{\mathrm{T}}$ 时蓝方总体威胁的期望：

$$E[T^b(\boldsymbol{y}^{r*})]=t\cdot 0.5^3+\frac{t}{2}\cdot(0.5^3+1)\cdot\left(\sum_{j=2}^{8}0.5+2\cdot 0.5^0\right)=3.219t$$

然而若蓝方不进行节点打击的设计，则在其最优火力分配方案为 $\boldsymbol{y}^{b*}=(1,1,\cdots,1)^{\mathrm{T}}$ 下，红方总体威胁的期望为

$$E[T^r(\boldsymbol{y}^{b*})]=t\cdot 0.5+\frac{t}{2}\cdot(0.5+1)\cdot\sum_{j=2}^{10}0.5=3.875t$$

因此，在本例设定的环境下，红方的赢面更大。虽然本例较简单，但也能说明当战场上发现需打击的节点时，应尽可能准确地分析这些节点对打击目标的影响程度，而后采用本书提出的基于节点打击战术的火力分配方法计算求解火力分配方案，以增大打赢概率。

通过本例的分析还可以看到，在多数需打击目标中存在节点的情况下，最优火力分配方案并非集中所有火力摧毁节点，而是适度地根据节点影响力增加对节点的火力。例如，如果红方在本例的火力分配方案是集中所有火力摧毁节点，即 $\boldsymbol{y}^r=(10,0,\cdots,0)^{\mathrm{T}}$，此时蓝方总体威胁的期望为

$$E[T^b(\boldsymbol{y}^r)]=t\cdot 0.5^{10}+\frac{t}{2}\cdot(0.5^{10}+1)\cdot\sum_{j=2}^{10}0.5^0=4.505t$$

在本例中它甚至劣于不考虑节点的火力分配方案。

本节通过对比多准则决策模型与火力分配模型，发现火力分配模型具体多准则决策模型的特点，可以利用多准则决策的方法解决现有的火力分配问题，而且通过借鉴多准则决策思想可以解决一些复杂情况下的火力分配问题。基于该思想，本节对打击目标中存在节点的火力分配问题利用准则间有影响关系的多准则决策方法进行了深入研究，并设计简单例子对解决步骤进行了说明，得到了一些有益的结果。

本章小结

本章在第 2 章系统决策模型的框架下，着重研究了准则间存在关联关系的决策模型，

是对系统决策模型中准则系统的补充，弥补了实际应用中复杂多准则决策问题建模求解的不足。本章基于图论的知识，首次对准则间的关联关系进行了直观描述，构建了关联准则的图结构，并基于图结构，结合图的相关理论，分析了准则间关联关系对准则重要性乃至决策结果的影响。针对一般的准则间关联关系，即若两个准则相关联，它们之间会相互影响，就像是体重大的一般身高较高，而身高较高的一般体重也较大，这是最常见的准则间关联关系，到目前为止已有不少学者对此类问题进行了研究。如利用模糊测度与 Choquet 积分处理多准则决策问题，主要是考虑了此类准则间的关联关系，得到了一些有意义的结果，相关的成果也较多，然而此类模型主要分析关联准则在数学上的一些特点，对于准则如何关联、关联关系的特点等问题关注不多，本章 4.2 节针对现有模型的不足，提出了利用图对准则间的关联关系进行直观描述，深入探讨关联关系内部机制，以期准确解释准则系统的涌现现象，构建了基于图与模糊图的准则间具有关联关系的多准则决策模型。而后对常见的准则间关联关系进行了拓展，提出了联盟间的支援关系与对立的竞争关系，将准则分为了不同类别，通过模拟联盟间的对抗关系，将某些种类的多准则决策问题的准则根据它们的联系与制约，划分成了对立的阵营。本章 4.3 节将此类问题称为多准则联盟决策问题，考虑到支援关系与竞争关系的单向性，4.3 节基于有向图对这两类关系进行了建模，并以此为基础构建了基于有向图的多准则联盟决策模型，是对现有模型的补充。在 4.2 节和 4.3 节理论建模的基础上，本章 4.4 节对基于节点打击战术的火力分配问题进行了研究，分析了打击目标间的影响关系与多准则决策模型中准则间关联关系的相似性，并基于关联准则对打击目标进行了建模分析，并最终设计出与准则间具有关联关系的多准则决策模型相通的基于节点打击战术的火力分配模型，通过示例分析，说明了模型的可行性，并给出了节点打击战术的一些有益的结果：节点打击战术需针对节点进行适度打击，节点被忽视与过度节点打击一样，得不到最优的打击效果；而现代战场上时效性要求高，突发性事件多，建立合理的数学模型，充分利用计算机的高速计算能力，能弥补人脑反应速度上的不足，提高人们的科学决策能力。

第 5 章　优先准则——集成函数视角

本章和下一章讨论构造准则系统的另一类准则间关系——优先关系(prioritization)。优先关系广泛存在于实际的决策应用中，是决策中不可忽视的准则间关系，典型例子有购车决策(Yan et al，2011)、选购自行车问题(Yager，2008)、空乘决策(Yager，2004)等问题中的“安全”与“花费”两准则间的关系。“安全”准则上的损失一般不允许用“花费”准则上的获益来补偿，“安全”准则较“花费”准则更需优先考虑，禁止两个准则的权衡与折中(trade off)。如果准则间存在此类的关系，即为准则间存在优先关系。人们经常用权重来衡量准则的重要性，通过折中准则的满意度使得综合比较方案优劣成为可能。例如，在用准则 c_1 和 c_2 比较 x_1 与 x_2 两个方案时，两个准则的权重分别为 w_1 和 w_2，设 $\Delta c_1 = c_1(x_1) - c_1(x_2)$，$\Delta c_2 = c_2(x_2) - c_2(x_1)$ 分别表示在准则 c_1 和 c_2 下方案 x_1 与 x_2 的差值。若准则 c_1 和 c_2 之间的折中是被允许的，则可根据 $w_1 \cdot \Delta c_1$ 与 $w_2 \cdot \Delta c_2$ 间的大小关系比较出 x_1 与 x_2 的优劣，若 $\Delta c_1 > w_2/w_1 \cdot \Delta c_2$，则方案 x_1 较方案 x_2 更优，若 $\Delta c_1 < w_2/w_1 \cdot \Delta c_2$，则方案 x_2 较方案 x_1 更优。可以清楚地看到由折中得到允许情况下的线性补偿关系，即各方案在准则 c_1 上的损失可被其在准则 c_2 上的获益线性补偿。然而在许多实际应用问题中，折中/线性补偿是不被允许的，正如评价裙子的两个准则“花色”与“款式”，好“花色”差“款式”与好“款式”差“花色”的裙子都不是美的裙子，从未听说过“花色”极好、“款式”一般的裙子也能称得上漂亮。在信息检索中也存在类似的问题，某用户在检索文献时，希望检索出与“决策”相关的，最好是在“2003 年之后”发表的文献，此情况下与主题相关的准则和与年份相关的准则之间的折中不再允许，如若用户在输入相关的信息时，计算机给出的大量结果均是“2003 年之后”发表的非“决策”主题的文献，则此信息检索不可靠，用户更希望看到的是“主题为‘决策’的文献，在满足此条件基础上，尽可能是 2003 年之后的文献”。上述准则间的折中/线性补偿不被允许的情况更多地被表述为准则间的优先关系，而准则间存在优先关系情况下的决策称为优先多准则决策(prioritized multi-criteria decision making)，在第 1 章中也提到了优先多准则决策的相关模型与方法已经被应用于一些问题中，如信息检索(da Costa Pereira et al，2011)、偏好投票(Amin & Sadeghi，2010)、空中目标威胁评估(Huang et al，2010)、目标类型识别(Xu et al，2010)等，本章将深入研究和探讨优先多准则决策问题。

在 Yan 等人(Yan et al，2011)的文章中将优先多准则决策分为两类，一类是基于非单调交算子(nonmonotonic intersection operator)(Yager，1991)与三角模(triangular norms)对优先关系进行建模：Yager(Yager，1991)首先在设计通用感知推理系统过程中提出了优先交算子(prioritized intersection operator)，称之为非单调交算子，然后他将该算子应用到多准则决策问题，并提出了一类准则，取名为次序准则(second-order criteria)(Yager，

1992)，次序准则在文中被描述为满足首序准则(first order criteria)方案的额外挑选器(additional selector)；Hirota 与 Pedrycz(Hirota & Pedrycz，1997)把非单调交算子应用到缺省模糊集的评估(estimation of default fuzzy sets)和缺省的模糊推理拓展(default-driven extension of fuzzy reasoning)两个问题中；Yager(Yager，1998)利用模糊集的加权合取(weighted conjunction of fuzzy sets)与模糊建模发展了模糊信息结构中的部分算子；Chen 与 Chen(Chen & Chen，2005)在应对一般梯形模糊信息下的优先多准则决策问题时在非单调交算子的基础上提出了优先信息的融合方法(prioritized information fusion method)；最后在优先多准则决策问题中为应对准则的评估信息以诸如有序语言变量(ordinal linguistic variable)的具有有序特性的形式给出时，Yager(Yager，2010)拓展了现有方法。第二类方法基于低优先级的准则的重要性权重与高优先级准则是否得以满足相关的基本假设，从而根据准则间的优先关系为普通的集成算子产生或计算出各准则的权重，进而集成决策信息：Yager(Yager，2010)提出了有序加权平均优先准则集成(ordered weighted averaging-prioritized criteria aggregation)方法，其基本原理是结合原始有序加权平均算子的权重向量与高优先级准则的满意度确定有序加权平均算子中准则的权重，从而实现优先准则下的信息集成；在文献(Wang & Chen，2007)与(Chen & Wang，2009)中，作者引入准则的需求(requirements)以描述优先关系的影响，各方案低优先级准则的权重大小与该方案是否能满足高优先级准则的需求有关；在应对弱序优先关系(weakly ordered prioritizations)的优先多准则决策问题的过程中，Yager(Yager，2008)为计算各优先层的总体满意度，尝试了取小算子(Min operator)、有序加权平均算子等不同方法，并因此各优先层的权重得以计算，最后在三角模和三角余模(triangular norms and conorms)的基础上作者提出了用于优先多准则决策问题中信息集成的优先“且”算子(prioritized “anding” operator)和优先“或”算子(prioritized “oring” operator)；文献(Yager，2009)基于有序加权平均算子解决了强序优先关系(strictly ordered prioritizations)的优先多准则决策问题；单调集测度(monotonic set measure)被用于描述优先关系(Yager et al，2011)，而后利用积分集成方法(Choquet 积分)集成优先准则的评估信息；最后 Yan 等人(Yan et al，2011)基于有序加权平均算子和三角模提出了一种优先加权集成算子(prioritized weighted aggregation operator)，该算子充分考虑了决策者对各优先层的需求，并设计了基于基准点(benchmark)的方法以确定各优先层的优先权重。在上述两类方法中，第二类方法近几年发展较快，本章的主要内容也隶属于第二类方法，通过对优先多准则决策问题的梳理与研究，取得了一些创新的成果。

5.1 两两优先关系建模

现有文献在处理优先多准则决策问题时有一个前提：准则间的序优先关系(ordered prioritization)必须已知，低优先级准则的权重受高优先级准则的满意度影响的建模方法都是基于该前提提出的，因此优先多准则决策问题中的准则间的序优先关系是必要的。

然而多准则决策问题中决策者的非完全理性不可忽视。以多个对象之间的偏好关系及偏好序为例(Tanino，1984；Xu et al，2009)，对多个对象进行排序一般有两种方法：(1) 直接给出对象的大小序关系；(2) 给出对象间的两两偏好关系，再通过偏好关系得到对象的排序。众所周知，偏好关系是层次分析法(analytic hierarchy process)(Saaty，1980)、网络分析法(analytic network process)(Saaty，2005)等许多方法的主体部分，对偏好关系的研究意义重大。利用偏好关系进行对象的排序至少有两点优势：(1) 在复杂环境下的问题中，对象的直接序关系难以获得，此时基于偏好关系更为合理；(2) 利用偏好关系更容易发现并避免决策者的非完全理性。如设有三个对象 a_1、a_2 与 a_3，决策者可能会给出如下的偏好关系：a_1 比 a_2 好，a_2 比 a_3 好，a_3 比 a_1 好。这是最为常见的决策者的非完全理性，此情况下便难以弄清楚这三个对象在决策者看来哪个更好，此时需要利用其他的已知信息消除上述偏好关系中的不一致。然而如果要求决策者给出的信息是三个对象的序关系，那么在决策者直觉处理后，上述的非完全理性将掩藏到三者序关系的结果中，虽然得到的结果是确定的，但其准确性难以知晓。因此更为科学的方法是诸如偏好关系的逐对比较。

与对象的偏好关系、序关系相似，准则的序优先关系也仅能在少数的简单情况下直接给出，更为合理的是利用决策者给出的两两准则间的优先关系，增加两两优先关系(paired prioritizations)的中间步骤，此即本节要讨论的内容。首先不论具有优先关系的准则数量多少，可通过成对分析准则间的优先关系准确得到准则的两两优先关系，而当准则数量比较大时，它们之间的序优先关系通常难以直接提供；其次基于两两优先关系的分析，可能存在的决策者的非完全理性易被检测出。因此若准则间的序优先关系可以通过两两优先关系间接获得，则其较直接提供序优先关系而言更可信、更合理，本节即是基于该目的出发进行的研究工作。

5.1.1　布尔型两两优先关系

决策者可通过判断两两准则的优先关系，给出准则的两两优先关系。所有的两两优先关系构成集合 P，设准则集 $C=\{c_1, c_2, \cdots, c_n\}$，则有 $P\subseteq C\times C$，若在决策者看来 $c_i\succ c_j$，$(c_i, c_j)\in P$，而此时必定有$(c_j, c_i)\notin P$，因为决策者不可能同时给出 $c_i\succ c_j$ 和 $c_j\succ c_i$ 两个判断，本节规定为保证优先关系的完备性，任意准则必须至少存在一个两两优先关系。

1. 两两优先关系的一致性与完备性

可用有向图 $D=(C, P)$对两两优先关系进行直观描述，该有向图的顶点集由所有准则构成，$C=\{c_1, c_2, \cdots, c_n\}$，任意存在的两两优先关系为有向图 D 中的一条有向边。为叙述方便，将有向边(c_i, c_j)简记作 p_{ij}，则有 $P=\{p_{ij}=(c_i, c_j)\mid c_i\succ c_j\}$。根据定义 4.9，有向图 D 可唯一地表示为邻接矩阵 $\boldsymbol{M}=(\varepsilon_{ij})_{n\times n}$，其中

$$\varepsilon_{ij}=\begin{cases}1, & c_i\succ c_j\\ 0, & \text{其他}\end{cases}$$

根据定义 4.11 可进一步计算有向图 D 的 s-可达矩阵 $\boldsymbol{M}^{(s)}=(\varepsilon_{ij}^{(s)})_{n\times n}(s\geqslant 2)$。

假设优先多准则决策问题中有三个准则 c_i、c_j、$c_k\in C$，决策者给出的两两优先关系为 $c_i\succ c_j$，$c_j\succ c_k$，$c_k\succ c_i$，此时难以根据决策者提供的信息判断哪个准则具有更高的优先级，

认为此情况中的两两优先关系是不一致的，相关的定义如下。

定义 5.1　设 $D=(C, P)$ 为准则与它们的两两优先关系构成的有向图，若有向图 D 中包含了一个或一个以上的有向圈，则准则的两两优先关系是不一致的。

根据定理 4.2，有如下推理。

推理 5.1　准则的两两优先关系不一致的充要条件是有向图 $D=(C, P)$ 的 s-可达矩阵 $\boldsymbol{M}^{(s)}(s\geqslant 2)$ 中至少有一个的主对角线上有非零元素。

设在有向图 $D=(C, P)$ 中 $(c_{i_1}, c_{i_2}, \cdots, c_{i_n})$ 为 $(c_1, c_2, \cdots, c_n)$ 的转换，满足 $p_{i_k, i_{k+1}}\in P(k=1, 2, \cdots, n-1)$，则 $(c_{i_1}, c_{i_2}, \cdots, c_{i_n})$ 为 D 中最长的有向路径，这是因为若 $p_{i_n, i_{n+1}}\in P$，则 $\exists c_k\in C$ 使得 $c_{i_{n+1}}=c_k$，即 $\exists c_{i_l}(l\in\{1, 2, \cdots, n\})$ 使得 $c_{i_{n+1}}=c_{i_l}$，因此根据定义 4.7，$(c_{i_1}, c_{i_2}, \cdots, c_{i_n}, c_{i_{n+1}})$ 不再是 D 中的有向路径。类似地，若有 $p_{i_n, i_1}\in P$，则 $(c_{i_1}, c_{i_2}, \cdots, c_{i_n}, c_{i_1})$ 为 D 中最长的有向圈，因此对于任意准则数为 n 的有向图 $D=(C, P)$，其最长的有向路径长度不会大于 $n-1$，最长的有向圈长度不会大于 n。有向图 D 的 s-可达矩阵 $\boldsymbol{M}^{(s)}$ 揭示了从准则 c_i 到准则 c_j 是否存在长度为 s 的有向路，若 D 中无任何有向圈，则所有的有向路均为有向路径，假设有向图 D 中最长的有向路的长度为 $l(<n)$，则对于 $s>l$，均有 $\boldsymbol{M}^{(s)}=\boldsymbol{O}$（$\boldsymbol{O}$ 表示全零矩阵）。然而如果 D 中存在有向圈，则至少存在一个有向路的长度为 n，因此 $\boldsymbol{M}^{(n)}\neq\boldsymbol{O}$。通过上述分析，有以下推理。

推理 5.2　n 个准则的两两优先关系是一致的，当且仅当相应有向图的 n-可达矩阵为全零矩阵，即 $\boldsymbol{M}^{(n)}=\boldsymbol{O}$。

接下来讨论两两优先关系的完备性。根据 Yager(Yager，2004)的叙述，若准则集 $C=\{c_1, c_2, \cdots, c_n\}$ 中的准则间存在优先关系，则要么任意两个准则间存在优先关系，要么这两个准则属于同一个优先层，否则该准则集中准则间的优先关系不完备，由此定义两两优先关系的完备性如下。

定义 5.2　设准则集 $C=\{c_1, c_2, \cdots, c_n\}$ 中的准则间存在优先关系，若存在 C 的子集 B，$\forall c_i\in B$，$c_j\in C\backslash B$，准则 c_i 与 c_j 间无两两优先关系，则相应的两两优先关系是不完备的；若上述条件不成立，则两两优先关系是完备的。

设 $D=(C, P)$ 为由准则集 $C=\{c_1, c_2, \cdots, c_n\}$ 中的准则及其间的两两优先关系构造而成的有向图，定义 4.14 给出了找出 D 中所有块的方法。例如，准则集 $C=\{c_1, c_2, c_3, c_4, c_5\}$ 中的准则间存在决策者提供的两两优先关系 $c_1>c_2$，$c_3>c_2$ 和 $c_4>c_5$，可构造两两优先关系的有向图 $D=(C, P)$，其中 $P=\{p_{12}, p_{32}, p_{45}\}$，根据定义 4.14 可以找出 D 的两个块：$A_1=(\{c_1, c_2, c_3\}, \{p_{12}, p_{32}\})$ 与 $A_2=(\{c_4, c_5\}, \{p_{45}\})$（见图 5.1）。显然 A_1 中的准则与 A_2 中的准则无任何两两优先关系。

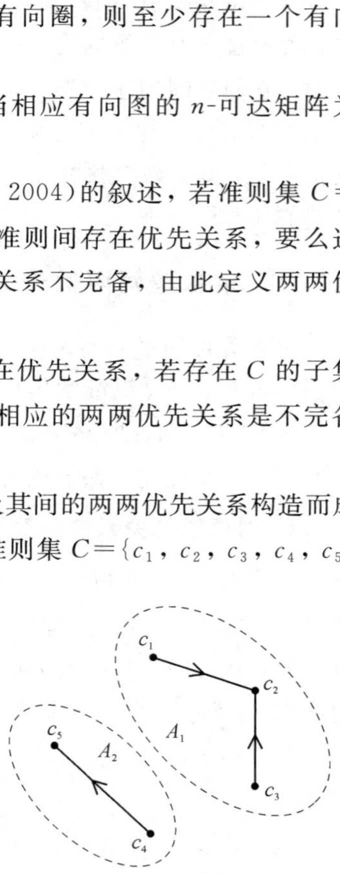

图 5.1　有向图中的块

设 $A=(B, P_A)$ 为有向图 $D=(C, P)$ 的有向子图，$B\subset C$。若 A 为 D 的一个块，则 C 中准则的两两优先关系是不完备的，这是因为根据定义 5.2 集合 B 中的准则与 $C\backslash B$ 中的准则不存在任何两两优先关系，即有如下定理。

定理 5.1 设 $D=(C, P)$为 C 中准则及其间的两两优先关系构造而成的有向图，$A=(B, P_A)$为 D 的一个块，当且仅当 $A=D$ 时，C 中准则的两两优先关系是完备的，否则是不完备的。

这一部分给出了如何判断决策者提供的两两优先关系的一致性与完备性，依据推理 5.2 和定理 5.1 可以快速判断对应的两两优先关系是否一致和完备，从而提高了判断的效率。

2. 两两优先关系到序优先关系的转化

在由准则集 $C=\{c_1, c_2, \cdots, c_n\}$的 n 个准则及其间一致且完备的两两优先关系构造的有向图 $D=(C, P)$中，设最长的有向路径长度为 l，则必有当 $s\leqslant l$ 时 $\boldsymbol{M}^{(s)}\neq\boldsymbol{O}$，当 $s>l$ 时 $\boldsymbol{M}^{(s)}=\boldsymbol{O}$，因此仅需要关注 l 个 s-可达矩阵 $\boldsymbol{M}^{(s)}(s=1, 2, \cdots, l)$。由这 l 个 s-可达矩阵可进一步定义 D 的可达矩阵。

定义 5.3 称矩阵 $\boldsymbol{M}^{\max}=(\varepsilon_{ij}^{\max})_{n\times n}$ 为有向图 $D=(C, P)$的可达矩阵，若

$$\boldsymbol{M}^{\max}=\bigvee_{s=1}^{l}\boldsymbol{M}^{(s)} \tag{5.1}$$

即

$$\varepsilon_{ij}^{\max}=\bigvee_{s=1}^{l}\varepsilon_{ij}^{(s)},\ i, j\in\{1, 2, \cdots, n\} \tag{5.2}$$

其中 l 为有向 D 中最长有向路径的长度。

$\varepsilon_{ij}^{\max}=1$ 暗示着要么由决策直接提供，要么根据两两优先关系的一致传递性，必然有 $c_i>c_j$，如准则 c_i 与 c_j 间的两两优先关系决策者未曾给出，但已有 $c_i>c_k$ 和 $c_k>c_j$，则根据准则 c_i、c_j 与 c_k 间两两优先关系的传递性有 $c_i>c_j$ 且 $\varepsilon_{ij}^{\max}=1$。视可达矩阵 $\boldsymbol{M}^{\max}$ 为邻接矩阵，则可构造一个新的有向图 $D^{\mathrm{ov}}=(C, P^{\mathrm{ov}})$，称为两两优先关系综合(OPAP：overall paired prioritizations)有向图，OPAP 有向图中的两两优先关系，要么是由决策提供的，要么是由传递性得到的。

定理 5.2 在准则 $C=\{c_1, c_2, \cdots, c_n\}$的 OPAP 有向图 $D^{\mathrm{ov}}=(C, P^{\mathrm{ov}})$ 中，其邻接矩阵为 $\boldsymbol{M}^{\max}=(\varepsilon_{ij}^{\max})_{n\times n}$，若在所有准则 $c_j(j=1, 2, \cdots, n)$ 中，准则 c_i 的出度 $d^+(c_i)$ 最大，则其入度 $d^-(c_i)=0$，换句话说，如果 $\sum_{k=1}^{n}\varepsilon_{ik}^{\max}=\max\limits_{j=1, 2, \cdots, n}\left\{\sum_{k=1}^{n}\varepsilon_{jk}^{\max}\right\}$，则有 $\sum_{k=1}^{n}\varepsilon_{ki}^{\max}=0$。

证明： 根据 OPAP 有向图的定义，若 $d^-(c_i)\neq 0$，必定 $\exists c_k\in C$ 使得$(c_k, c_i)\in P^{\mathrm{ov}}$，准则 c_i 的末端点同样也是准则 c_k 的末端点，即任意 $c_j\in C$，若$(c_i, c_j)\in P^{\mathrm{ov}}$，必定有$(c_k, c_j)\in P^{\mathrm{ov}}$，因此 $d^+(c_k)\geqslant d^+(c_i)+1$，即准则 c_k 的出度要大于准则 c_j 的出度，$d^+(c_i)$不再是最大的出度，与题设相矛盾。根据定理 4.1，因为 D^{ov} 中无任何有向圈，则

$\exists c_i \in C$ 使得 $d^+(c_i) \neq 0$ 且 $d^-(c_i)=0$，即证明了此定理。

定理 5.3 设 $D^{ov}=(C, P^{ov})$ 为 OPAP 有向图，其中 $C=\{c_1, c_2, \cdots, c_n\}$，$d^+(c_i)=\max\limits_{j=1, 2, \cdots, n}\{d^+(c_j)\}(c_i \in C)$，从 $D^{ov}=(C, P^{ov})$ 剪掉准则 c_i 及与该准则相关的有向边，构造 D^{ov} 的有向子图 $A=(B, E)$，即 $B=C\backslash\{c_i\}$，$E=P^{ov}\backslash\{(c_i, c_j)$ 或 $(c_j, c_i) \mid c_j \in C\}$，若 A 中 $b_i(\in B)$ 的出度最大，则其入度为 0。

该定理的证明与定理 5.2 的证明相似，不再赘述。

推理 5.3 设 $D^{ov}=(C, P^{ov})$ 为准则 $C=\{c_1, c_2, \cdots, c_n\}$ 的 OPAP 有向图，$A=(B, E)$ 为 D^{ov} 的有向子图，其中 $B=C\backslash\{c_{i_1}, c_{i_2}, \cdots, c_{i_s}\}(1 \leqslant s < n)$，$E=P^{ov}\backslash\bigcup\limits_{k=1}^{s}\{(c_{i_k}, c_j)$ 或 $(c_j, c_{i_k}) \mid c_j \in C\}$，如果 $c_{i_k}(k=1, 2, \cdots, s)$ 在 D^{ov} 中有前 k 大的出度，若 A 中 $b_i(\in B)$ 的出度最大，则其入度为 0。

如下定义方阵的一种新的行列变换运算。

定义 5.4 设 $\mathbf{Y}=(y_{ij})_{n\times n}$ 为一 $n\times n$ 的方阵，$y_{i\cdot}$、$y_{\cdot j}$ 分别表示矩阵 $\mathbf{Y}$ 的第 i 行与第 j 列，若先交换 $\mathbf{Y}$ 的第 i 行 $y_{i\cdot}$ 与第 j 行 $y_{j\cdot}$ 的位置，再交换 $\mathbf{Y}$ 的第 i 列 $y_{\cdot i}$ 与第 j 列 $y_{\cdot j}$ 的位置，称其为方阵 $\mathbf{Y}$ 的 i、j-十字交叉变换（$i \neq j \in \{1, 2, \cdots n\}$），记为 $\mathbf{Y}\llbracket_j^i$，特别地，有 $\mathbf{Y}\llbracket_i^i=\mathbf{Y}$，且

$$\mathbf{Y}=(y_{ij})_{n\times n}=\begin{pmatrix} y_{11} & \cdots & y_{1i} & \cdots & y_{1j} & \cdots & y_{1n} \\ \vdots & & \vdots & & \vdots & & \vdots \\ y_{i1} & \cdots & y_{ii} & \cdots & y_{ij} & \cdots & y_{in} \\ \vdots & & \vdots & & \vdots & & \vdots \\ y_{j1} & \cdots & y_{ji} & \cdots & y_{jj} & \cdots & y_{jn} \\ \vdots & & \vdots & & \vdots & & \vdots \\ y_{n1} & \cdots & y_{ni} & \cdots & y_{nj} & \cdots & y_{nn} \end{pmatrix}$$

$$\Rightarrow \mathbf{Y}\llbracket_j^i=\begin{pmatrix} y_{11} & \cdots & y_{1j} & \cdots & y_{1i} & \cdots & y_{1n} \\ \vdots & & \vdots & & \vdots & & \vdots \\ y_{j1} & \cdots & y_{jj} & \cdots & y_{ji} & \cdots & y_{jn} \\ \vdots & & \vdots & & \vdots & & \vdots \\ y_{i1} & \cdots & y_{ij} & \cdots & y_{ii} & \cdots & y_{in} \\ \vdots & & \vdots & & \vdots & & \vdots \\ y_{n1} & \cdots & y_{nj} & \cdots & y_{ni} & \cdots & y_{nn} \end{pmatrix}$$

根据上述定义有 $\mathbf{Y}\llbracket_j^i=\mathbf{Y}\llbracket_i^j$，且 $\mathbf{Y}\llbracket_j^i\llbracket_j^i=\mathbf{Y}$。

定理 5.4 设 $\mathbf{Y}=(y_{ij})_{n\times n}$ 为一 $n\times n$ 的方阵，若 $\mathbf{Y}'=\mathbf{Y}\llbracket_{j_1}^{i_1}\llbracket_{j_2}^{i_2}\cdots\llbracket_{j_s}^{i_s}$，其中 i_k、$j_k \in \{1, 2, \cdots, n\}(k=1, 2, \cdots, s)$，则有 $\mathbf{Y}=\mathbf{Y}'\llbracket_{j_s}^{i_s}\cdots\llbracket_{j_1}^{i_1}$。

证明　因为 $\boldsymbol{Y}'=\boldsymbol{Y}\llbracket_{j_1}^{i_1}\llbracket_{j_2}^{i_2}\cdots\llbracket_{j_s}^{i_s}$，所以

$$\boldsymbol{Y}'\llbracket_{j_s}^{i_s}=\boldsymbol{Y}\llbracket_{j_1}^{i_1}\llbracket_{j_2}^{i_2}\cdots\llbracket_{j_s}^{i_s}\llbracket_{j_s}^{i_s}=\boldsymbol{Y}\llbracket_{j_1}^{i_1}\llbracket_{j_2}^{i_2}\cdots\llbracket_{j_{s-1}}^{i_{s-1}}$$

$$\boldsymbol{Y}'\llbracket_{j_s}^{i_s}\llbracket_{j_{s-1}}^{i_{s-1}}=\boldsymbol{Y}\llbracket_{j_1}^{i_1}\llbracket_{j_2}^{i_2}\cdots\llbracket_{j_{s-2}}^{i_{s-2}}$$

……

$$\boldsymbol{Y}'\llbracket_{j_s}^{i_s}\llbracket_{j_{s-1}}^{i_{s-1}}\cdots\llbracket_{j_1}^{i_1}=\boldsymbol{Y}$$

因此定理成立，证毕。

另外，可对可达矩阵 $\boldsymbol{M}^{\max}$ 反复进行十字交叉变换，以产生一个新的矩阵 $\boldsymbol{M}^{\max}\llbracket$，该矩阵可被用于构造序优先关系。在准则 $C=\{c_1, c_2, \cdots, c_n\}$ 的 OPAP 有向图 $D^{\text{ov}}=(C, P^{\text{ov}})$ 中，$\boldsymbol{M}^{\max}=(\varepsilon_{ij}^{\max})_{n\times n}$ 为其邻接矩阵，设 $(c_{i_1}, c_{i_2}, \cdots, c_{i_n})$ 为 $(c_1, c_2, \cdots, c_n)$ 的一个置换，其中若 $j<k(j, k\in\{1, 2, \cdots, n\})$ 有 $d^+(c_{i_j})\geqslant d^+(c_{i_k})$，则定义

$$\boldsymbol{M}^{\max}\llbracket=\boldsymbol{M}^{\max}\llbracket_{i_1}^{1}\llbracket_{i_2}^{2}\cdots\llbracket_{i_{n-1}}^{n-1}\tag{5.3}$$

若将严格上三角矩阵定义为主对角线及下三角元素均为 0 的方阵，则有如下定理。

定理 5.5　通过式(5.3)计算得到的方阵 $\boldsymbol{M}^{\max}\llbracket$ 为严格上三角矩阵。

证明　步骤 1：对 $\boldsymbol{M}^{\max}=(\varepsilon_{ij}^{\max})_{n\times n}$ 进行 1、i_1-十字交叉变换 $\boldsymbol{M}^{\max}\llbracket_{i_1}^{1}$，因为 $d^+(c_{i_1})$ 是 $D^{\text{ov}}=(C, P^{\text{ov}})$ 中最大的出度，所以 $\boldsymbol{M}^{\max}$ 的第 i_1 列上的元素全为 0，即 $\varepsilon_{ki_1}^{\max}=0(k=1, 2, \cdots, n)$（见定理 5.2）。又因为在接下来的十字交叉变换中 $\boldsymbol{M}^{\max}\llbracket_{i_1}^{1}$ 的第 1 行与第 1 列不会再出现，所以 $\boldsymbol{M}^{\max}\llbracket=(\varepsilon'_{ij})_{n\times n}$ 的第 1 列上的所有元素全为 0，即 $\varepsilon'_{k1}=0(k=1, 2, \cdots, n)$。

步骤 2：从 OPAP 有向图 D^{ov} 中删掉 c_{i_1} 及相关的有向边，得到 D^{ov} 的有向子图 $A^{[1]}=(B^{[1]}, E^{[1]})$，其中 $B^{[1]}=C\backslash\{c_{i_1}\}$，$E^{[1]}=P^{\text{ov}}\backslash\{(c_{i_1}, c_j)$ 或 $(c_j, c_{i_1})|c_j\in P^{\text{ov}}\}$，设 $A^{[1]}$ 的邻接矩阵为 $\boldsymbol{Y}^{[1]}=(y_{ij}^{[1]})_{(n-1)\times(n-1)}$，则 $\boldsymbol{Y}^{[1]}$ 由从矩阵 $\boldsymbol{M}^{\max}$ 删除第 i_1 行与第 i_1 列后得到，为 $\boldsymbol{M}^{\max}$ 的子矩阵，记 $\boldsymbol{Y}^{[1]}$ 为 $\boldsymbol{M}^{\max}(i_1; i_1)$，显然 $\boldsymbol{Y}^{[1]}$ 也是矩阵 $\boldsymbol{M}^{\max}\llbracket_{i_1}^{1}$ 的子矩阵，且有 $\boldsymbol{Y}^{[1]}=\boldsymbol{M}^{\max}\llbracket_{i_1}^{1}(1; 1)$。准则 c_{i_2} 的出度在有向子图 $A^{[1]}$ 中最大，因此 c_{i_2} 的入度为 0（见定理 5.3），$M^{\max}\llbracket_{i_1}^{1}$ 的 2、i_2-十字交叉变换暗示着矩阵 $\boldsymbol{Y}^{[1]}$ 中第 1 行、第 1 列与准则 c_{i_2} 对应的行与列的十字交叉变换，记为 $\boldsymbol{Y}^{[1]}\llbracket$，如此变换后，$\boldsymbol{Y}^{[1]}\llbracket$ 中第 1 列的所有元素为 0，即矩阵 $\boldsymbol{M}^{\max}\llbracket$ 中 $\varepsilon'_{k2}=0(k=2, 3, \cdots, n)$。

……

步骤 $s+1$：在前 $s(\leqslant n-2)$ 步中围绕准则 c_{i_k} 运算了 k、i_k-十字交叉变换 $(k=1, 2, \cdots, s)$，若从有向图 D^{ov} 中删掉这 s 个准则及相关的有向边，得到有向子图 $A^{[s]}=(B^{[s]}, E^{[s]})$，其中 $B^{[s]}=C\backslash\{c_{i_k}|k=1, 2, \cdots, s\}$，$E^{[s]}=P^{\text{ov}}\backslash\bigcup_{k=1}^{s}\{(c_{i_k}, c_j)$ 或 $(c_j, c_{i_k})|c_j\in P^{\text{ov}}\}$，设 $\boldsymbol{Y}^{[s]}$ 表示 $A^{[s]}$ 的邻接矩阵，则矩阵 $\boldsymbol{Y}^{[s]}$ 为矩阵 $\boldsymbol{M}^{\max}$ 删除第 i_k 行与第 i_k 列后的子矩阵 $(k=1, 2, \cdots, s)$，即 $\boldsymbol{Y}^{[s]}=\boldsymbol{M}^{\max}(i_1, i_2, \cdots, i_s; i_1, i_2, \cdots, i_s)$。根据十字交叉变换的定义，不难理解 $\boldsymbol{Y}^{[s]}$ 也是矩阵 $\boldsymbol{M}^{\max}\llbracket_{i_1}^{1}\llbracket_{i_2}^{2}\cdots\llbracket_{i_s}^{s}$ 删除前 s 行与前 s 列后的子矩阵。在删掉 D^{ov} 中出度前 s 大

的准则后，$c_{i_{s+1}}$ 的出度在 $A^{[s]}$ 中为最大，因此 $c_{i_{s+1}}$ 在有向子图 $A^{[s]}$ 中的入度为 0，即 $\boldsymbol{Y}^{[s]}$ 中 $c_{i_{s+1}}$ 相对应列的元素全为 0，当对矩阵 $\boldsymbol{M}^{\max}\llbracket_{i_1}^{1}\llbracket_{i_2}^{2}\cdots\llbracket_{i_s}^{s}$ 实施 $s+1$、i_{s+1}-十字交叉变换后，矩阵 $\boldsymbol{Y}^{[s]}$ 中第 1 列的所有元素将为 0，即在矩阵 $\boldsymbol{M}^{\max}\llbracket$ 中有 $\varepsilon'_{k,\,s+1}=0(k=s+1,\ s+2,\ \cdots,\ n)$。

……

步骤 n：根据定义 4.6，有向图 D^{ov} 中不存在环，因此 D^{ov} 中的任意准则不存在由自己到自己的有向边，因此 $\varepsilon_{i_n i_n}^{\max}=0$，即在矩阵 $\boldsymbol{M}^{\max}\llbracket$ 中 $\varepsilon'_{nn}=0$。

综上，在矩阵 $\boldsymbol{M}^{\max}\llbracket$ 中有 $\varepsilon'_{ij}=0(i\geqslant j\in\{1,\ 2,\ \cdots,\ n\})$，即矩阵 $\boldsymbol{M}^{\max}\llbracket$ 为严格上三角矩阵，定理成立。

基于矩阵 $\boldsymbol{M}^{\max}\llbracket=(\varepsilon'_{ij})_{n\times n}$ 得到准则的序优先关系可参照如下流程。

流程 5.1：

步骤 1：初始化 $s=1$，$k=1$，对于 $\kappa=1,\ 2,\ \cdots,\ n$，计算

$$\tau_\kappa=\begin{cases} n+1, & \text{对于 } j=1,\ 2,\ \cdots n\text{，有 } \varepsilon'_{\kappa j}=0 \\ \min\limits_{j=1,\ 2,\ \cdots,\ n}\{\varepsilon'_{\kappa j}=1\}, & \text{其他} \end{cases}$$

置 $H_1=\{c_{i_1}\}$，$\lambda=\tau_1$。

步骤 2：置 $s=s+1$，若 $\tau_s\leqslant\lambda$，则 $H_k=H_k\cup\{c_{i_s}\}$；否则 $k=k+1$，$H_k=\{c_{i_s}\}$，置 $\lambda=\tau_s$。

步骤 3：若 $s=n$，令 $q=k$，结束，输出 H_1，H_2，…，H_q；否则转至步骤 2。

上文中提出了两两优先关系的概念，设计出两两优先关系到序优先关系的方法，两两优先关系更便于决策者提供信息，可有效避免决策者的非完全理性，但后者更利于优先多准则决策问题的解决，综合上述内容，整合成如下完整流程。

流程 5.2：

步骤 1：假设决策者针对优先多准则决策问题的 n 个准则，提供了一组准则间的两两优先关系 P。

步骤 2：利用准则及其间的两两优先关系，构造有向图 $D=(C,\ P)$，其中若在给出的两两优先关系中有 $c_i\succ c_j$，$p_{ij}=(c_i,\ c_j)\in P$，根据定义 4.9 计算 D 的邻接矩阵 $\boldsymbol{M}=(\varepsilon_{ij})_{n\times n}$。

步骤 3：（验证两两优先关系的一致性）根据定义 4.11 计算 D 的 n-可达矩阵 $\boldsymbol{M}^{(n)}$，若 $\boldsymbol{M}^{(n)}=\boldsymbol{O}$，则转步骤 4；否则转步骤 5。

步骤 4：（验证两两优先关系的完备性）若 D 中仅存在一个块 A，且 $A=D$，则转步骤 6；否则转步骤 5。

步骤 5：提出决策者提供的两两优先关系的不合理之处，重新修改，获得新的两两优先关系，转步骤 2。

步骤 6：根据定义 5.3 计算 D 的可达矩阵 $\boldsymbol{M}^{\max}=(\varepsilon_{ij}^{\max})_{n\times n}$，构造两两优先关系的 OPAP 有向图 $D^{\mathrm{ov}}=(C,\ P^{\mathrm{ov}})$，其邻接矩阵为 $\boldsymbol{M}^{\max}$。

步骤 7：将 $(c_1,\ c_2,\ \cdots,\ c_n)$ 置换为 $(c_{i_1},\ c_{i_2},\ \cdots,\ c_{i_n})$，使得在 D^{ov} 中，若 $j<k\in\{1,\ 2,$

$\cdots$，$n\}$有 $d^+(c_{i_j}) \geqslant d^+(c_{i_k})$。

步骤 8：根据定义 5.4 对矩阵 $\boldsymbol{M}^{\max}$ 实施 s、i_s-十字交叉变换($s=1, 2, \cdots, n-1$)，得到 $\boldsymbol{M}^{\max}\llbracket = \boldsymbol{M}^{\max}\llbracket_{i_1}^{1}\llbracket_{i_2}^{2}\cdots\llbracket_{i_{n-1}}^{n-1}$。

步骤 9：将矩阵 $\boldsymbol{M}^{\max}\llbracket$ 代入流程 5.1 中，以将准则的两两优先关系转化为具有 q 个优先层的序优先关系。

步骤 10：结束。

接下来利用示例对本小节提出的方法进行说明。

例 5.1　假设优先多准则决策问题中有 5 个准则 $C=\{c_1, c_2, c_3, c_4, c_5\}$，决策者提供了这些准则的两两优先关系：$c_2 \succ c_4$，$c_3 \succ c_4$，$c_4 \succ c_1$，$c_4 \succ c_5$，$c_5 \succ c_2$，$c_5 \succ c_3$，可构造有向图 $D=(C, P)$(如图 5.2 所示)，其中 $P=\{p_{24}, p_{34}, p_{41}, p_{45}, p_{52}, p_{53}\}$。

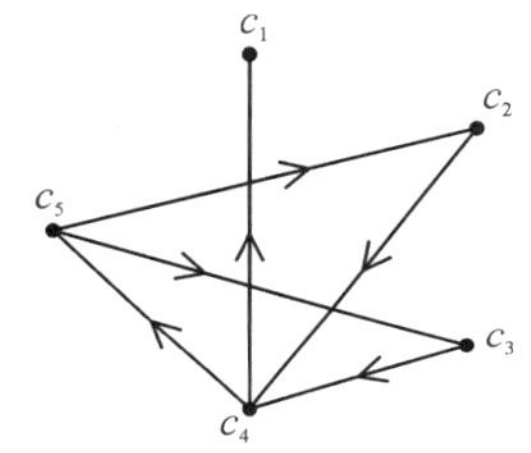

图 5.2　准则及其间两两优先关系构造的有向图

根据定义 4.9，有向图 D 的邻接矩阵为

$$\boldsymbol{M}=(\varepsilon_{ij})_{5\times5}=\begin{pmatrix}0&0&0&0&0\\0&0&0&1&0\\0&0&0&1&0\\1&0&0&0&1\\0&1&1&0&0\end{pmatrix}$$

根据定义 4.11，基于邻接矩阵 $\boldsymbol{M}$ 计算 D 的 5-可达矩阵 $\boldsymbol{M}^{(5)}$：

$$\boldsymbol{M}^{(5)}=(\varepsilon_{ij}^{(5)})_{5\times5}=\begin{pmatrix}0&0&0&0&0\\1&0&0&0&1\\1&0&0&0&1\\0&1&1&0&0\\0&0&0&1&0\end{pmatrix}$$

显然，$\boldsymbol{M}^{(5)} \neq \boldsymbol{O}$，因此决策者提供的两两优先关系并非一致，从图 5.2 中也可看到，有向图 D 中存在两个有向圈：(c_2, c_4, c_5, c_2)与(c_3, c_4, c_5, c_3)。

按照流程 5.2，意见返回决策者，决策者修改两两优先关系，若决策者在提供新的优先关系时，原有的 $c_4 \succ c_5$ 被删除掉，则可得新的有向图 $D'=(C, P')$，其中 $P'=\{p_{24}, p_{34}, p_{41}, p_{52}, p_{53}\}$，此时有

$$\boldsymbol{M}'=(\varepsilon'_{ij})_{5\times5}=\begin{pmatrix}0&0&0&0&0\\0&0&0&1&0\\0&0&0&1&0\\1&0&0&0&0\\0&1&1&0&0\end{pmatrix}$$

$$\boldsymbol{M}'^{(5)}=(\varepsilon'^{(5)}_{ij})_{5\times5}=\begin{pmatrix}0&0&0&0&0\\0&0&0&0&0\\0&0&0&0&0\\0&0&0&0&0\\0&0&0&0&0\end{pmatrix}$$

因此新提供的两两优先关系是一致的，此外，因为有向图 D' 中有且仅有一个块，即 D' 本身，根据定理 5.1 可知决策者提供的两两优先关系是完备的。D' 中最长的有向路径是(c_5, c_2, c_4, c_1)与(c_5, c_3, c_4, c_1)，长度为 3，因此只需计算 D' 的三个 s-可达矩阵 $\boldsymbol{M}'^{(s)}(s=1, 2, 3)$：

$$\boldsymbol{M}'^{(1)}=\begin{pmatrix}0&0&0&0&0\\0&0&0&1&0\\0&0&0&1&0\\1&0&0&0&0\\0&1&1&0&0\end{pmatrix}$$

$$\boldsymbol{M}'^{(2)}=\begin{pmatrix}0&0&0&0&0\\1&0&0&0&0\\1&0&0&0&0\\0&0&0&0&0\\0&0&0&1&0\end{pmatrix}$$

$$\boldsymbol{M}'^{(3)}=\begin{pmatrix}0&0&0&0&0\\0&0&0&0&0\\0&0&0&0&0\\0&0&0&0&0\\1&0&0&0&0\end{pmatrix}$$

根据定义 5.3，综合上述三个 s-可达矩阵可得到 D' 的可达矩阵：

$$\boldsymbol{M}'^{\max}=\boldsymbol{M}'^{(1)}\vee\boldsymbol{M}'^{(2)}\vee\boldsymbol{M}'^{(3)}=\begin{pmatrix}0&0&0&0&0\\1&0&0&1&0\\1&0&0&1&0\\1&0&0&0&0\\1&1&1&1&0\end{pmatrix}$$

以 $\boldsymbol{M}'^{\max}$ 为邻接矩阵，构造 OPAP 有向图 $D^{ov}=(C, P^{ov})$，其中 $P^{ov}=\{p_{21}, p_{24}, p_{31}, p_{34},$

p_{41}，p_{51}，p_{52}，p_{53}，p_{54}}(见图 5.3)。

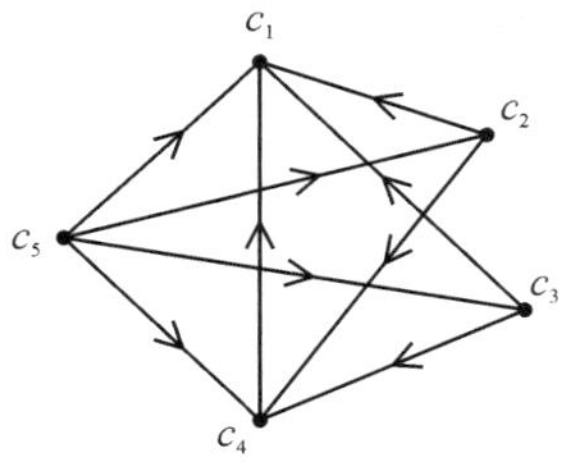

图 5.3　OPAP 有向图

依据 D^{ov} 中各准则的出度排序，可找到(c_1，c_2，c_3，c_4，c_5)的置换(c_5，c_2，c_3，c_4，c_1)，置换后的排序，出度大的在前，出度小的在后，根据式(5.3)可得：

$$\boldsymbol{M}'\square = \boldsymbol{M}'\square_5^1\square_2^2\square_3^3\square_4^4 = \boldsymbol{M}'\square_5^1 = \begin{pmatrix} 0 & 1 & 1 & 1 & 1 \\ 0 & 0 & 0 & 1 & 1 \\ 0 & 0 & 0 & 1 & 1 \\ 0 & 0 & 0 & 0 & 1 \\ 0 & 0 & 0 & 0 & 0 \end{pmatrix}$$

可以看到该矩阵为严格上三角矩阵。最后利用流程 5.1 中的方法，找出所有的优先层：$H_1=\{c_5\}$，$H_2=\{c_2, c_3\}$，$H_3=\{c_4\}$，$H_4=\{c_1\}$，在本例中流程 5.1 的方法可如图 5.4 进行直观描述：

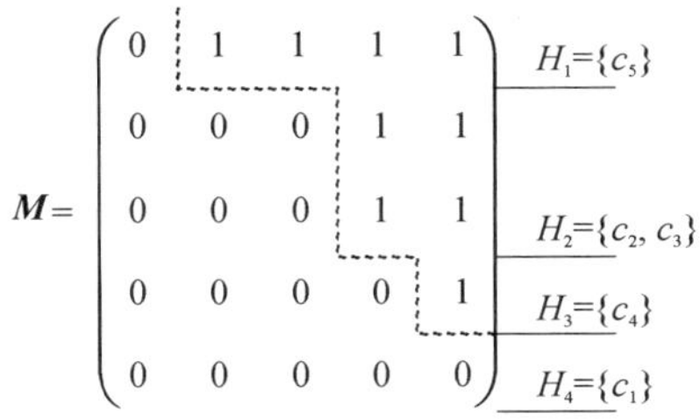

图 5.4　流程 5.1 的示意图

经过上述过程，最终将决策者提供的两两优先关系：

$$c_2 \succ c_4,\ c_3 \succ c_4,\ c_4 \succ c_1,\ c_5 \succ c_2,\ c_5 \succ c_3$$

转换为更便于优先多准则决策问题求解的序优先关系：

$$\{c_5\} \succ \{c_2, c_3\} \succ \{c_4\} \succ \{c_1\}$$

5.1.2　模糊两两优先关系(fuzzy paired prioritization)

除不一致性和不完备性之外，决策者在提供准则间的两两优先关系时，通常会存在另一种非完全理性：不确定性(uncertainty)。例如，决策者在被问到准则 c_i 较准则 c_j 的优先程度时，答案不应该仅仅限制在“完全”或“完全不”的二值选择上，在决策者犹豫不决时，“强烈”“中度”“稍微”等也应成为决策者的答案。因此为帮助决策者评估两个准则间的优先关系，本文特定义语言标度集(language labels set)，$S=\{\sigma_i \mid i=0, 1, \cdots, m\}$，其中 $\sigma_0=\text{NP}$ 表示完全不优先，$\sigma_m=\text{AP}$ 表示完全优先，其他值为其中间值，如 5 个语言标度构成的集合可表示为 $S=\{\sigma_0: \text{NP}, \sigma_1: \text{LP}, \sigma_2: \text{MP}, \sigma_3: \text{HP}, \sigma_4: \text{AP}\}$，其中除 σ_0、σ_4 外，σ_1: LP、σ_2: MP、σ_3: HP 分别表示弱优先、中度优先和强优先。若准则 c_i 到准则 c_j 的优先关系被决策者评估为 σ_3，则在决策者看来 c_i 强优先于 c_j。一般地，语言标度可表示为区间[0, 1]中的模糊集，像三角模糊数、梯形模糊数、区间值等。为便于叙述，本文将语言标度表示为区间[0, 1]中的实数，其中 $\sigma_0=0$、$\sigma_m=1$，如 5 个语言标度的集合中，$\sigma_0=0$、$\sigma_1=0.25$、$\sigma_2=0.5$、$\sigma_3=0.75$、$\sigma_4=1$。此时若准则 c_i 到准则 c_j 的优先关系被决策者评估为 σ_3，c_i 优先于 c_j 的程度为 0.75，或者说准则 c_i 与 c_j 之间存在 4.1.2 小节定义的模糊关系。此处准则间的模糊关系可表示为

$$\widetilde{P}=(C\times C, \rho)=\{((c_i, c_j), \rho_{ij}) \mid i, j\in\{1, 2, \cdots, n\}\}$$

其中 $\rho_{ij}\in S$，特别地 $\rho_{ij}=\sigma_0$ 暗示着准则 c_i 完全不优先于准则 c_j。一般认为若某两个准则间的优先关系未被决策者评估，则相应的模糊关系的值为 σ_0，本文中称模糊关系 $\widetilde{P}$ 为模糊两两优先关系。

根据定义 4.17，可基于准则集 $C=\{c_1, c_2, \cdots, c_n\}$ 及准则间的模糊两两优先关系构造模糊有向图 $\widetilde{D}=(C, \widetilde{P})$，$\widetilde{D}$ 的邻接矩阵为 $\widetilde{\boldsymbol{M}}=(\tilde{\varepsilon}_{ij})_{n\times n}$，其中 $\tilde{\varepsilon}_{ij}=\rho_{ij}$。再根据定义 4.20 可进一步计算 $\widetilde{D}$ 的 n-可达矩阵 $\widetilde{\boldsymbol{M}}^{(n)}=(\tilde{\varepsilon}_{ij}^{(n)})_{n\times n}$。类似于推理 5.2，有如下定理。

定理 5.6 n 个准则的模糊两两优先关系是一致的，当且仅当相应模糊有向图的 n-可达矩阵的所有元素等于 σ_0，即 $\widetilde{\boldsymbol{M}}^{(n)}=\boldsymbol{O}$。

设 $\widetilde{D}=(C, \widetilde{P})$ 的 α-导出有向图为 $D_\alpha=(C, P_\alpha)(0<\alpha\leqslant 1)$(见定义 4.18)，则对于准则集 C 中的两个准则 c_i、c_j，只有当 $\rho(c_i, c_j)\geqslant\alpha$ 时，$(c_i, c_j)\in P_\alpha$。

定理 5.7 设 $\boldsymbol{M}_\alpha^{(s)}=(\varepsilon_{\alpha ij}^{(s)})$ 与 $\widetilde{\boldsymbol{M}}^{(s)}=(\tilde{\varepsilon}_{ij}^{(s)})_{n\times n}$ 分别为 D_α 与 $\widetilde{D}$ 的 s-可达矩阵，若 $\hat{\boldsymbol{M}}_\alpha^{(s)}=(\hat{\varepsilon}_{\alpha ij}^{(s)})_{n\times n}$，且

$$\hat{\varepsilon}_{\alpha ij}^{(s)})=\begin{cases}1, & \hat{\varepsilon}_{ij}^{(s)}\geqslant\alpha \\ 0, & \text{其他}\end{cases} \tag{5.4}$$

则有 $\boldsymbol{M}_\alpha^{(s)}=\hat{\boldsymbol{M}}_\alpha^{(s)}$。

证明：根据定理 4.3、定理 4.4 及定理 4.5，若在模糊有向图 $\widetilde{D}$ 中准则 c_i 与 c_j 之间存在一条长度为 s 的 α-有向路，则以下两点成立：

(1) 在 α-导出有向图 $D_\alpha=(C, P_\alpha)$ 中的准则 c_i 与 c_j 之间必定存在一条长度为 s 的有向路，即 $\varepsilon_{\alpha ij}^{(s)}=1$。

(2) $\tilde{\varepsilon}_{ij}^{(s)}\geqslant\alpha$，即 $\hat{\varepsilon}_{\alpha ij}^{(s)}=1$。

因此 $\varepsilon_{\alpha ij}^{(s)}=\hat{\varepsilon}_{\alpha ij}^{(s)}=1$。反之若 $\widetilde{D}$ 中准则 c_i 与 c_j 之间不存在长度为 s 的 α-有向路，则 $\varepsilon_{\alpha ij}^{(s)}=\hat{\varepsilon}_{\alpha ij}^{(s)}=0$，定理成立。

若 $\widetilde{\boldsymbol{M}}^{(n)} \neq \boldsymbol{O}$，置 $\alpha=\min\{\sigma_j>\dot{\varepsilon} \mid \sigma_j \in S\}$，其中 $\dot{\varepsilon}=\max\{\widetilde{\varepsilon}_{ij}^{(n)} \mid i, j=1, 2, \cdots, n\}$，则据式(5.4)有 $\hat{\boldsymbol{M}}_\alpha^{(n)}=\boldsymbol{O}$，因此 $\boldsymbol{M}_\alpha^{(n)}=\boldsymbol{O}$，即 α-导出有向图 $D_\alpha=(C, P_\alpha)$的 n-可达矩阵为全零矩阵，也就是说模糊两两优先关系 $\widetilde{P}$ 的 α-截是一致的，且 $\forall \alpha' \in(\alpha, 1]$，$\widetilde{P}$ 的 α'-截也是一致的。

推理 5.4　若在模糊有向图 $\widetilde{D}=(C, \widetilde{P})$中 $\widetilde{\boldsymbol{M}}^{(n)}=\boldsymbol{O}$，则 $\forall \alpha \in(0, 1]$的模糊两两优先关系 $\widetilde{P}$ 的 α-截是一致的。

接下来关注模糊两两优先关系的完备性，首先定义模糊有向图 $\widetilde{D}$ 的 α-块。

定义 5.5　设 $\widetilde{D}=(C, \widetilde{P})$为一模糊有向图，其 α-导出有向图为 $D_\alpha=(C, P_\alpha)(0<\alpha \leqslant 1)$，若 A 为 D_α 的一个块，则也是 $\widetilde{D}$ 的一个 α-块。

与定理 5.1 相类似，有如下定理。

定理 5.8　对于给定的 $\alpha \in[0, 1]$，若在模糊有向图 $\widetilde{D}$ 中有且仅有一个 α-块 $A=(V_A, E_A)$，且有 $V_A=C$，则模糊两两优先关系 $\widetilde{P}$ 的 α-截是完备的。

对于 $\alpha' \in(0, \alpha)$，$D_\alpha=(C, P_\alpha)$为有向图 $D_{\alpha'}=(C, P_{\alpha'})$的有向子图，且有 $P_\alpha \subseteq P_{\alpha'}$，因此可得如下定理。

定理 5.9　设 $\alpha>\alpha' \in(0, 1]$，若模糊两两优先关系 $\widetilde{P}$ 的 α-截是完备的，则 $\widetilde{P}$ 的 α'-截也是完备的。

从上述分析可知，若设定的 α 值过大，模糊两两优先关系 $\widetilde{P}$ 更倾向于不一致；而若 α 值过小，则模糊两两优先关系 $\widetilde{P}$ 更倾向于不完备。本文将首先设定大于 $\widetilde{D}$ 的 n-可达矩阵中最大元素的最小的 α 值，以保证模糊两两优先关系 $\widetilde{P}$ 的 α-截为一致的，而后验证它的完备性。若 $\widetilde{P}$ 的 α-截是一致的且完备的，则可利用流程 5.2 中的方法基于 $\widetilde{D}=(C, \widetilde{P})$的 α-导出有向图获得相应的序优先关系。然而，若 $\nexists \alpha \in(0, 1]$ 使得模糊两两优先关系 $\widetilde{P}$ 的 α-截是一致的且完备的，决策者将需要重新提供准则间的两两优先关系。将模糊两两优先关系转化到序优先关系的流程如下。

流程 5.3

步骤 1：假设 n 个准则 $C=\{c_1, c_2, \cdots, c_n\}$之间存在优先关系，决策者已经基于语言标度集 $S=\{\sigma_i \mid i=0, 1, \cdots, m\}$提供了一组模糊两两优先关系。

步骤 2：令 $\sigma_i=i/m$，以将模糊两两优先关系表示为模糊关系 $\widetilde{P}=(C \times C, \rho)$，其中 ρ：$C \times C \rightarrow[0, 1]$，$\rho(c_i, c_j)$表示 c_i 到 c_j 的两两优先关系。

步骤 3：构造模糊有向图 $\widetilde{D}=(C, \widetilde{P})$，并根据定义 4.19 获取邻接矩阵 $\widetilde{\boldsymbol{M}}$。

步骤 4：根据定义 4.20 计算 $\widetilde{D}$ 的 n-可达矩阵 $\widetilde{\boldsymbol{M}}^{(n)}=(\widetilde{\varepsilon}_{ij}^{(n)})_{n \times n}$，记录 $\widetilde{M}^{(n)}$ 中的最大元素，$\dot{\varepsilon}=\max\{\widetilde{\varepsilon}_{ij}^{(n)} \mid i, j=1, 2, \cdots, n\}$。

步骤 5：从集合 S 中选择 α 使得 $\alpha=\min\{\sigma_i>\dot{\varepsilon} \mid \sigma_i \in S\}$，以保证 $\widetilde{P}$ 的 α-截为一致的。

步骤 6：构造 $\widetilde{D}$ 的 α-导出有向图 $D_\alpha=(C, P_\alpha)$。

步骤 7：(验证 P_α 的完备性)根据定理 5.8，若在 D_α 中仅存在一个块 A 且有 $A=D_\alpha$，则转步骤 9；否则转步骤 8。

步骤 8：给出恰当建议，要求决策者重新提供准则间的两两优先关系，转步骤 3。

步骤 9：基于 α-导出有向图 D_α 将模糊两两优先关系 $\widetilde{P}$ 转化为序优先关系(参见流程 5.2 中的步骤 6～10)。

为更加充分地理解上述流程，举如下示例进行说明：

例 5.2 假设某优先多准则决策问题中涉及 5 个具有优先关系的准则，$C=\{c_1, c_2, c_3, c_4, c_5\}$，基于 5 语言标度的集合 $S=\{\sigma_0: \text{NP}, \sigma_1: \text{LP}, \sigma_2: \text{MP}, \sigma_3: \text{HP}, \sigma_4: \text{AP}\}$，决策者提供了该 5 个准则的模糊两两优先关系。令 $\sigma_0=0$，$\sigma_1=0.25$，$\sigma_2=0.5$，$\sigma_3=0.75$，$\sigma_4=1$，模糊两两优先关系可表示为模糊关系：

$$\widetilde{P}=\{((c_2, c_4), 0.75), ((c_3, c_4), 1), ((c_4, c_1), 0.5), ((c_4, c_5), 0.25), ((c_5, c_2), 1), ((c_5, c_3), 0.75)\}$$

以准则为顶点，连同上述模糊关系构造模糊有向图 $\widetilde{D}=(C, \widetilde{P})$(见图 5.5)。

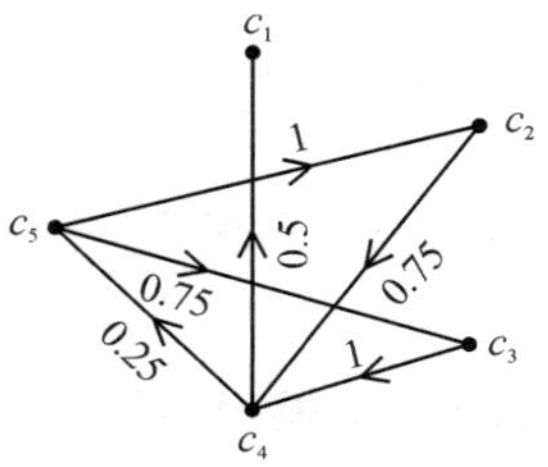

图 5.5 基于模糊两两优先关系构造的模糊有向图

根据定义 4.19 可得 $\widetilde{D}$ 的邻接矩阵为

$$\widetilde{\boldsymbol{M}}=(\widetilde{\varepsilon}_{ij})_{n\times n}=\begin{pmatrix} 0 & 0 & 0 & 0 & 0 \\ 0 & 0 & 0 & 0.75 & 0 \\ 0 & 0 & 0 & 1 & 0 \\ 0.5 & 0 & 0 & 0 & 0.25 \\ 0 & 1 & 0.75 & 0 & 0 \end{pmatrix}$$

然后计算 5-可达矩阵：

$$\widetilde{\boldsymbol{M}}^{(5)}=(\widetilde{\varepsilon}_{ij}^{(5)})_{n\times n}=\begin{pmatrix} 0 & 0 & 0 & 0 & 0 \\ 0.25 & 0 & 0 & 0 & 0.25 \\ 0.25 & 0 & 0 & 0 & 0.25 \\ 0 & 0.25 & 0.25 & 0 & 0 \\ 0 & 0 & 0 & 0.25 & 0 \end{pmatrix}$$

如此 $\dot{\varepsilon}=\max\{\widetilde{\varepsilon}_{ij}^{(5)} \mid i, j=1, 2, 3, 4, 5\}=0.25$，令 $\alpha=\sigma_2=0.5$，因此有 $\widetilde{P}$ 的 0.5-截是一致的。构造 $\widetilde{D}$ 的 0.5-导出有向图 $D_\alpha=(C, P_\alpha)(\alpha=0.5)$，其中

$$P_\alpha=\{(c_2, c_4), (c_3, c_4), (c_4, c_1), (c_5, c_2), (c_5, c_3)\}$$

显然 D_α 中有且仅有一个块，即它本身，因此 $\widetilde{P}$ 的 0.5-截是完备的。类似于流程 5.2 的相关步骤，可得 $\widetilde{P}$ 的序优先关系为 $\{c_5\}\succ\{c_2, c_3\}\succ\{c_4\}\succ\{c_1\}$。

从上例可知，若决策者提供的为模糊两两优先关系而非布尔型两两优先关系，其间的非一致性更容易自动修正，则可有效避免过于频繁的重评估，因此较布尔型两两优先关系，模糊两两优先关系在实际应用中更易于使用。

5.2 基于偏好关系的优先多准则决策

偏好关系与优先关系存在某些方面的相似性，在多准则决策问题中很容易混淆，这两类关系都可用来描述两两对象间的关系，不同的是偏好关系用来描述两两对象间重要性程度的不同，一对象相对于另一对象更受决策者的青睐，这是偏好关系，数学化表示为权重，即当一对象相当于另一对象权重更大时，该对象在决策者看来更为重要。但两个对象之间仍然是具有补偿关系的，只是权重大的对象要用更多的权重小的对象补偿。就像算多门功课的平均分，语文成绩的 1 分可以用数学成绩 1 分进行补偿，因此语文、数学各 90 分的同学与语文 89 分、数学 91 分的同学的平均分相同。如果老师认为语文相对于数学更重要，语文与数学两个对象之间便存在了偏好关系，但同样语文成绩的 1 分可用数学成绩的 2 分进行补偿，只是补偿更加困难而已。如若语文与数学两个对象之间存在优先关系，则结果大不一样。例如，老师要求语文必须及格，否则不论数学成绩多好都不能称得上优等生，则此时语文与数学之间的补偿关系将不再存在。某同学语文 59 分、数学 100 分，他将难以比语文 60 分、数学 60 分的同学更为优秀，这便是语文、数学两对象之间存在优先关系的具体体现。在实际多准则决策问题中准则间的这两类关系往往同时存在，例如某用户在购车时，他希望所购车的动力性尽可能地好，此时车的动力性相比于价格更让该用户重视，而就是说车的动力性与价格两个准则之间存在偏好关系。然而若该用户用于购车的预算仅为 20 万，超出预算的车即使动力性再好也不会被选择，此时对于该用户来说，动力性与价格之间又存在优先关系，该用户仅会在价格不到 20 万的车中选择动力性更好的车型，这是准则间同时存在偏好关系与优先关系的示例。此类的示例还有很多，本节以此类示例的处理为目标，构建相关的模型，设计相关的方法。

本节主要讨论两类偏好关系：积型偏好关系（multiplicative preference relations）和模糊偏好关系（fuzzy preference relations）。这两类偏好关系均可用于决策者评估一对对象，以表达出在决策者立场上第一个对象较第二个对象的优先程度。

定义 5.6（Saaty，1980；Saaty，1994）对象集 X 上的积型偏好关系定义为矩阵 $\boldsymbol{P}=(p_{ij})_{n\times n}\subset X\times X$，$p_{ij}$ 表示对象 x_i 较 x_j 偏好强度的比率，通常用 1～9 标度数值化表示，p_{ij}：$p_{ij}=1$ 表示对象 x_i 与 x_j 之间无差别，$p_{ij}=9$ 表示 x_i 完全优于 x_j，$p_{ij}\in(1, 9)$表示中间状态的偏好评估值，偏好关系具有互反性，即 $p_{ij}p_{ji}=1(i, j=1, 2, \cdots, n)$。

同时由 Saaty 定义的偏好关系一致性如下。

定义 5.7（Saaty，1980；Saaty，1994）　若积型偏好关系 $\boldsymbol{P}=(p_{ij})_{n\times n}$ 是一致的，则下式成立：

$$p_{ij}\cdot p_{jk}=p_{ik},\ i, j, k=1, 2, \cdots, n \tag{5.5}$$

定义 5.8(Xu，2007a；Herrera-Viedma et al，2004)　对象集 X 上的模糊偏好关系 R 定义为论域 X 上的模糊关系，由隶属函数 μ_R：$X\times X\to[0,1]$定量描述，当 X 的势较小时，模糊偏好关系可简化表示为一个 $n\times n$ 的矩阵 $\boldsymbol{R}=(r_{ij})_{n\times n}$，其中 $r_{ij}=\mu_{\boldsymbol{R}}(x_i, x_j)$ $(i, j=1, 2, \cdots, n)$。r_{ij} 表示在决策者看来对象 x_i 较 x_j 的优先程度，偏好关系矩阵 $\boldsymbol{R}$ 通常认为是互补的，即 $r_{ij}+r_{ji}=1(i, j=1, 2, \cdots, n)$。特别地，$r_{ij}=0.5$ 表示对象 x_i 与 x_j 之间无差别，$r_{ij}>0.5$ 表示 x_i 较 x_j 更优，而 $r_{ij}<0.5$ 表示 x_j 较 x_i 更优，r_{ij} 的值越大，对象 x_i 较 x_j 的偏好程度更高，$r_{ij}=1$ 暗示着对象 x_i 完全优于 x_j。

定义 5.9(Tanino，1984；Xu，2007a)　模糊偏好关系 $\boldsymbol{R}=(r_{ij})_{n\times n}$ 被称为加性一致的，若下式成立：

$$r_{ij}=r_{ik}-r_{jk}+0.5 \tag{5.6}$$

其中 $i, j, k=1, 2, \cdots, n$。加性一致性等同于加性传递性，后者由 Tanino 定义：

$$(r_{ij}-0.5)+(r_{jk}-0.5)=r_{ik}-0.5 \tag{5.7}$$

5.2.1　加权优先集成算子

假设在某优先多准则决策问题中，有 n 个准则 $C=\{c_1, c_2, \cdots, c_n\}$，相关的权重向量为 $\boldsymbol{w}=(w_1, w_2, \cdots, w_n)^{\mathrm{T}}$。根据优先关系的特点，任何准则 $c_j\in C$ 的权重会受到比它优先级高的准则的影响，一般认为在高优先级准则上不能使决策者满意，准则 c_j 将会被决策者忽略，也就是权重 w_j 将降为 0。例如，在某购车用户看来，一车型的安全性若不能达到他的要求，该车型再便宜也不会被购买，此时该用户不会再考虑该车型的价格指标，在数学上可以认为此时该车型的价格权重降为 0。本小节着重研究如何根据优先关系修改原有权重，并在此基础上提出一些加权优先集成算子。

1. 强序优先关系下的加权优先集成算子

若准则间存在强序优先关系，则总能找到$(1, 2, \cdots, n)^{\mathrm{T}}$ 的置换$(\sigma(1), \sigma(2), \cdots, \sigma(n))^{\mathrm{T}}$，使得 $c_{\sigma(1)}\succ c_{\sigma(2)}\succ\cdots\succ c_{\sigma(n)}$，相应权重为 $w_{\sigma(1)}, w_{\sigma(2)}, \cdots, w_{\sigma(n)}$。在前文中，多准则决策问题主要通过计算出各方案的总体评估值，并以此对多个方案进行排序、择优。假设在某优先多准则决策问题中，方案 x 在各准则 c_j 下的评估值为 $c_j(x)$，这时需基于一个可行的集成函数综合分析这些评估值以计算出方案 x 的总体评估值，与普通的多准则决策问题不同，优先多准则决策问题中准则间的优先关系对结果的影响很大，不可忽视。因此若要为优先多准则决策设计加权集成函数，则相关函数中至少应存在以下三类变量：

(1) 各准则下的评估值 $c_j(x)(j=1, 2, \cdots, n)$；

(2) 与各准则相关的权重 $w_j(j=1, 2, \cdots, n)$；

(3) 各准则下的评估值使决策者满意的程度，记为 $S_j(c_j(x))$。

事实上总能设计与各准则相关的满意函数(satisfaction function)$S_j(j=1, 2, \cdots, n)$以获得各方案在各准则下使决策者满意的程度 $S_j(c_j(x))$，而且这些满意函数具有一些共同的性质。

定义 5.10(Yager，2004)　满意函数 S 为$[0, 1]\to[0, 1]$的映射，且满足以下三个性质：

(1) S 为非单调减函数；

(2) $S(0)=0$；

(3) $S(1)=1$。

注：在不至混淆的情况下，本文将 $c_j(x)$的满意程度简记为 $S_j(x)=S_j(c_j(x))$。

在不同的准则下，满意函数一般不同，因此对于具有 n 个准则的优先多准则决策问题，一般有 n 个不同的满意函数，分别记为 $S_j(j=1, 2, \cdots, n)$，以两个具有优先关系的准则 c_1 与 c_2 而言，$c_1 \succ c_2$，其权重分别为 w_1 与 w_2。可设相应的满意函数分别为 S_1 与 S_2，对于方案 x，若 $S_1(x)=S_1(c_1(x))=1$，则评估值 $c_1(x)$可完全让决策者满意，此时保持 w_2 为原来大小。但若 $S_1(x)=0$，意味着 $c_1(x)$完全不能让决策者满意，此时置 w_2 的值为 0，否则根据 $S_1(x)$在$[0, w_2]$中修正 w_2 的值。依据上述分析，可利用 1.4 节中的三角模 T-norm 对准则 c_2 的权重进行修正，以得到修正权重 $\tilde{w}_2$：

$$\tilde{w}_2=\mathbf{T}_1(S_1(x), w_2)$$

其中 $\mathbf{T}$ 为 T-norm，T-norms 具有以下相关性质：

(1) 若 $S_1(x)=1$，则有 $\tilde{w}_2=w_2$；

(2) 若 $S_1(x)=0$，则有 $\tilde{w}_2=0$；

否则(3) $\tilde{w}_2 \in [0, w_2]$。

然而在准则数大于 2 的优先多准则决策问题中，准则的高优先级准则经常不止 1 个，如第 j 优先级的准则 $c_{\sigma(j)}$，它的高优先级准则有 $c_{\sigma(1)}, c_{\sigma(2)}, \cdots, c_{\sigma(j-1)}$，共 $j-1$ 个。因此需要根据这 $j-1$ 个准则能否让决策者满意来修正准则 $c_{\sigma(j)}$ 的权重。一般认为高优先级准则中任意一个不能让决策者满意，将忽视准则 $c_{\sigma(j)}$ 在方案评估中的作用，即令相应的修正权重 $\tilde{w}_{\sigma(j)}=0$。设 $G_{j-1}=\{c_{\sigma(1)}, c_{\sigma(2)}, \cdots, c_{\sigma(j-1)}\}$，则可根据下式基于 T-norm 计算方案 x 在准则 $c_{\sigma(j)}$ 下的总体满意程度：

$$E(G_{j-1}(x))=\begin{cases}1, & j=1\\ S_{\sigma(1)}(x), & j=2\\ \mathbf{T}_2(S_{\sigma(1)}(x), S_{\sigma(2)}(x), \cdots, S_{\sigma(j-1)}(x)), & j=3, 4, \cdots, n\end{cases} \tag{5.8}$$

其中 $S_{\sigma(k)}$ 表示与准则 $c_{\sigma(k)}$ 相关的满意函数$(k=1, 2, \cdots, n)$，$S_{\sigma(k)}(x)=S_{\sigma(k)}(c_{\sigma(k)}(x))$为 $c_{\sigma(k)}(x)$的满意程度，$\mathbf{T}_2$ 为一 T-norm。特别地，当 $\mathbf{T}_2$ 取为小算子时，有

$$E(G_{j-1}(x))=\begin{cases}1, & j=1\\ S_{\sigma(1)}(x), & j=2\\ \min(S_{\sigma(1)}(x), S_{\sigma(2)}(x), \cdots, S_{\sigma(j-1)}(x)), & j=3, 4, \cdots, n\end{cases} \tag{5.9}$$

当 $\mathbf{T}_2$ 为乘算子时，有

$$E(G_{j-1}(x))=\begin{cases}1, & j=1\\ S_{\sigma(1)}(x), & j=2\\ S_{\sigma(1)}(x)\cdot S_{\sigma(2)}(x)\cdot \cdots \cdot S_{\sigma(j-1)}(x) & j=3, 4, \cdots, n\end{cases} \tag{5.10}$$

由此可采用下式对原权重向量 $\boldsymbol{w}=(w_1, w_2, \cdots, w_n)^{\mathrm{T}}$ 进行修正：

$$\widetilde{w}_{\sigma(j)}=\mathbf{T}_1(E(G_{j-1}(x)),\ w_{\sigma(j)}) \tag{5.11}$$

其中 $w_{\sigma(j)}$ 为准则 $c_{\sigma(j)}$ 的权重。假设用于评估信息集成的集成函数为加权平均算子，则可设计一类加权优先集成算子如下。

定义 5.11　设 $C=\{c_1,\ c_2,\ \cdots,\ c_n\}$ 为一组具有优先关系的准则，其权重向量为 $\boldsymbol{w}=(w_1,\ w_2,\ \cdots,\ w_n)^{\mathrm{T}}$，对于方案 x，各准则下的评估值分别为 $c_j(x)$，$j=1,\ 2,\ \cdots,\ n$，若有一置换 σ，使得 $c_{\sigma(1)}\succ c_{\sigma(2)}\succ\cdots\succ c_{\sigma(n)}$，则基于加权平均算子的加权优先集成算子可定义为一映射 WPA：$[0,\ 1]^n\rightarrow[0,\ 1]$，且有

$$\begin{aligned}c(x)&=\mathrm{WPA}_{w}(c_1(x),\ c_2(x),\ \cdots,\ c_n(x))\\&=\mathrm{WA}_{\widetilde{w}}(c_1(x),\ c_2(x),\ \cdots,\ c_n(x))\\&=\sum_{j=1}^{n}\widetilde{w}_j c_j(x)=\sum_{j=1}^{n}\mathbf{T}_1(E(G_{j-1}(x)),\ w_{\sigma(j)})c_{\sigma(j)}(x)\end{aligned} \tag{5.12}$$

其中 $E(G_{j-1}(x))$ 由式(5.8)计算，$\widetilde{\boldsymbol{w}}=(\widetilde{w}_1,\ \widetilde{w}_2,\ \cdots,\ \widetilde{w}_n)^{\mathrm{T}}$ 为修正权重向量。

特别地，若 $\mathbf{T}_1$ 为一乘算子，则式(5.12)的形式改变如下：

$$\begin{aligned}c(x)&=\mathrm{WPA}_{w}(c_1(x),\ c_2(x),\ \cdots,\ c_n(x))\\&=\sum_{j=1}^{n}E(G_{j-1}(x))\cdot w_{\sigma(j)}\cdot c_{\sigma(j)}(x)\end{aligned} \tag{5.13}$$

可根据问题需要指定定义中 $\mathbf{T}_1$ 与 $\mathbf{T}_2$ 的形式。

定理 5.10　定义 5.11 中的加权优先集成算子为集成函数(见定义 1.1)。

证明：(1) 设方案 x 与 x' 在 n 个准则下的评估值分别 $c_j(x)$ 与 $c_j(x')$ $(j=1,\ 2,\ \cdots,\ n)$，且对于任意 $j=1,\ 2,\ \cdots,\ n$ 有 $c_j(x)\geqslant c_j(x')$。根据定义 5.10，因为所有的满意函数均为非单调减的，则有 $S_j(x)\geqslant S_j(x')$ $(j=1,\ 2,\ \cdots,\ n)$，又因为 1.4 节中所述的 T-norm 的单调性，有

$$\begin{aligned}E(G_{j-1}(x))&=\mathbf{T}_2(S_{\sigma(1)}(x),\ S_{\sigma(2)}(x),\ \cdots,\ S_{\sigma(n)}(x))\\&\geqslant E(G_{j-1}(x'))\\&=\mathbf{T}_2(S_{\sigma(1)}(x'),\ S_{\sigma(2)}(x'),\ \cdots,\ S_{\sigma(n)}(x'))\end{aligned}$$

且有 $\mathbf{T}_1\big(E(G_{j-1}(x)),\ w_{\sigma(j)}\big)\geqslant\mathbf{T}_1\big(E(G_{j-1}(x')),\ w_{\sigma(j)}\big)$ $(j=3,\ 4,\ \cdots,\ n)$，另有 $\mathbf{T}_1(S_{\sigma(1)}(x),\ w_{\sigma(2)})\geqslant\mathbf{T}_1(S_{\sigma(1)}(x'),\ w_{\sigma(2)})$，因此

$$\begin{aligned}c(x)&=\mathrm{WPA}_{w}(c_1(x),\ c_2(x),\ \cdots,\ c_n(x))\\&=w_{\sigma(1)}c_{\sigma(1)}(x)+\mathbf{T}_1(S_{\sigma(1)}(x),\ w_{\sigma(2)})c_{\sigma(2)}(x)+\\&\quad\sum_{j=1}^{n}\mathbf{T}_1\big(E(G_{j-1}(x)),\ w_{\sigma(j)}\big)c_{\sigma(j)}(x)\\&\geqslant c(x')=\mathrm{WPA}_{w}(c_1(x'),\ c_2(x'),\ \cdots,\ c_n(x'))\\&=w_{\sigma(1)}c_{\sigma(1)}(x')+\mathbf{T}_1\big(S_{\sigma(1)}(x'),\ w_{\sigma(2)}\big)c_{\sigma(2)}(x')+\\&\quad\sum_{j=1}^{n}\mathbf{T}_1\big(E(G_{j-1}(x')),\ w_{\sigma(j)}\big)c_{\sigma(j)}(x')\end{aligned}$$

也就是说定义 5.11 中的加权优先集成算子为非单调减函数。

(2) 若 $c_1(x)=c_2(x)=\cdots=c_n(x)=0$，则有

$$c(x)=\mathrm{WPA}_w(0, 0, \cdots, 0)=\sum_{j=1}^{n}\tilde{w}_j \cdot 0=0$$

(3) 若 $c_1(x)=c_2(x)=\cdots=c_n(x)=1$，则有 $S_1(x)=S_2(x)=\cdots=S_n(x)=1$，代入式(5.8)，有 $E(G_{j-1}(x))=1(j=1, 2, \cdots, n)$，所以 $\tilde{w}_j=\mathbf{T}_1(E(G_{j-1}(x)), w_j)=w_j(j=1, 2, \cdots, n)$，因此

$$c(x)=\mathrm{WPA}_w(c_1(x), c_2(x), \cdots, c_n(x))=\mathrm{WA}_{\tilde{w}}(c_1(x), c_2(x), \cdots, c_n(x))$$

因为加权平均算子为集成函数，所以 $c(x)=\mathrm{WPA}_{\tilde{w}}(1, 1, \cdots, 1)=\mathrm{WA}_{\tilde{w}}(1, 1, \cdots, 1)=1$。

综上所述，该定理成立。

2. 弱序优先关系下的加权优先集成算子

根据 1.4 节的介绍，若 n 个准则 $c_j(j=1, 2, \cdots, n)$之间存在弱序优先关系，则必定有 q 个优先层 $H_1 \succ H_2 \succ \cdots \succ H_q$ 对这些准则进行划分，其中 $H_k=\{c_{k1}, c_{k2}, \cdots, c_{kn_k}\}(k=1, 2, \cdots, q)$，且有 $\sum_{k=1}^{q} n_k=n$。依照前文的分析，可基于所有高优先级准则的满意程度以修正准则的权重。因此若准则 $c_j \in H_k$，则它的权重与在优先层 $H_1, H_2, \cdots, H_{k-1}$ 中的准则的满意程度相关。根据 Yan 等人(Yan et al, 2011)的思想，每一层可视为一伪准则(pseudo criterion)。因此可先计算出各伪准则 $H_1, H_2, \cdots, H_{k-1}$ 的满意程度，再基于它们对权重进行修正，有序加权平均(OWA)算子可用于计算伪准则的满意程度(Yan et al, 2011)，即对于方案 x，有

$$S(H_k(x))=\mathrm{OWA}_v(S_{k1}(x), S_{k2}(x), \cdots, S_{kn_k}(x)) \tag{5.14}$$

其中 $S(H_k(x))$表示方案在伪准则 H_k 下的满意程度，$S_{kl}(x)$为各准则下评估值 $c_{kl}(x)$的满意程度($k=1, 2, \cdots, q$；$l=1, 2, \cdots, n_k$)，与 OWA 算子相关的权重向量 $\boldsymbol{v}=(v_1, v_2, \cdots, v_{n_k})^{\mathrm{T}}$ 可依照 Yager(Yager, 1988)所述根据决策者的态度计算得到，如此任意准则 $c_{kl}(x)(k=1, 2, \cdots, q；l=1, 2, \cdots, n_k)$的高优先级准则的总体满意程度便可计算。假设 $G_{k-1}=H_1 \cup H_2 \cup \cdots \cup H_{k-1}$，方案 x 从 H_1 到 H_{k-1} 的总体满意程度记为 $E(G_{k-1}(x))$，可由下式计算：

$$E(G_{k-1}(x))=\begin{cases}1, & k=1\\ S(H_1(x)), & k=2\\ \mathbf{T}_2(S(H_1(x)), S(H_2(x)), \cdots, S(H_{k-1}(x))), & k=3, 4, \cdots, q\end{cases} \tag{5.15}$$

其中 $\mathbf{T}_2$ 为一 T-norm。利用另一 T-norm 为 $\mathbf{T}_1$，对任意准则 c_{kl} 的权重进行修正，其式如下：

$$\tilde{w}_{kl}=\mathbf{T}_1(E(G_{k-1}(x)), w_{kl}) \tag{5.16}$$

下面基于加权平均算子定义弱序优先关系下的加权优先集成算子。

定义 5.12　设在优先多准则决策问题中有 q 个优先层，$H_1 \succ H_2 \succ \cdots \succ H_q$，其中 $H_k=\{c_{k1}, c_{k2}, \cdots, c_{kn_k}\}$，相关的评估值 $c_{kl}(x)$及权重 w_{kl} 已分别给定，该情况下的加权优

先集成算子定义为一映射 WPA：$[0, 1]^n \to [0, 1]$，且有

$$\begin{aligned} c(x) &= \mathrm{WPA}_w\left(c_{11}(x), \cdots, c_{1n_1}(x), \cdots, c_{q1}(x), \cdots, c_{qn_q}(x)\right) \\ &= \mathrm{WA}_{\widetilde{w}}\left(c_{11}(x), \cdots, c_{1n_1}(x), \cdots, c_{q1}(x), \cdots, c_{qn_q}(x)\right) \\ &= \sum_{k=1}^{q} \sum_{l=1}^{n_k} \mathbf{T}_1(E(G_{k-1}(x)), w_{kl}) \cdot c_{kl}(x) \end{aligned} \tag{5.17}$$

其中 $E(G_{i-1}(x))$由式(5.15)计算，相应的修正权重向量记为 $\widetilde{\boldsymbol{w}} = (\widetilde{w}_{11}, \cdots, \widetilde{w}_{1n_1}, \cdots, \widetilde{w}_{q1}, \cdots, \widetilde{w}_{qn_q})^{\mathrm{T}}$。

特别地，若 $\mathbf{T}_1$ 为一乘算子，则上式可转化为如下形式：

$$\begin{aligned} c(x) &= \mathrm{WPA}_w\left(c_{11}(x), \cdots, c_{1n_1}(x), \cdots, c_{q1}(x), \cdots, c_{qn_q}(x)\right) \\ &= \sum_{k=1}^{q} \sum_{l=1}^{n_k} E(G_{k-1}(x)) \cdot w_{kl} \cdot c_{kl}(x) \end{aligned} \tag{5.18}$$

由于加权优先集成算子中 $\mathbf{T}_1$ 与 $\mathbf{T}_2$ 存在多种可能的形式，这也决定了加权优先集成算子存在不同的形式，需要依据具体优先多准则决策问题的需求与特点选择合适的加权优先集成算子。类似于定理 5.10，有如下定理。

定理 5.11 定义 5.12 中的加权优先集成算子为集成函数。

5.2.2 基于加权优先集成算子的优先多准则决策

考虑到准则间的强序优先关系为弱序优先关系的特例，本小节仅讨论准则间具有弱序优先关系的优先多准则决策问题。

假设优先多准则决策问题中有一组方案 $X = \{x_1, x_2, \cdots, x_m\}$ 与一组准则 $C = \{c_1, c_2, \cdots, c_n\}$，这些准则被划分为 q 个优先层 $H_1, H_2, \cdots, H_q$，其中 $H_k = \{c_{k1}, c_{k2}, \cdots, c_{kn_k}\}$，$C = \bigcup_{k=1}^{q} H_k$，$n = \sum_{k=1}^{q} n_k$，各方案 $x_i (i = 1, 2, \cdots, m)$ 在各准则下的评估值记为 $c_j(x_i) (j = 1, 2, \cdots, n)$，或者 $c_{kl}(x_i) (k = 1, 2, \cdots, q; l = 1, 2, \cdots, n_k)$，所有评估值组成决策矩阵 $\boldsymbol{M}$(见表 5.1)。

表 5.1 决策矩阵 $\boldsymbol{M}$

	H_1			$\cdots$	H_q		
	c_{11}	$\cdots$	c_{1n_1}	$\cdots$	c_{q1}	$\cdots$	c_{qn_q}
x_1	$c_{11}(x_1)$	$\cdots$	$c_{1n_1}(x_1)$	$\cdots$	$c_{q1}(x_1)$	$\cdots$	$c_{qn_q}(x_1)$
x_2	$c_{11}(x_2)$	$\cdots$	$c_{1n_1}(x_2)$	$\cdots$	$c_{q1}(x_2)$	$\cdots$	$c_{qn_q}(x_2)$
$\cdots$	$\cdots$	$\cdots$	$\cdots$	$\cdots$	$\cdots$	$\cdots$	$\cdots$
x_m	$c_{11}(x_m)$	$\cdots$	$c_{1n_1}(x_m)$	$\cdots$	$c_{q1}(x_m)$	$\cdots$	$c_{qn_q}(x_m)$

在优先多准则决策问题中，必须注意到若各方案在准则 c_{kl} 下有相同的评估值，即

$c_{kl}(x_1)=c_{kl}(x_2)=\cdots=c_{kl}(x_m)$，则该准则将不会再影响到它的低优先级准则 $c_{st}(s>k)$。例如，若所有车型都有相同的安全性，则购车用户将选择价格最低的一款车型，不再考虑这些车型的安全性是否达到该用户的满意程度需求，也就是说此情况下安全性准则的优先性将不再存在。一般来说，某准则下评估值的离散程度越大，其对低优先级准则的影响越大，根据此思想，可设计计算各准则 c_{kl} 下聚合度(concentration degree)的方法：

$$\chi_{kl}=\left[\frac{\sum_{i=1}^{m}\sum_{j=1,\ j\neq i}^{m}\xi_{ij}^{(kl)}\ln\xi_{ij}^{(kl)}}{\frac{m(m-1)}{2}\ln\frac{1}{2}}\right]^{\lambda} \tag{5.19}$$

其中 $\lambda\geqslant1$，且

$$\xi_{ij}^{(kl)}=\frac{c_{kl}(x_i)-c_{kl}(x_j)+1}{2},\ i\neq j=1,\ 2,\ \cdots,\ m$$

χ_{kl} 的计算公式基于熵的概念进行设计。准则 c_{kl} 的评估值 $c_{kl}(x_i)(i=1,\ 2,\ \cdots,\ m)$的差异性越小，聚合度 χ_{kl} 的值将越大，因此可以通过 χ_{kl} 的值计算出准则 c_{kl} 对其低优先级准则的影响程度。从式(5.19)可知，若 $c_{kl}(x_i)(i=1,\ 2,\ \cdots,\ m)$都相同，则 $\xi_{ij}^{kl}=0.5$，$\chi_{kl}=1$，但若评估值差异最大，即 $c_{kl}(x_i)-c_{kl}(x_j)=-1$ 或 $1(i\neq j=1,\ 2,\ \cdots,\ m)$，则有 $\xi_{ij}^{kl}=0$ 且 $\chi_{kl}=0$。但是只要方案的数量 $m>2$，不可能对于所有的方案对 x_i 与 x_j 均有 $c_{kl}(x_i)-c_{kl}(x_j)=-1$ 或 1，即不可能有 $\chi_{kl}=0$ 的情况。因此可设置指数 λ 的值，使 χ_{kl} 的最小值尽可能接近 0 以扩大 χ_{kl} 的取值范围。

作为下文内容的基础，首先介绍三角余模(T-conorm)的概念。

定义 5.13(Alsina et al，1983)　三角余模(T-conorm)为一映射 $\mathbf{S}$：$[0,\ 1]^2\to[0,\ 1]$，具有如下性质：

(1) 交换律：$\mathbf{S}(a,\ b)=\mathbf{S}(b,\ a)$。

(2) 单调性：若 $a_1\geqslant a_2$，$b_1\geqslant b_2$，则有 $\mathbf{S}(a_1,\ b_1)\geqslant\mathbf{S}(a_2,\ b_2)$。

(3) 分配律：$\mathbf{S}(a,\ \mathbf{S}(b,\ c))=\mathbf{S}(\mathbf{S}(a,\ b),\ c)$。

(4) 0 为 T-conorm 的单位元素：$\mathbf{S}(0,\ a)=a$。

其中 $a,\ a_1,\ a_2,\ b,\ b_1,\ b_2,\ c\in[0,\ 1]$。

三个常用的 T-conorm 如下：

(1) 取大算子：$\mathbf{S}_{\mathrm{M}}(a,\ b)=\max(a,\ b)=a\vee b$。

(2) 概率和运算：$\mathbf{S}_{\mathrm{P}}(a,\ b)=a+b-ab$。

(3) Łukasiewicz 算子：$\mathbf{S}_{\mathrm{L}}(a,\ b)=\min(a+b,\ 1)$。

利用 T-conorm 可计算评估值 $c_{kl}(x_i)$的非影响度(non-influence degree)：

$$I_{kl}(x_i)=\mathbf{S}(\chi_{kl},\ S_{kl}(x_i)) \tag{5.20}$$

其中 $S_{kl}(x_i)$为评估值 $c_{kl}(x_i)$的满意程度，$i=1,\ 2,\ \cdots,\ m$，$k=1,\ 2,\ \cdots,\ q$，$l=1,\ 2,\ \cdots,\ n_k$。根据 T-conorm 的性质，有

(1) 若准则 c_{kl} 的聚合度 $\chi_{kl}=1$，则有 $I_{kl}(x_i)=1$，意思是准则 c_{kl} 不再对它的低优先级准则有任何影响。

(2) 若 $\chi_{kl}\to 0$，则有 $I_{kl}(x_i)\to S_{kl}(x_i)$，意味着准则 c_{kl} 几乎完全影响到低优先级准则权重的修正。

(3) 否则有 $I_{kl}(x_i)\in(S_{kl}(x_i),1)$，$I_{kl}(x_i)$的值越大，准则 c_{kl} 到低优先级准则的影响越弱。

基于非影响度的优先多准则决策问题求解流程如下：

流程 5.4

步骤 1：假设在优先多准则决策问题中有一组方案 $X=\{x_1, x_2, \cdots, x_m\}$，$q$ 个优先层，$H_1 \succ H_2 \succ \cdots \succ H_q$，其中 $H_k=\{c_{k1}, c_{k2}, \cdots, c_{kn_k}\}$，$\sum_{k=1}^{q} n_k = n$，相应的权重为 $w_{kl}(k=1, 2, \cdots, q; l=1, 2, \cdots, n_k)$，各准则的满意函数为 S_{kl}。各准则下的评估值 $c_{kl}(x_i)(i=1, 2, \cdots, m; k=1, 2, \cdots, q; l=1, 2, \cdots, n_k)$ 构成 $m\times n$ 的决策矩阵 $\boldsymbol{M}$(见表 5.1)。

步骤 2：计算各评估值的满意程度 $S_{kl}(x_i)=S_{kl}(c_{kl}(x_i))$。

步骤 3：根据式(5.19)计算决策矩阵 $\boldsymbol{M}$ 的聚合度 χ_{kl}。

步骤 4：选择合适的 T-conorm $\mathbf{S}$，根据式(5.20)计算各评估值的非影响度 $I_{kl}(x_i)$；

步骤 5：在式(5.14)中将 $I_{kl}(x_i)$代替 $S_{kl}(x_i)$，计算与方案 x_i 相关的各优先层的非影响度 $I(H_k(x_i))$：

$$I(H_k(x_i)) = \mathrm{OWA}_{\boldsymbol{v}}(I_{k1}(x_i), I_{k2}(x_i), \cdots, I_{kn_k}(x_i)) \tag{5.21}$$

其中 $\boldsymbol{v}=(v_1, v_2, \cdots, v_{n_k})^{\mathrm{T}}$ 为该 OWA 算子的权重向量。

步骤 6：与式(5.15)类似，计算在给定 T-norm $\mathbf{T}_2$ 下 H_k 的高优先层的总体非影响度：

$$E(G_{k-1}(x_i)) = \begin{cases} 1, & k=1 \\ I(H_1(x_i)), & k=2 \\ \mathbf{T}_2(I(H_1(x_i)), I(H_2(x_i)), \cdots, I(H_{k-1}(x_i))), & k=3, 4, \cdots, q \end{cases} \tag{5.22}$$

步骤 7：设定 T-norm $\mathbf{T}_1$，修正原始权重：

$$\widetilde{w}_{kl} = \mathbf{T}_1(R(G_{k-1}(x_i)), w_{kl}) \tag{5.23}$$

步骤 8：利用定义 5.12 中的加权优先集成算子，为各方案 x_i 计算总体评估值 $c(x_i)$。

步骤 9：根据总体评估值 $c(x_i)(i=1, 2, \cdots, m)$对方案 $x_i(i=1, 2, \cdots, m)$进行排序，选择出最优方案。

5.2.3 基于偏好关系的准则权重的确定

在一些优先多准则决策问题中，准则的原始权重不是直接给定的，而是需要根据诸如偏好关系的已知信息计算得到的。本小节针对准则的偏好信息已知、权重未知的优先多准则决策问题展开研究，提出一些创新的方法与成果。

1. 积型偏好关系的情况

假设在优先多准则决策问题中，方案间的偏好关系由积型偏好关系 $\boldsymbol{P}=(p_{ij})_{m\times m}$ 给出，其中 p_{ij} 表示方案 x_i p_{ij} 倍优于方案 $x_j(i, j=1, 2, \cdots, m)$，若 $i=j$，则有 $p_{ij}=1$。根据徐泽水(Xu，2004a)的描述，方案的总体评估值也可以像积型偏好关系一样表示为两两比较关系：

$$\bar{p}_{ij}=\frac{c(x_i)}{c(x_j)},\ i, j=1, 2, \cdots, m \tag{5.24}$$

这些比值可以构成类积型偏好关系 $\bar{\boldsymbol{P}}=(\bar{p}_{ij})_{m\times m}$。因为在上文中，若加权优先集成算子所需的权重未知，则难以计算出方案的总体评估值 $c(x_i)$，所以需要在计算总体评估值之前得到各准则的权重。一般在多准则决策中，决策结果的获得依赖已知信息，所得决策结果不可与已知信息相冲突，因此通过总体评估值的比值得到的类积型偏好关系需要与已知的积型偏好关系尽可能地一致，根据此论述可得到以下规划模型：

$$\begin{aligned}&\min\quad F(\boldsymbol{w})=\sum_{i=1}^{m}\sum_{j=1}^{m}(\bar{p}_{ij}-p_{ij})^2\\&\text{s.t.}\quad w_{kl}\geqslant 0,\ \sum_{k=1}^{q}\sum_{l=1}^{n_k}w_{kl}=1,\ k=1, 2, \cdots, q,\ l=1, 2, \cdots, n_k\end{aligned} \tag{5.25}$$

根据式(5.24)，上述规划模型中的目标函数可重写为

$$\min_{\boldsymbol{w}}\quad \sum_{i=1}^{m}\sum_{j=1}^{m}[p_{ij}c(x_j)-c(x_i)]^2$$

若式(5.18)被用于计算方案的总体评估值，则有

$$\begin{aligned}\min\quad F(\boldsymbol{w})=&\sum_{i=1}^{m}\sum_{j=1}^{m}\Big[p_{ij}\sum_{k=1}^{q}\sum_{l=1}^{n_k}E(G_{k-1}(x_j))\cdot w_{kl}\cdot c_{kl}(x_j)-\\&\sum_{k=1}^{q}\sum_{l=1}^{n_k}E(G_{k-1}(x_i))\cdot w_{kl}\cdot c_{kl}(x_i)\Big]^2\\=&\sum_{i=1}^{m}\sum_{j=1}^{m}\Big[\sum_{k=1}^{q}\sum_{l=1}^{n_k}\Big(p_{ij}\cdot E(G_{k-1}(x_j))\cdot c_{kl}(x_j)-E(G_{k-1}(x_i))\cdot c_{kl}(x_i)\Big)\cdot w_{kl}\Big]^2\end{aligned}$$

$$\text{s.t.}\quad w_{kl}\geqslant 0,\ \sum_{k=1}^{q}\sum_{l=1}^{n_k}w_{kl}=1,\ k=1, 2, \cdots, q,\ l=1, 2, \cdots, n_k \tag{5.26}$$

其中 $E(G_{k-1}(x_i))$ 表示优先层 H_k 的所有高优先层的非影响度，由式(5.22)计算。

设 n 维向量 $\boldsymbol{e}=(1, 1, \cdots, 1)^{\mathrm{T}}$，矩阵 $\boldsymbol{D}=(d_{kl,st})_{n\times n}$，其中

$$\begin{aligned}d_{kl,st}=&\sum_{i=1}^{m}\sum_{j=1}^{m}\Big[p_{ij}\cdot E\big(G_{k-1}(x_j)\big)\cdot c_{kl}(x_j)-E\big(G_{k-1}(x_i)\big)\cdot c_{kl}(x_i)\Big]\cdot\\&\Big[p_{ij}\cdot E\big(G_{s-1}(x_j)\big)\cdot c_{st}(x_j)-E\big(G_{s-1}(x_i)\big)\cdot c_{st}(x_i)\Big]\end{aligned} \tag{5.27}$$

$k, s=1, 2, \cdots, q,\ l=1, 2, \cdots, n_k,\ t=1, 2, \cdots, n_s$，则式(5.26)可简写为

$$\begin{aligned}&\min\quad F(\boldsymbol{w})=\boldsymbol{w}^{\mathrm{T}}\boldsymbol{D}\boldsymbol{w}\\&\text{s.t.}\quad \boldsymbol{w}\geqslant\boldsymbol{0},\ \boldsymbol{e}^{\mathrm{T}}\boldsymbol{w}=1\end{aligned} \tag{5.28}$$

其中 n 维向量 $\boldsymbol{0}=(0, 0, \cdots, 0)^{\mathrm{T}}$。对于对称矩阵 $\boldsymbol{D}$，有如下定理：

定理 5.12　若 $\bar{\boldsymbol{P}} \neq \boldsymbol{P}$，则 $\boldsymbol{D}$ 为正定矩阵。

证明：因为

$$\boldsymbol{w}^{\mathrm{T}}\boldsymbol{D}\boldsymbol{w} = \sum_{i=1}^{m}\sum_{j=1}^{m}\Big[\sum_{k=1}^{q}\sum_{l=1}^{n_k}\Big(p_{ij} \cdot E(G_{k-1}(x_j)) \cdot c_{kl}(x_j) - E(G_{k-1}(x_i)) \cdot c_{kl}(x_i)\Big) \cdot w_{kl}\Big]^2$$

$$= \sum_{i=1}^{m}\sum_{j=1}^{m}\big[p_{ij}c(x_j) - c(x_i)\big]^2$$

又 $\bar{\boldsymbol{P}} \neq \boldsymbol{P}$，因此若 $\boldsymbol{w} \neq \boldsymbol{0}$，则有 $\boldsymbol{w}^{\mathrm{T}}\boldsymbol{D}\boldsymbol{w} > 0$。因为 $\boldsymbol{D}$ 为对称矩阵，所以 $\boldsymbol{D}$ 也是正定的。

若 $\boldsymbol{\Sigma} = \mathrm{diag}(\alpha_1, \alpha_2, \cdots, \alpha_n)$为以 $\boldsymbol{D}$ 的特征值 $\alpha_i(i=1, 2, \cdots, n)$为对角线构成的矩阵，$\boldsymbol{U} = (u_1, u_2, \cdots, u_n)$为与 $\alpha_i(i=1, 2, \cdots, n)$对应的正交单位向量构成的矩阵，则有 $\boldsymbol{U}^{\mathrm{T}}\boldsymbol{D}\boldsymbol{U} = \boldsymbol{\Sigma}$。因为 $\boldsymbol{D}$ 是正定矩阵，故 $\alpha_i > 0(i=1, 2, \cdots, n)$。设 $\boldsymbol{y}_i = \gamma\boldsymbol{u}_i$，$\boldsymbol{e}^{\mathrm{T}}\boldsymbol{y}_i = 1(i=1, 2, \cdots, n)$，则有 $\boldsymbol{y}_i = \boldsymbol{u}_i/(\boldsymbol{e}^{\mathrm{T}}\boldsymbol{u}_i)$，其在 $\boldsymbol{\Sigma}$ 的相应元素为 $\beta_i = \alpha_i/(\boldsymbol{e}^{\mathrm{T}}\boldsymbol{u}_i)^2$，即 $\boldsymbol{y}_i^{\mathrm{T}}\boldsymbol{D}\boldsymbol{y}_i = \beta_i$。因此若 $\boldsymbol{y}_i \geqslant \boldsymbol{0}$，则 $\boldsymbol{y}_i$ 为模型的一个可行解。因为 $\boldsymbol{u}_1, \boldsymbol{u}_2, \cdots, \boldsymbol{u}_n$ 为正交单位向量，所以任意 n 维向量均可表示为它们的线性组合，或者说可以表示为 $\boldsymbol{y}_i(i=1, 2, \cdots, n)$的线性组合。因此模型的可行解可表示为 $\boldsymbol{w} = \boldsymbol{Y}\boldsymbol{b} \geqslant \boldsymbol{0}$，其中向量 $\boldsymbol{b} = (b_1, b_2, \cdots, b_n)^{\mathrm{T}}$，$\boldsymbol{e}^{\mathrm{T}}\boldsymbol{b} = 1$，矩阵 $\boldsymbol{Y} = (y_1, y_2, \cdots, y_n)$，此时有

$$\boldsymbol{w}^{\mathrm{T}}\boldsymbol{D}\boldsymbol{w} = \boldsymbol{b}^{\mathrm{T}}\boldsymbol{Y}^{\mathrm{T}}\boldsymbol{D}\boldsymbol{Y}\boldsymbol{b} = \boldsymbol{b}^{\mathrm{T}}\mathrm{diag}(\beta_1, \beta_2, \cdots, \beta_n)\boldsymbol{b} = b_1^2\beta_1 + b_2^2\beta_2 + \cdots + b_n^2\beta_n$$

显然，当且仅当 $\bar{\boldsymbol{P}} = \boldsymbol{P}$ 时，有 $\boldsymbol{w}^{\mathrm{T}}\boldsymbol{D}\boldsymbol{w} = 0$，其结果优于所有 $\bar{\boldsymbol{P}} \neq \boldsymbol{P}$ 的情况，意味着当总体评估值的比值与已知信息相一致时，可以得到更优的解。另外，若 $\boldsymbol{D}$ 为非正定矩阵，则有 $\bar{\boldsymbol{P}} = \boldsymbol{P}$，根据定义 5.7 可知积型偏好关系 $\boldsymbol{P}$ 是一致的，因此可基于一致的积型偏好关系直接对方案进行排序(Saaty, 1980)。

2. 模糊偏好关系的情况

类似上述方法可基于模糊偏好关系设计出权重确定方法。首先假设方案间的偏好体现在模糊偏好关系 $\boldsymbol{R} = (r_{ij})_{m \times m}$ 中，其中 $r_{ij} = \mu_R(x_i, x_j)$表示方案 x_i 与 x_j 间模糊关系的隶属程度。根据文献(Xu, 2004a)，若所有方案的总体评估值已知，则可利用如下公式通过比较两两方案得出方案的模糊偏好关系：

$$\bar{r}_{ij} = \frac{1}{2}[1 + c(x_i) - c(x_j)] \tag{5.29}$$

根据定义 5.9，由 $\bar{r}_{ij}(i, j=1, 2, \cdots, n)$组成的模糊偏好关系必定是加性一致的。

在多准则决策中，总是希望由上述公式得到的模糊偏好关系与已知信息尽可能符合，即 $\bar{r}_{ij}$ 与 r_{ij} 的偏差尽可能小。因此，若总体评估值由式(5.18)计算得到，则有如下规划模型：

$$\min\ F(\boldsymbol{w}) = \sum_{i=1}^{m}\sum_{j=1}^{m}(\bar{r}_{ij} - r_{ij})^2$$

$$= \frac{1}{4}\sum_{i=1}^{m}\sum_{j=1}^{m}\Big[\sum_{k=1}^{q}\sum_{l=1}^{n_k}\Big(E(G_{k-1}(x_i)) \cdot c_{kl}(x_i) - E(G_{k-1}(x_j)) \cdot c_{kl}(x_j)\Big) \cdot w_{kl} + (1 - 2r_{ij})\Big]^2$$

$$\text{s.t.}\quad w_{kl} \geqslant 0,\ \sum_{k=1}^{q}\sum_{l=1}^{n_k}w_{kl} = 1,\ k = 1, 2, \cdots, q,\ l = 1, 2, \cdots, n_k \tag{5.30}$$

因为

$$F(\boldsymbol{w})=\frac{1}{4}\sum_{i=1}^{m}\sum_{j=1}^{m}\Big[\sum_{k=1}^{q}\sum_{l=1}^{n_k}\Big(E(G_{k-1}(x_i))\cdot c_{kl}(x_i)-E(G_{k-1}(x_j))\cdot c_{kl}(x_j)\Big)\cdot w_{kl}+(1-2r_{ij})\Big]^2$$

$$=\frac{1}{4}\sum_{i=1}^{m}\sum_{j=1}^{m}\Big[\sum_{k=1}^{q}\sum_{l=1}^{n_k}\Big(E(G_{k-1}(x_i))\cdot c_{kl}(x_i)-E(G_{k-1}(x_j))\cdot c_{kl}(x_j)\Big)\cdot w_{kl}\Big]^2+\frac{1}{2}\sum_{i=1}^{m}\sum_{j=1}^{m}(1-2r_{ij})\cdot\sum_{k=1}^{q}\sum_{l=1}^{n_k}\Big(E(G_{k-1}(x_i))\cdot c_{kl}(x_i)-E(G_{k-1}(x_j))\cdot c_{kl}(x_j)\Big)\cdot w_{kl}+\frac{1}{4}\sum_{i=1}^{m}\sum_{j=1}^{m}(1-2r_{ij})^2$$

$$=\frac{1}{4}\sum_{k=1}^{q}\sum_{l=1}^{n_k}\sum_{s=1}^{q}\sum_{t=1}^{n_t}\sum_{i=1}^{m}\sum_{j=1}^{m}(E(G_{k-1}(x_i))\cdot c_{kl}(x_i)-E(G_{k-1}(x_j))\cdot c_{kl}(x_j))\cdot(E(G_{s-1}(x_i))\cdot c_{st}(x_i)-E(G_{s-1}(x_j))\cdot c_{st}(x_j))\cdot w_{kl}\cdot w_{st}+\frac{1}{2}\sum_{k=1}^{q}\sum_{l=1}^{n_k}\sum_{i=1}^{m}\sum_{j=1}^{m}(1-2r_{ij})\cdot\Big(E(G_{k-1}(x_i))\cdot c_{kl}(x_i)-E(G_{k-1}(x_j))\cdot c_{kl}(x_j)\Big)\cdot w_{kl}+\frac{1}{4}\sum_{i=1}^{m}\sum_{j=1}^{m}(1-2r_{ij})^2$$

$$=\frac{1}{4}\Big[\boldsymbol{w}^{\mathrm{T}}\boldsymbol{H}\boldsymbol{w}+2\boldsymbol{g}^{\mathrm{T}}\boldsymbol{w}+\sum_{i=1}^{m}\sum_{j=1}^{m}(1-2r_{ij})^2\Big]$$

其中 $\boldsymbol{H}=(q_{kl,\,st})_{n\times n}$ 为一对称矩阵，有

$$q_{kl,\,st}=\sum_{i=1}^{m}\sum_{j=1}^{m}\Big(E(G_{k-1}(x_i))\cdot c_{kl}(x_i)-E(G_{k-1}(x_j))\cdot c_{kl}(x_j)\Big)\cdot\Big(E(G_{s-1}(x_i))\cdot c_{st}(x_i)-E(G_{s-1}(x_j))\cdot c_{st}(x_j)\Big)$$

$\boldsymbol{g}=(g_{11},\cdots,g_{1n_1},\cdots,g_{q1},\cdots,g_{qn_q})^{\mathrm{T}}$ 为一 n 维向量，且

$$g_{kl}=\sum_{i=1}^{m}\sum_{j=1}^{m}(1-2r_{ij})\cdot\Big(E(G_{k-1}(x_i))\cdot c_{kl}(x_i)-E(G_{k-1}(x_j))\cdot c_{kl}(x_j)\Big)$$

$\boldsymbol{w}=(w_{11},\cdots,w_{1n_1},\cdots,w_{q1},\cdots,w_{qn_q})^{\mathrm{T}}$ 为与准则相关的权重向量。如此模型可转化为如下二次规划模型：

$$\begin{aligned}\min\quad & F(\boldsymbol{w})=\boldsymbol{w}^{\mathrm{T}}\boldsymbol{H}\boldsymbol{w}+2\boldsymbol{g}^{\mathrm{T}}\boldsymbol{w}\\ \text{s.t.}\quad & \boldsymbol{w}\geqslant\boldsymbol{0},\ \boldsymbol{e}^{\mathrm{T}}\boldsymbol{w}=1\end{aligned}\tag{5.31}$$

解该规划模型可得到最优权重。

定理 5.13 若存在两个总体评估值，$c(x_i)$与$c(x_j)$，有$c(x_i)\neq c(x_j)$，则 $\boldsymbol{H}$ 为一正定矩阵。

证明：因为

$$w^{\mathrm{T}}\boldsymbol{H}w=\sum_{i=1}^{m}\sum_{j=1}^{m}\left[\sum_{k=1}^{q}\sum_{l=1}^{n_k}\Big(E(G_{k-1}(x_i))\cdot c_{kl}(x_i)-E(G_{k-1}(x_j))\cdot c_{kl}(x_j)\Big)\cdot w_{kl}\right]^2$$

$$=\sum_{i=1}^{m}\sum_{j=1}^{m}\left[c(x_i)-c(x_j)\right]^2$$

且至少存在一对不相等的总体评估值，因此若 $w\neq\mathbf{0}$，则有 $w^{\mathrm{T}}\boldsymbol{H}w>0$，又 $\boldsymbol{H}$ 为对称矩阵，则 $\boldsymbol{H}$ 必为正定矩阵。

本节针对优先多准则决策问题，展示了如何根据高优先级准则下方案的满意程度修正低优先级准则的权重，在 Yager（Yager，2004）提出的优先集成算子的基础上提出了若干加权优先集成算子。同时提出处理优先多准则决策问题的流程，最后通过设计二次规划模型提出了基于偏好关系确定优先准则权重的方法。本节内容十分有益于应对实际背景下的优先多准则决策问题，在认识到优先多准则决策问题的某些特殊性后，提出聚合度的新概念，用以修正高优先级准则对低优先级准则的影响，避免了由于高度信任准则间的优先关系导致的不合理决策。下一章将继续针对此类问题，结合 Outranking 方法，提出新的优先多准则决策方法。

5.3 目标分级的火力分配

现有学者对火力分配问题的研究更多局限于火力分配模型的求解算法，希望利用更少的时间处理更多的打击目标与武器弹药间的匹配，往往忽略了火力分配问题所处环境、双方的作战任务、作战目的等因素，而在复杂的现代战场环境中，后者很多时候较前者更为重要，然而现有文献对这些方面的研究很缺乏，值得深入探索。本文主要针对上级指挥部门下达的作战任务研究相关作战单元的火力分配问题。

5.3.1 问题描述

某火力分配问题中有 n 类打击目标 $t^{(1)}$，$t^{(2)}$，…，$t^{(n)}$ 和 m 类弹药 ω_1，ω_2，…，ω_m，其中第 j 类目标有 p_j 个，第 i 类弹药有 q_i 个，根据作战任务，将这 n 类打击目标完全划分成 s 个不同的等级，$H_1>H_2>\cdots>H_s$，不失一般性，可设 $H_k=\{t^{(\delta_{k-1}+1)}$，$t^{(\delta_{k-1}+2)}$，…，$t^{(\delta_k)}\}$，且 $n=\delta_s$。已知平均使用 h_{ij} 发第 i 类弹药可以有效摧毁第 j 类目标，且根据作战任务对不同级别的打击目标已限定毁伤程度 g_1，g_2，…，g_s，则该火力分配问题的目的是如何在有限弹药的情况下最好地完成任务，或者完成任务的同时最少地使用弹药。

例 5.3 在某次作战行动中，上级部门将所有的 7 类目标划分为 3 个等级，一级目标 $H_1=\{t^{(1)}$，$t^{(2)}$，$t^{(3)}\}$，二级目标有 $H_2=\{t^{(4)}$，$t^{(5)}\}$，三级目标有 $H_3=\{t^{(6)}$，$t^{(7)}\}$。其毁伤程度和各类目标数量如表 5.2 所示。

表 5.2　打击目标统计表

级别	编号	毁伤程度(g)	数量(个)
一级	$t^{(1)}$	摧毁	2
	$t^{(2)}$		2
	$t^{(3)}$		3
二级	$t^{(4)}$	重度	2
	$t^{(5)}$		3
三级	$t^{(6)}$	轻度	4
	$t^{(7)}$		5

有 5 类弹药可对上述 7 类目标实施有效打击，5 类弹药的初始数量分别为 40、60、30、35、15 发，各类弹药摧毁各类打击目标平均使用的弹药数可表示为如下矩阵：

$$\boldsymbol{M}=(h_{ij})_{5\times 7}=\begin{pmatrix} 9 & 6 & 5 & & & & \\ 8 & 5 & 4 & 6 & 5 & & \\ & & & 7 & 6 & & \\ & & & & & 5 & 4 \\ & & & & & 4 & 3 \end{pmatrix} \tag{5.32}$$

矩阵中元素无值表示该元素下标对应的弹药不能攻击相应的目标，在计算时可设其值为$+\infty$。

例 5.3 为典型的基于作战任务的弹药-目标匹配问题，本文主要通过求解例 5.3 以说明所设计模型和方法的实用性。

5.3.2　弹药打击效能的计算

一般按 5 个等级对目标毁伤程度进行划分，即零毁伤、轻度毁伤、中度毁伤、重度毁伤以及摧毁。设对打击目标 t 的毁伤函数为 D：$T\to[0,1]$，则 t 的毁伤程度可以表示为 $D(t)$，其中 T 表示所有打击目标组成的集体。根据文献(Ren & Wang，2010)可知：当 $D(t)<0.1$ 时，目标零毁伤；当 $0.1\leqslant D(t)<0.3$ 时，目标轻度毁伤；当 $0.3\leqslant D(t)<0.6$ 时，目标中度毁伤；当 $0.6\leqslant D(t)<0.8$ 时，目标重度毁伤；当 $D(t)\geqslant 0.8$ 时，目标被摧毁。

根据实验数据，有效摧毁第 j 类目标平均需要使用第 i 类弹药 h_{ij} 发，也就是可使 $D(t^{(j)})\geqslant 0.8$，假设此 h_{ij} 发第 i 类弹药在打击 $t^{(j)}$ 时是独立的，每发该类弹药对 $t^{(j)}$ 的打击效能为 e_{ij}，则有 $D(t^{(j)})=h_{ij}\cdot e_{ij}\geqslant 0.8$，可解得

$$e_{ij}=[e_{ij}^{\mathrm{L}},\ e_{ij}^{\mathrm{U}}]=[0.8/h_{ij},\ 1/h_{ij}] \tag{5.33}$$

根据式(5.32)中的数据，可计算各类弹药对各类目标的打击效能

$$\overline{\boldsymbol{E}}=(e_{ij})_{5\times 7}=\begin{pmatrix} [0.0889,\ 0.111] & [0.133,\ 0.167] & [0.16,\ 0.2] & 0 & 0 & 0 & 0 \\ [0.1,\ 0.125] & [0.16,\ 0.2] & [0.2,\ 0.25] & [0.133,\ 0.167] & [0.16,\ 0.2] & 0 & 0 \\ 0 & 0 & 0 & [0.114,\ 0.143] & [0.133,\ 0.167] & 0 & 0 \\ 0 & 0 & 0 & 0 & 0 & [0.16,\ 0.2] & [0.2,\ 0.25] \\ 0 & 0 & 0 & 0 & 0 & [0.2,\ 0.25] & [0.267,\ 0.333] \end{pmatrix} \tag{5.34}$$

特别地，当弹药 ω_i 不可用于打击目标 $t^{(j)}$ 时，$h_{ij}=+\infty$，此时 $e_{ij}=0$。

如设一匹配方案中，各类弹药打击目标 $t^{(j)}$ 的个数分别为 $x_{ij}\in\{0,\ 1,\ \cdots,\ q_i\}(i=1,\ 2,\ \cdots,\ m)$，则可根据如下公式计算目标 t_j 的毁伤程度：

$$\begin{aligned}\boldsymbol{D}_j&=[D_j^{\mathrm{L}},\ D_j^{\mathrm{U}}]\\&=\left[\min\left\{1,\ \sum_{i=1}^{m}x_{ij}\cdot e_{ij}^{\mathrm{L}}\right\},\ \min\left\{1,\ \sum_{i=1}^{m}x_{ij}\cdot e_{ij}^{\mathrm{U}}\right\}\right]\end{aligned} \tag{5.35}$$

其中，t_j 表示标号为 j 的目标：

目标标号从 1 到 p_1 属于第 1 类目标；

从 p_1+1 到 p_1+p_2 属于第 2 类目标；

……

从 $\sum_{i=1}^{n-1}p_i+1$ 到 $p=\sum_{i=1}^{n}p_i$ 属于第 n 类目标。

5.3.3 模型设计

设 $\sigma_j(X)\in[0,\ 1](j=1,\ 2,\ \cdots,\ p)$ 表示执行匹配方案 X 时标号为 j 的目标的满意度，即能够符合作战目的或指挥员意图的程度，$\rho_i(X)(i=1,\ 2,\ \cdots,\ m)$ 表示执行匹配方案 X 后第 i 类弹药的剩余量与初始数量 q_i 之比，即

$$\rho_i(X)=1-\frac{c_i(X)}{q_i} \tag{5.36}$$

其中 $c_i(X)$ 表示执行匹配方案 X 后第 i 类弹药的消耗量。根据基于作战任务火力分配问题的目的，可设计如下优化模型：

$$\begin{aligned}&\max\quad \mathrm{AF}(\sigma_1(X),\ \cdots,\ \sigma_p(X),\ \rho_1(X),\ \cdots,\ \rho_m(X))\\&\mathrm{s.t.}\quad X\in\mathbf{X}\end{aligned} \tag{5.37}$$

其中 X 为可行匹配方案集，AF 是集成函数。

X 中每一个匹配方案 X 可表示为一个 $m\times p$ 的矩阵，即 $\boldsymbol{X}=(x_{ij})_{m\times p}$，其中 $\boldsymbol{X}$ 中的元素满足：

(1) $x_{ij}\in\{0, 1, \cdots, q_i\}$，$q_i$ 表示第 i 类弹药 ω_i 的总量。

(2) $\sum_{j=1}^{p}x_{ij}\leqslant q_i$，即 ω_i 打击目标的总次数不大于它的总量。

类似地，各类弹药打击各目标的效能也可以表示为矩阵形式 $\boldsymbol{E}=(e_{ij})_{m\times p}$，其中 $e_{ij}=[e_{ij}^{\mathrm{L}}, e_{ij}^{\mathrm{U}}]$ 表示弹药 ω_i 打击标号为 $j(j=1, 2, \cdots, p)$ 的目标 t_j 的效能。

设 $\boldsymbol{x}_{\cdot j}$ 和 $\boldsymbol{e}_{\cdot j}$ 分别表示矩阵 $\boldsymbol{X}$ 与 $\boldsymbol{E}$ 的第 j 列向量，则式(5.35)可以简化表示为

$$D_j(X)=\min\{1, \boldsymbol{x}_{\cdot j}^{\mathrm{T}}\boldsymbol{e}_{\cdot j}\} \tag{5.38}$$

式中 $D_j(X)$ 即是执行匹配方案 X 时对目标 t_j 的毁伤程度。可根据作战任务中各级任务的打击需要与由式(5.38)得到的各目标的毁伤程度计算模型的目标函数中各目标在某匹配方案 X 下的满意度 $\sigma_j(X)$：

$$\sigma_j(X)=\Pr\left(D_j(X)\geqslant g_{k|t_j\in H_k}\right) \tag{5.39}$$

其中，$g_{k|t_j\in H_k}$ 表示 t_j 所在级别的毁伤需求。式(5.39)的意思是目标 t_j 在执行匹配方案 X 后受到的毁伤不小于作战任务给出的毁伤需求的可能性，即为目标 t_j 在匹配方案 X 下的满意度。如果 $t_j\in H_k$，那么

$$\begin{aligned}\sigma_j(X)&=\Pr(D_j(X)\geqslant g_k)\\&=\min\left\{\max\left\{\frac{D_j^{\mathrm{U}}(X)-g_k}{D_j^{\mathrm{U}}(X)-D_j^{\mathrm{L}}(X)}, 0\right\}, 1\right\}\end{aligned} \tag{5.40}$$

综上所述，可以依据式(5.38)和式(5.40)计算在选定匹配方案 X 时目标 t_j 的满意度 $\sigma_j(X)$。

模型的目标函数中在执行匹配方案 X 后的弹药 ω_i 消耗的满意度 $\rho_i(X)$ 可通过式(5.36)进行计算，其中弹药消耗量

$$c_i(X)=\sum_{j=1}^{p}x_{ij} \tag{5.41}$$

本文可将弹药消耗作为第 $s+1$ 个作战等级，意思是在满足所有作战任务需求的前提下再考虑如何降低弹药的消耗量。可在所有 $s+1$ 个层级的基础上简化目标函数，设层级 $H_k(k=1, 2, \cdots, s+1)$ 在匹配方案 X 下的满意度为 $S_k(X)$。首先考虑到本文问题中作战任务是必须执行到位的，可选用取小函数计算前 s 层的满意度，即

$$S_k(X)=\min_{t_j\in H_k}(\sigma_j(x)), k=1, 2, \cdots, s \tag{5.42}$$

如设各类弹药的价值相同，可计算

$$S_{s+1}(X)=1-\frac{\sum_{i=1}^{m}\sum_{j=1}^{p}x_{ij}}{\sum_{i=1}^{m}q_i} \tag{5.43}$$

接下来，设计函数 F 计算匹配方案 X 的综合得分：

$$S(X)=F(S_1(X),\ S_2(X),\ \cdots,\ S_{s+1}(X))=\sum_{k=1}^{s+1}\prod_{j=1}^{k}S_j(X) \tag{5.44}$$

由式(5.44)可知

$$\begin{aligned}F(S_1(X),\ S_2(X),\ \cdots,\ S_{s+1}(X))&=\sum_{k=1}^{s+1}\prod_{j=1}^{k}S_j(X)\\&=S_1(X)\cdot\left[1+\sum_{k=2}^{s+1}\prod_{j=2}^{k}S_j(X)\right]\end{aligned}$$

当 $S_1(X)=0$ 时，$F(S_1(X),\ S_2(X),\ \cdots,\ S_{s+1}(X))=0$，意思是当设计的匹配方案的最高优先级作战任务的完成不能令人满意时，该匹配方案没有价值，综合得分最低。

综合上述分析，本文的弹药-目标匹配模型如下：

$$\begin{aligned}\max\quad & S(\boldsymbol{X})=\sum_{k=1}^{s+1}\prod_{j=1}^{k}S_j(\boldsymbol{X})\\ \text{s.t.}\quad & \boldsymbol{X}=(x_{ij})_{m\times p}\\ & \sum_{j=1}^{p}x_{ij}\leqslant q_i\\ & x_{ij}=0,\ 1,\ \cdots,\ q_i\\ & i=1,\ 2,\ \cdots,\ m,\ j=1,\ 2,\ \cdots,\ p\end{aligned} \tag{5.45}$$

5.3.4 实例求解

基于模型利用粒子群优化算法求解例 5.3，可得最优匹配方案 X^*，见表 5.3，在最优匹配方案 X^* 下各打击目标的毁伤程度及毁伤满意度见表 5.4，此时弹药消耗量为 72 枚，剩余量为 108 枚，根据式(5.36)可计算弹药的消耗满意度为 5.6。X^* 的综合得分，即模型的目标函数值为 $S(X^*)=3.6$。

表 5.3 最优匹配方案

	第一级目标 H_1							第二级目标 H_2					第三级目标 H_3								
	$t^{(1)}$		$t^{(2)}$		$t^{(3)}$			$t^{(4)}$		$t^{(5)}$			$t^{(6)}$				$t^{(7)}$				
	t_1	t_2	t_3	t_4	t_5	t_6	t_7	t_8	t_9	t_{10}	t_{11}	t_{12}	t_{13}	t_{14}	t_{15}	t_{16}	t_{17}	t_{18}	t_{19}	t_{20}	t_{21}
w_1	3	0	0	0	3	0	0	0	0	0	0	0	0	0	0	0	0	0	0	0	0
w_2	6	8	5	5	2	4	4	2	0	3	3	4	0	0	0	0	0	0	0	0	0
w_3	0	0	0	0	0	0	0	3	6	1	1	0	0	0	0	0	0	0	0	0	0
w_4	0	0	0	0	0	0	0	0	0	0	0	0	0	1	0	0	1	0	0	1	1
w_5	0	0	0	0	0	0	0	0	0	0	0	0	1	0	1	1	0	1	1	0	0

表 5.4　最优匹配方案下各打击目标的毁伤程度及毁伤满意度

	t_1	t_2	t_3	t_4	t_5	t_6	t_7	t_8	t_9	t_{10}	t_{11}	t_{12}	t_{13}	t_{14}	t_{15}	t_{16}	t_{17}	t_{18}	t_{19}	t_{20}	t_{21}
D_L	0.867	0.8	0.8	0.8	0.88	0.8	0.8	0.61	0.686	0.613	0.613	0.64	0.2	0.16	0.2	0.2	0.2	0.267	0.267	0.2	0.2
D_U	1	1	1	1	1	1	1	0.762	0.857	0.767	0.767	0.8	0.25	0.2	0.25	0.25	0.25	0.333	0.333	0.25	0.25
毁伤程度	摧毁	摧毁	摧毁	摧毁	摧毁	摧毁	摧毁	重度毁伤	重度毁伤	重度毁伤	重度毁伤	重度毁伤	轻度毁伤	轻度毁伤	轻度毁伤	轻度毁伤	轻度毁伤	轻度毁伤	轻度毁伤	轻度毁伤	轻度毁伤
σ	1	1	1	1	1	1	1	1	1	1	1	1	1	1	1	1	1	1	1	1	1

考虑到在实际战场环境中，上级指挥部门可能会通过对打击目标进行分级等措施向战斗单元下达作战任务，本文将多类打击目标分成不同的优先等级，对高等级目标的毁伤达不到毁伤满意度时不考虑低等级目标的毁伤效果，进而解决此类情况下的火力分配问题，可为相关作战部队接受作战任务后快速实施火力分配提供辅助。

本章小结

本章在第 2 章的框架下着重研究了另一类常见的准则间关系——优先关系，对准则系统的复杂性起到了充分认识的作用，是系统决策模型的补充与具体化。本章首先认识到准则间的序优先关系是解决优先多准则决策问题的基础，然而准则间的序优先关系难以直接给出，为此提出了更利于决策者提供的两两优先关系，并通过偏好关系与对象序关系两类常见关系间的联系与优劣，分析了两两优先关系的必要性与优势。借助有向图与模糊有向图对准则间的两两优先关系进行了建模，经过循序渐进的推理与分析，给出了由两两优先关系到序优先关系的转换流程，填补了相关研究的空白。而后讨论了多准则决策问题中优先关系与偏好关系的异同，在此基础上分析了权重确定与修正的影响因素。在现有优先集成算子的基础上，加入准则权重的变化，提出了加权优先集成算子，并应用所提出的算子处理优先多准则决策问题，给出了方法流程；综合基于偏好关系的权重确定与基于优先关系的权重修正两类权重变化确定方法，提出了基于偏好关系的优先多准则决策问题解决方法。该方法从最基本的权重确定到决策方案优选历经了优先多准则决策问题求解的整个过程，通过方法的对比体现出该方法具有较高的可行性。本章最后一节考虑到火力分配问题中往往存在作战任务会对打击目标进行分级的状况，提出了目标分级的火力分配问题，并将此类问题视为优先多准则决策问题，通过设计方法、建立模型，很好地解决了目标分级的火力分配问题，充分验证了前几节理论方法研究的必要性与实用性。

第 6 章　优先准则——Outranking 方法视角

当前在优先多准则决策方面的研究主要针对如何在多个具有优先关系的准则下集成评估信息，即如何构建优先集成算子。然而如果直接将优先集成算子应用到优先多准则决策问题中，会存在一些不足。以用户为孩子购买自行车为例，用户考虑安全性与价格两个准则，安全性准则较价格准则具有更高的优先级，假如仅两种自行车为选择方案，这两种自行车的安全性指标相同但均不能达到该用户的需求，若使用现有的优先集成算子，就会因为安全性达不到指标，导致无论价格指标如何都不能在总体评估值上有所贡献，两种自行车集成后的总体评估值将相同，因此难以为用户给出购买建议。直观上，在此类情况中，不管用户最后的选择是什么，作为决策者辅助决策的工具，均应该给出一个更优的决策选择，供决策者参考。因此此情况下的优先多准则决策问题应该给出价格低的自行车更应优先考虑的结果，而非两类自行车完全相同，不分优劣。此为利用现有优先集成算子解决优先多准则决策问题时存在不足的简单示例，在许多实际应用背景下的优先多准则决策问题中，由于较大的准则数量、复杂的准则间优先关系，此类不足往往难以发觉，因此有必要设计更好的优先多准则决策方法以弥补基于优先集成算子方法的不足。为此目的，本章基于两种典型的 Outranking 方法——PROMETHEE 和 ELECTRE 方法，通过两两比较方案，解决优先多准则决策问题，可以很好地克服上述示例中的不足。

6.1　优先多准则决策的 PROMETHEE 方法

PROMETHEE(Preference Ranking Organization Method for Enrichment Evaluation)使用级别优选法(outranking methodology)对方案进行排序(Brans et al，1986)，该方法主要有以下 4 个步骤：

(1) 定义偏好函数(preference function)。偏好函数主要用于量化计算在某准则下决策者对方案 x_k 与方案 x_l 的偏好。

(2) 计算偏好指数(preference index)。偏好指数是考虑所有准则的情况下综合地对方案进行数值化的两两比较。

(3) 构造值化级别优先图(valued outranking graph)。在本步骤中依据相关的偏好指数可确定各方案的输出流与输入流。

(4) 根据值化级别优先图对方案进行排序。PROMETHEE 方法的主要思想是先单个而后综合地考虑准则对方案进行两两比较。

6.1.1　方法与流程

假设在某优先多准则决策问题中，决策者想从一组方案 $X=\{x_1, x_2, \cdots, x_m\}$ 中择优，这些方案由共同的准则 $C=\{c_1, c_2, \cdots, c_n\}$ 描述，其中 $c_1 \succ c_2 \succ \cdots \succ c_n$，所有的评估值 $c_i(x_j)(i=1, 2, \cdots, m; j=1, 2, \cdots, n)$，以及决策者对各评估值的满意程度 $S_i(x_j)$ 已知，可通过如下步骤基于 PROMETHEE 思想的方法流程求解上述优先多准则决策问题。

步骤 1：定义偏好函数。偏好函数 $P: [0, 1]^2 \to [0, 1]$ 可定义如下：

$$P(c_j(x_k), c_j(x_l)) = \begin{cases} 0, & \text{若 } c_j(x_k) < c_j(x_l) \\ \varphi(c_j(x_k) - c_j(x_l)), & \text{若 } c_j(x_k) \geqslant c_j(x_l) \end{cases} \tag{6.1}$$

其中单调增函数 $\varphi: [0, 1] \to [0, 1]$ 满足 $\varphi(0)=0$, $j \in \{1, 2, \cdots, n\}$ 且 $k \neq l \in \{1, 2, \cdots, m\}$。在上式中本文设定准则 c_j 下方案 x_k 对 x_l 的偏好度量，$\varphi(x)=x$，如此，式(6.1)可转化为

$$P(c_j(x_k), c_j(x_l) = \begin{cases} 0, & c_j(x_k) < c_j(x_l) \\ c_j(x_k) - c_j(x_l), & c_j(x_k) \geqslant c_j(x_l) \end{cases} \tag{6.2}$$

步骤 2：计算偏好指数。因为优先多准则决策中由于准则间优先关系的存在，高优先级的准则会对低优先级的准则造成影响，所以首先设计一修正函数以便妥善考虑方案在各准则下满意度的影响，该修正函数 $\rho: [-1, 1] \times [0, 1] \to [0, 1]$ 定义如下：

$$\rho(y, z) = \begin{cases} y + z - y \cdot z, & y \geqslant 0 \\ (1+y) \cdot z, & y < 0 \end{cases} \tag{6.3}$$

因为定义 5.10 中的满意函数 S 是非单调减函数，则若 $c_j(x_k) \geqslant c_j(x_l)$，则有 $S_j(x_k) \geqslant S_j(x_l)$，且若 $c_j(x_k) < c_j(x_l)$，则有 $S_j(x_k) \leqslant S_j(x_l)$，令 $S_{j|kl} = S_j(x_k) - S_j(x_l)$，$c_{j|kl} = c_j(x_k) - c_j(x_l)$，根据式(6.3)有

$$\rho[S_{j|kl}, P(c_j(x_k), c_j(x_l))] = \begin{cases} S_{j|kl} + c_{j|kl} - S_{j|kl} \cdot c_{j|kl}, & c_{j|kl} \geqslant 0 \\ 0, & c_{j|kl} < 0 \end{cases} \tag{6.4}$$

从式(6.4)中可知，$S_j(x_k) > S_j(x_l)$ 表示方案 x_k 较 x_l 更容易令决策者满意，此时有

$$\rho[S_{j|kl}, P(c_j(x_k), c_j(x_l))] > P(c_j(x_k), c_j(x_l)) = c_{j|kl}$$

特别地，若 $S_{j|kl}=1$，则有 $\rho[S_{j|kl}, P(c_j(x_k), c_j(x_l))]=1$ 为最大值，然而若 $S_j(x_k) < S_j(x_l)$，则 $c_j(x_k) < c_j(x_l) \Rightarrow \rho[S_{j|kl}, P(c_j(x_k), c_j(x_l))]=0$。

此外需要考虑高优先级准则的影响，可定义 $\lambda_{j|kl}$ 表示高优先级准则 $c_s(s=1, 2, \cdots, j-1)$ 对 c_j 的影响，其中

$$\lambda_{j|kl} = \begin{cases} 1, & j=1 \\ \prod_{s=1}^{j-1} \min(1+S_{s|kl}, 1), & j=2, 3, \cdots, n \end{cases} \tag{6.5}$$

依据上述分析，可计算方案 x_k 对 x_l 的偏好指数：

$$\pi(x_k, x_l) = \frac{1}{n} \cdot \sum_{j=1}^{n} \lambda_{j|kl} \cdot \rho\Big[S_{j|kl}, P\big(c_j(x_k), c_j(x_l)\big)\Big], \quad k \neq l \in \{1, 2, \cdots, m\} \tag{6.6}$$

$\pi(x_k, x_l) \in [0, 1]$ 表示考虑所有准则下方案 x_k 对 x_l 偏好的度量，其值越接近 1，偏好越强烈。

步骤3：构造直觉偏好关系(intuitionistic preference relation)。Xu(Xu，2007b)将直觉偏好关系定义如下。

定义6.1(Xu，2007b)　对象集X上的直觉偏好关系定义为一矩阵$\boldsymbol{B}=(b_{ij})_{m\times m}\subset X\times X$，其中$b_{ij}=(\mu_{ij},\upsilon_{ij})$，$b_{ij}$为一直觉模糊值，由$\mu_{ij}$与$\upsilon_{ij}$组成，$\mu_{ij}$表示相比对象$x_j$更偏好对象$x_i$的确定程度，$\upsilon_{ij}$表示相比对象$x_j$不偏好对象$x_i$的确定程度，$1-\mu_{ij}-\upsilon_{ij}$表示相比对象$x_j$偏好对象$x_i$的犹豫程度，$\mu_{ij}$与$\upsilon_{ij}$满足$0\leqslant\mu_{ij}+\upsilon_{ij}\leqslant 1$，$\mu_{ji}=\upsilon_{ji}$，$\upsilon_{ji}=\mu_{ij}$，且$\mu_{ii}=\upsilon_{ii}=0.5(i,j=1,2,\cdots,m)$。

通过上一步骤获得了方案x_k与x_l间的偏好指数$\pi(x_k,x_l)$与$\pi(x_l,x_k)$，前者是x_k到x_l偏好的度量，后者是x_l到x_k偏好的度量，$\pi(x_l,x_k)$也可以表示相比x_l不偏好x_k的度量。因此可基于$\pi(x_k,x_l)$与$\pi(x_l,x_k)(k\neq l\in\{1,2,\cdots,m\})$构造直觉偏好关系，若构造的直觉偏好关系成立，则可根据直觉偏好关系对方案进行排序，为叙述方便本文将$\pi(x_k,x_l)$简记为$\pi_{kl}(k\neq l\in\{1,2,\cdots,m\})$。

定理6.1　$\forall k\neq l\in\{1,2,\cdots,m\}$有$0\leqslant\pi_{kl}+\pi_{lk}\leqslant 1$。

证明：假设$c_j(x_k)\geqslant c_j(x_l)$，因为满意函数$S_j$为单调增函数，因此$S_j(x_k)\geqslant S_j(x_l)$，根据式(6.2)可得$P(c_j(x_k),c_j(x_l))=c_j(x_k)-c_j(x_l)=c_{j|kl}$且$P(c_j(x_l),c_j(x_k))=0$。代入式(6.4)中有$\rho\left[S_{j|kl},P\left(c_j(x_k),c_j(x_l)\right)\right]=S_{j|kl}+c_{j|kl}-S_{j|kl}\cdot c_{j|kl}$且$\rho\left[S_{j|lk},P\left(c_j(x_l),c_j(x_k)\right)\right]=0$。因为$0\leqslant c_{j|kl}$，$E_{j|kl}\leqslant 1$，所以$0\leqslant\rho[E_{j|kl},P(c_j(x_k),c_j(x_l))]$。根据式(6.5)中的计算公式，有$0\leqslant\lambda_{j|kl}$，$\lambda_{j|lk}\leqslant 1$，因此

$$0\leqslant\lambda_{j|kl}\cdot\rho\left[E_{j|kl},P\left(c_j(x_k),c_j(x_l)\right)\right]+\lambda_{j|lk}\cdot\rho\left[E_{j|lk},P\left(c_j(x_l),c_j(x_k)\right)\right]\leqslant 1$$

$$\Rightarrow 0\leqslant\sum_{j=1}^{n}\left\{\lambda_{j|kl}\cdot\rho\left[E_{j|kl},P\left(c_j(x_k),c_j(x_l)\right)\right]+\lambda_{j|lk}\cdot\rho\left[E_{j|lk},P\left(c_j(x_l),c_j(x_k)\right)\right]\right\}\leqslant n$$

$$\Rightarrow 0\leqslant\frac{1}{n}\cdot\sum_{j=1}^{n}\lambda_{j|kl}\cdot\rho\left[E_{j|kl},P\left(c_j(x_k),c_j(x_l)\right)\right]+\frac{1}{n}\cdot\sum_{j=1}^{n}\lambda_{j|lk}\cdot\rho\left[E_{j|lk},P\left(c_j(x_l),c_j(x_k)\right)\right]\leqslant 1$$

$$\Rightarrow 0\leqslant\pi_{kl}+\pi_{lk}\leqslant 1$$

定理成立，证毕。

接下来基于偏好指数$\pi_{kl}(k\neq l\in\{1,2,\cdots,m\}$构造矩阵$\boldsymbol{B}=(b_{kl})_{m\times m}$，其中若$k\neq l$，则$\boldsymbol{B}$中的任意元素为直觉模糊值$b_{kl}=(\mu_{kl},\upsilon_{kl})=(\pi_{kl},\pi_{lk})$，矩阵中的对角线元素$b_{kk}=(0.5,0.5)(k=1,2,\cdots,m)$，显然矩阵$\boldsymbol{B}$为满足定义6.1的直觉偏好关系。

步骤4：基于构造的直觉偏好关系对方案进行排序。传统的PROMETHEE方法是通过构造值化级别优先图对方案进行排序的，本文考虑优先多准则决策的PROMETHEE方法的特殊性，决定使用直觉偏好关系的相关方法对方案进行排序，这也是PROMETHEE思想结合直觉偏好关系的创新之处。Xu(Xu，2009)曾在文献中提出方法借助直觉偏好关系揭示多个对象间的序关系，该方法可用于本步骤对方案进行排序。首先定义排序向量为$\boldsymbol{v}=(v_1,v_2,\cdots,v_m)^{\mathrm{T}}$，其中$v_k$反映方案$x_k$的排序程度，$v_k\geqslant 0(k=1,2,\cdots,m)$，$\sum\limits_{k=1}^{m}v_k=1$。

若直觉偏好关系 $\boldsymbol{B}=(b_{kl})_{m\times m}$ 是一致的，则有 $\mu_{kl}\leqslant 0.5(v_k-v_l+1)\leqslant 1-\upsilon_{kl}$，即 $0.5(v_k-v_l+1)\in[\mu_{kl},1-\upsilon_{kl}]$$(k=1,2,\cdots,m-1;l=k+1,\cdots,m)$。然而 $\boldsymbol{B}=(b_{kl})_{m\times m}$ 通常是不一致的，此情况下，Xu(Xu，2009)引入了两类偏差变量 d_{kl}^- 与 d_{kl}^+，将上述不等式松弛如下：

$$\mu_{kl}-d_{kl}^-\leqslant 0.5(v_k-v_l+1)\leqslant 1-\upsilon_{kl}+d_{kl}^+,\ k=1,2,\cdots,m-1;\ l=k+1,\cdots,m$$

其中偏差变量 d_{kl}^- 与 d_{kl}^+ 均是非负的实数。因为在本文中有 $\mu_{kl}=\pi_{kl}$ 及 $\upsilon_{kl}=\pi_{lk}$，因此有

$$\pi_{kl}-d_{kl}^-\leqslant 0.5(v_k-v_l+1)\leqslant 1-\pi_{lk}+d_{kl}^+$$

将相关参数代入 Xu(Xu，2009)构建的线性规划模型中有

$$\begin{aligned}
\min\quad & D=\sum_{k=1}^{m-1}\sum_{l=k+1}^{m}(d_{kl}^-+d_{kl}^+)\\
\text{s.t.}\quad & 0.5(v_k-v_l+1)+d_{kl}^-\geqslant\pi_{kl}\\
& 0.5(v_k-v_l+1)-d_{kl}^+\leqslant 1-\pi_{lk}\\
& v_i\geqslant 0,\ i=1,2,\cdots,m\\
& \sum_{i=1}^{m}v_i=1\\
& d_{kl}^-,\ d_{kl}^+\geqslant 0\\
& k=1,2,\cdots,m-1;\ l=k+1,\cdots,m
\end{aligned}\tag{6.7}$$

求解该模型即可得到与方案相对应的最优排序向量 $\boldsymbol{v}^*=(v_1^*,v_2^*,\cdots,v_m^*)^{\mathrm{T}}$，可用于对方案进行排序，一般来说 v_k^* 的值越大，方案 x_k 排得越靠前。

6.1.2　示例分析

本小节将用一简例说明上一小节提出的优先多准则决策的 PROMETHEE 方法的可行性。

例 6.1　假设某优先多准则决策问题中有 5 个方案 $X=\{x_1,x_2,\cdots,x_5\}$，以及 6 个具有优先关系的准则 $C=\{c_1,c_2,\cdots,c_6\}$，其中 $c_1\succ c_2\succ\cdots\succ c_6$，所有准则下各方案的评估值 $c_j(x_i)(i=1,2,\cdots,5;j=1,2,\cdots,6)$ 由表 6.1 给出。

表 6.1　方案在准则下的评估值

$c_j(x_i)$	c_1	c_2	c_3	c_4	c_5	c_6
x_1	0.6	0.85	0.55	0.85	0.9	0.45
x_2	0.4	0.9	0.8	0.75	0.6	0.8
x_3	0.55	0.8	0.9	0.65	0.7	0.6
x_4	0.4	0.5	0.5	0.6	0.4	0.8
x_5	0.75	0.7	0.85	0.45	0.6	0.75

根据决策者的需求，假设已经获得决策者对各评估值的满意程度，如表 6.2 所示。

表 6.2　满意程度列表

$c_j(x_i)$	c_1	c_2	c_3	c_4	c_5	c_6
x_1	0.6	0.85	0.55	0.85	0.9	0.45
x_2	0.4	0.9	0.8	0.75	0.6	0.8
x_3	0.55	0.8	0.9	0.65	0.7	0.6
x_4	0.4	0.5	0.5	0.6	0.4	0.8
x_5	0.75	0.7	0.85	0.45	0.6	0.75

首先考虑决策者对方案 x_1 与 x_2 的偏好。根据式(6.2)，各准则下 $P(c_j(x_1), c_j(x_2))$ $(j=1, 2, \cdots, 6)$的值分别为 0.2、0、0、0.1、0.3、0。而后利用式(6.4)可计算各准则下 $\rho[E_{j|12}, P(c_j(x_1), c_j(x_2))](j=1, 2, \cdots, 6)$的值分别为 1、0、0、0.28、1、0。根据式(6.5)对于 $j=1, 2, \cdots, 6$ 有 $\lambda_{j|12}=1$、1、1、0.375、0.375、0.375。由此可根据式(6.6)计算出方案 x_1 对 x_2 的偏好指数为 $\pi_{12}=0.247$。

与上述过程类似，可计算出所有方案两两之间的偏好指数如下：

$\pi_{12}=0.247$，$\pi_{13}=0.080$，$\pi_{14}=0.605$，$\pi_{15}=0.139$，$\pi_{21}=0$，$\pi_{23}=0.024$，$\pi_{24}=0.380$，$\pi_{25}=0$，$\pi_{31}=0.121$，$\pi_{32}=0.259$，$\pi_{34}=0.568$，$\pi_{35}=0.196$，$\pi_{41}=0$，$\pi_{42}=0$，$\pi_{43}=0$，$\pi_{45}=0$，$\pi_{51}=0.128$，$\pi_{52}=0.188$，$\pi_{53}=0.086$，$\pi_{54}=0.443$

依据计算出的偏好指数构造直觉偏好关系 $\boldsymbol{B}=(b_{kl})_{5\times 5}$，其中 $b_{kl}=(\pi_{kl}, \pi_{lk})(k\neq l\in\{1, 2, \cdots, 5\})$，$b_{kk}=(0.5, 0.5)(k\in\{1, 2, \cdots, 5\})$，即

$$\boldsymbol{B}=(b_{kl})_{5\times 5}$$

$$=\begin{bmatrix} (0.5, 0.5) & (0.247, 0) & (0.08, 0.121) & (0.605, 0) & (0.139, 0.128) \\ (0, 0.247) & (0.5, 0.5) & (0.024, 0.259) & (0.380, 0) & (0, 0.188) \\ (0.121, 0.08) & (0.259, 0.024) & (0.5, 0.5) & (0.568, 0) & (0.196, 0.086) \\ (0, 0.605) & (0, 0.380) & (0, 0.568) & (0.5, 0.5) & (0, 0.443) \\ (0.128, 0.139) & (0.188, 0) & (0.086, 0.196) & (0.443, 0) & (0.5, 0.5) \end{bmatrix}$$

最后将上述直觉偏好关系代入线性规划模型(6.7)，在 Matlab 中求解可得最优排序向量：

$$\boldsymbol{v}^*=(v_1^*, v_2^*, \cdots, v_m^*)^{\mathrm{T}}=(0.359, 0.132, 0.315, 0.002, 0.192)^{\mathrm{T}}$$

因此方案的序关系为

$$x_1\rightarrow x_3\rightarrow x_5\rightarrow x_2\rightarrow x_4$$

最优的方案是 x_1。

若利用第 5 章中介绍的三个优先集成算子处理上例中的优先多准则决策问题，所得到的方案 x_2 与 x_4 将会无区别，这与对表 6.1 中数据的直观分析有出入。从表中数据可知，x_4 的所有准则下的评估值都不优于 x_2，x_2 显然是比 x_4 要优的。因此这三个优先集成算子处理优先多准则决策问题是存在不足的，而本节提出的方法很好地克服了现有方法的不足，较基于优先集成算子的方法更适合解决优先多准则决策问题。

6.2　优先多准则决策的 ELECTRE 方法

本节使用 ELECTRE 方法解决优先多准则决策问题，有关 ELECTRE 方法的基础在第 1 章中有介绍。

6.2.1　优先准则的和谐性

本小节基于模糊测度重写和谐性指标的公式，然后将其运用到优先准则的和谐性检验中。

1. 基于模糊测度的和谐性指标

在此先介绍一些模糊测度的必要概念。

设有限集 C，它的幂集记为 2^C，在集合 C 上的模糊测度(fuzzy measure)定义如下。

定义 6.2(Murofushi & Sugeno，2000)　集合 C 上的模糊测度定义为一个函数 μ：$2^C\to[0, 1]$，满足：$\mu(\varnothing)=0$，$\mu(C)=1$，以及若 $B_1\subseteq B_2\subseteq C$，则 $\mu(B_1)\leqslant\mu(B_2)$。

特别地，$\forall B_1$、B_2、$B_3\subseteq C$，当 $B_1\cup B_2=B_3$ 时，有 $\mu(B_1)+\mu(B_2)=\mu(B_3)$，此时的模糊测度称为概率测度(probability measure)(Murofushi & Sugeno，2000)。模糊测度能够通过度量准则子集的重要性权重，量化反映出准则间的关联关系。下面针对不同的 ELECTRE 方法，给出和谐性指标的计算公式。

1) ELECTRE-I 和 ELECTRE-Iv

设准则的索引集为 $N=\{1, 2, \cdots, n\}$，N_{jk}^{+}、$N_{jk}^{=}$ 和 N_{jk}^{-} 分别是三个子集。构造 N 上的一个概率测度 ξ，使得对于 $\forall B\subseteq N$ 有 $\xi(B)=\sum\limits_{i\in B}w_i$，此时可以重写第 1 章的式(1.9)：

$$I_{jk}=\xi(N_{jk}^{+}\cup N_{jk}^{=})=\xi(N_{jk}^{+})+\xi(N_{jk}^{=}) \tag{6.8}$$

当把上式中的概率测度 ξ 替换成模糊测度 μ 时，可以得到更具一般性的和谐性指标：

$$I_{jk}=\mu(N_{jk}^{+}\cup N_{jk}^{=}) \tag{6.9}$$

式(6.9)中定义的新和谐性指标更具实用性，正如本书中一再论述的，在多准则决策的实际应用中，准则之间的关联关系是广泛存在的，仅仅通过准则的权重很难充分描述准则间的关联关系，而引入模糊测度是一种实用手段。

2) ELECTRE-IS

在重构 ELECTRE-IS 的和谐性指标公式之前，定义一个泛化模糊测度。

定义 6.3　设 Ω 为论域，称函数 $\tilde{\mu}$：$\Omega\to[0, 1]$为泛化模糊测度，则满足：$\tilde{\mu}(\varnothing)=0$，$\tilde{\mu}(\Omega)=1$，以及对于 $\tilde{A}\subseteq\tilde{B}$ 有 $\tilde{\mu}(\tilde{A})\leqslant\tilde{\mu}(\tilde{B})$，其中 $\tilde{A}$，$\tilde{B}$ 都是 Ω 中的模糊子集。

针对级别高于关系 $x_j\mathrm{S}x_k$(见本书第 1.3 节)构造 N 上的一个模糊索引集：

$$\tilde{N}_{jk}=\{(i, \rho(i))\} \tag{6.10}$$

其中 $i\in N$，$\rho(i)$是 i 的隶属度函数：

$$\rho(i)=\begin{cases}1, & c_i(x_j)+q_i[c_i(x_j)]\geqslant c_i(x_k)\\ \dfrac{c_i(x_j)+p_i[c_i(x_j)]-c_i(x_k)}{p_i[c_i(x_j)]-q_i[c_i(x_j)]}, & c_i(x_j)+q_i[c_i(x_j)]<c_i(x_k)\leqslant c_i(x_j)+p_i[c_i(x_j)]\\ 0, & \text{其他}\end{cases}\tag{6.11}$$

构造泛化模糊测度 $\tilde{\mu}$：$N\to[0,1]$：

$$\tilde{\mu}(\tilde{A})=\sum_{i\in N}\rho_{\tilde{A}}(i)\cdot w_i\tag{6.12}$$

其中 $\tilde{A}=\{(i,\rho_{\tilde{A}}(i))\}$ 是 N 上的一个模糊子集，在此基础上重写和谐性指标：

$$I_{jk}=\tilde{\mu}(\tilde{N}_{jk})=\sum_{i\in N}\rho(i)\cdot w_i\tag{6.13}$$

通过本小节的描述，ELECTRE-I 与它的改进版本的和谐性指标在模糊测度和泛化模糊测度的基础上进行了重写。

2. 泛化优先测度

2011 年，Yager(Yager et al, 2011)提出了优先测度(prioritized measure)的概念，而后 Chen 等人(Chen et al, 2013)提出了优先测度的严格定义。

定义 6.4(Chen et al, 2013)　集合 C 上的优先测度定义为一个函数 μ：$2^C\to[0,1]$，满足：

(1) $\mu(\varnothing)=0$，$\mu(C)=1$。

(2) 若 $B_1\subseteq B_2\subseteq C$，则 $\mu(B_1)\leqslant\mu(B_2)$。

(3) 设 C 的模糊子集 $B=\{c_{k_1},c_{k_2},\cdots,c_{k_l}\}$ 和 $B'=\{c_{k_1'},c_{k_2'},\cdots,c_{k_l'}\}$，其中当 $i<j$ 时有 $c_{k_i}>c_{k_j}$ 和 $c_{k_i'}>c_{k_j'}$，此时若 $c_{k_1}>c_{k_1'}$，…，$c_{k_l}>c_{k_l'}$，则 $\mu(B)\geqslant\mu(B')$，符号“$>$”表示“优先于”或“差不多”。

定义(6.4)中的第(3)个条件高优先级准则的联盟相较于低优先级准则的更为重要。

(1) 在强序优先关系情况下，Chen 等人(Chen et al, 2013)提出了一种计算优先测度的具体方法。设准则集 C 中的准则存在强序优先关系 $c_1>c_2>\cdots>c_n$，准则的权重记为 $w_1,w_2,\cdots,w_n$，对于任意准则子集 $A=\{c_{l_1},c_{l_2},\cdots,c_{l_s}\}\subseteq C(l_1<l_2<\cdots<l_s)$，其优先测度如下式计算：

$$\mu(A)=\sum_{i=1}^{s}w_{l_i}\cdot f_i(l_i)\tag{6.14}$$

其中若 $l_i<l_i'$ 则 $f_i(l_i)\geqslant f_i(l_i')$，且 $f_i(i)=1$，f_i 的具体形式为

$$f_i(l_i)=\frac{n+1-l_i}{n+1-i}\tag{6.15}$$

(2) 针对弱序优先关系的情况，这里提出一种新的优先测度。设把所有准则划分成 q 个优先层 $H_1>H_2>\cdots>H_q$，不失一般性，假设准则按优先关系的降序顺序排列，则 $H_1=\{c_1,c_2,\cdots,c_{n_1}\}$、$H_2=\{c_{n_1+1},c_{n_1+2},\cdots,c_{n_1+n_2}\}$、…、$H_q=\{c_{\sum_{k=1}^{q-1}n_k+1},\cdots,c_n\}$，此时准则子集 $A=\{c_{l_1},c_{l_2},\cdots,c_{l_s}\}\subseteq C$ 的优先测度如下式计算：

$$\mu(A)=\sum_{i=1}^{s} w_{l_i} \cdot f_{\eta(i)}[\eta(l_i)] \tag{6.16}$$

其中 η：$\{1, 2, \cdots, n\}\rightarrow\{1, 2, \cdots, q\}$，当 $c_i\in H_k$ 时，$\eta(i)=k$；$f_{\eta(i)}$ 与式(6.14)中的 f_i 相类似：

① $f_{\eta(i)}$ 是单调增函数；

② 当 $\eta(i)=\eta(l_i)$ 时，$f_{\eta(i)}[\eta(l_i)]=1$。

当每个优先层 H_k 中有且只有一个准则时，式(6.16)退化为式(6.14)。

下面定义泛化优先测度。

定义 6.5 设论域 Ω，泛化优先测度定义为函数 $\tilde{\mu}$：$\Omega\rightarrow[0, 1]$，满足：

(1) $\tilde{\mu}(\varnothing)=0$，$\tilde{\mu}(\Omega)=1$。

(2) 对于 Ω 上的模糊子集 $\tilde{A}\subseteq\tilde{B}$，有 $\tilde{\mu}(\tilde{A})\leqslant\tilde{\mu}(\tilde{B})$。

(3) 设 $\tilde{A}=\{(c_i, \rho_{\tilde{A}}(c_i))$ 和 $\tilde{B}=\{(c_i, \rho_{\tilde{B}}(c_i))(i\in\{1, 2, \cdots, n\})$ 是 Ω 上的两个模糊子集，$\forall i\in\{1, 2, \cdots, n\}\setminus\{j, k\}$ 有 $\rho_{\tilde{A}}(c_i)=\rho_{\tilde{B}}(c_i)$，并且 $\rho_{\tilde{A}}(c_j)=\rho_{\tilde{B}}(c_k)$ 与 $\rho_{\tilde{A}}(c_k)=\rho_{\tilde{B}}(c_j)$，则

$$\left.\begin{array}{r} c_i \succ c_k \\ \rho_{\tilde{A}}(c_j)\geqslant\rho_{\tilde{A}}(c_k) \end{array}\right\}\Rightarrow\tilde{\mu}(\tilde{A})\geqslant\tilde{\mu}(\tilde{B}) \tag{6.17}$$

假设有四个准则集 $C=\{c_1, c_2, c_3, c_4\}$ 的模糊子集：

$$\tilde{A}=\{(c_1, 0.8), (c_2, 1), (c_3, 0.9), (c_4, 0.7)\},$$

$$\tilde{B}_1=\{(c_1, 0.8), (c_2, 0.9), (c_3, 1), (c_4, 0.7)\},$$

$$\tilde{B}_2=\{(c_1, 0.8), (c_2, 0.8), (c_3, 1), (c_4, 0.7)\},$$

$$\tilde{B}_3=\{(c_1, 0.8), (c_2, 0.7), (c_3, 1), (c_4, 0.8)\}$$

准则之间存在优先关系 $c_1\succ c_2\succ c_3\succ c_4$。根据定义 6.5 中的条件(3)，易知 $\tilde{\mu}(\tilde{A})\geqslant\tilde{\mu}(\tilde{B}_1)$ 且 $\tilde{\mu}(\tilde{B}_2)\geqslant\tilde{\mu}(\tilde{B}_3)$。根据条件(2)，因为 $\tilde{B}_2\subseteq\tilde{B}_1$，所以 $\tilde{\mu}(\tilde{B}_1)\geqslant\tilde{\mu}(\tilde{B}_2)$。因此 $\tilde{\mu}(\tilde{A})\geqslant\tilde{\mu}(\tilde{B}_1)\geqslant\tilde{\mu}(\tilde{B}_2)\geqslant\tilde{\mu}(\tilde{B}_3)$。重复使用定义 6.5 中的条件(2)(3)，泛化模糊测度可以被应用到更复杂的情况。

设有 n 个具有优先关系的准则 $c_1, c_2, \cdots, c_n$，泛化模糊测度的具体形式如下：

$$\tilde{\mu}(\tilde{A})=\sum_{i=1}^{n} w_i \cdot \lfloor\rho\rfloor_{\tilde{A}}(c_i) \tag{6.18}$$

其中模糊子集 $\tilde{A}=\{(c_i, \rho_{\tilde{A}}(c_i))\mid i=1, 2, \cdots, n\}$，$w_i$ 是准则 c_i 的权重，且

$$\lfloor\rho\rfloor_{\tilde{A}}(c_i)=\min_{j\in\{j\mid c_j\succ c_i\}\cup\{i\}}\{\rho_{\tilde{A}}(c_j)\}$$

如果式(6.18)的泛化优先测度公式被用于计算上文例子中模糊子集 $\tilde{A}$ 的泛化优先测度，有 $\lfloor\rho\rfloor_{\tilde{A}}(c_1)=0.8$，$\lfloor\rho\rfloor_{\tilde{A}}(c_2)=0.8$，$\lfloor\rho\rfloor_{\tilde{A}}(c_3)=0.8$，$\lfloor\rho\rfloor_{\tilde{A}}(c_4)=0.7$。假设 $w_1=w_2=w_3=w_4=0.25$，则 $\tilde{\mu}(\tilde{A})=0.775$。类似地，可计算出 $\tilde{\mu}(\tilde{B}_1)=0.775$，$\tilde{\mu}(\tilde{B}_2)=0.775$，$\tilde{\mu}(\tilde{B}_3)=0.725$，因此 $\tilde{\mu}(\tilde{A})=\mu(\tilde{B}_1)=\mu(\tilde{B}_2)>\mu(\tilde{B}_3)$ 与上文分析结果一致。

3. 优先多准则决策的和谐性检验

把式(6.14)和式(6.16)的优先测度分别替代式(6.9)中的模糊测度，可以实现在优先多准则决策环境中计算 ELECTRE-I 和 ELECTRE-Iv 的和谐性指标。把式(6.18)的泛化优先测度替代式(6.13)的泛化模糊测度，可以在优先多准则决策环境中计算 ELECTRE-IS 的和谐性指标。下面用一个小例子说明计算在优先准则下两个方案和谐性指标的方法。

例 6.2 假设有一组优先准则 $C=\{c_1, c_2, c_3, c_4\}$，其中 $c_1 \succ c_2 \succ c_3 \succ c_4$。对于方案 x_1 和 x_2，若 $c_1(x_1)>c_1(x_2)$、$c_2(x_1)=c_2(x_2)$、$c_3(x_1)<c_3(x_2)$、$c_4(x_1)>c_4(x_2)$，则各索引集为 $N_{1,2}^{+}=N_{2,1}^{-}=\{1, 4\}$、$N_{1,2}^{=}=N_{2,1}^{=}=\{2\}$、$N_{1,2}^{-}=N_{2,1}^{+}=\{3\}$。另设准则权重已知：$w_1=0.3$、$w_2=0.27$、$w_3=0.23$、$w_4=0.2$。根据式(6.9)和式(6.14)，可计算

$$I_{1,2}=\mu(\{1, 2, 4\})=w_1 \cdot f_1(1)+w_2 \cdot f_2(2)+w_4 \cdot f_3(4)=0.67$$

$$I_{2,1}=\mu(\{2, 3\})=w_2 \cdot f_1(2)+w_3 \cdot f_2(3)=0.356$$

6.2.2 优先准则的不和谐性

本小节基于有向图重写不和谐性指标的公式，而后推广到优先准则的不和谐性检验中。

1. 基于有向图的不和谐性指标

在 ELECTRE-I、ELECTRE-Iv 和 ELECTRE-IS 方法中，不和谐性检验的要求是没有准则会强烈反对断言 $x_j S x_k$，换句话说，当某个准则 c_i 达到 $x_j S x_k$ 的不和谐性条件时，这个反对意见不能被其他准则补偿或折中。这可以表示成准则之间的双边关系，表示成如图 6.1 中所示的完全有向图 $G=(C, E)$，其中 $C=\{c_1, c_2, \cdots, c_n\}$ 是准则的集合，$E=\{(c_i, c_j) | c_i, c_j \in C\}$，边 (c_i, c_j) 表示准则 c_i 在不和谐性条件上的反对意见不容许被准则 c_j 补偿，当然在有向图 G 中也同时有边 (c_j, c_i)。

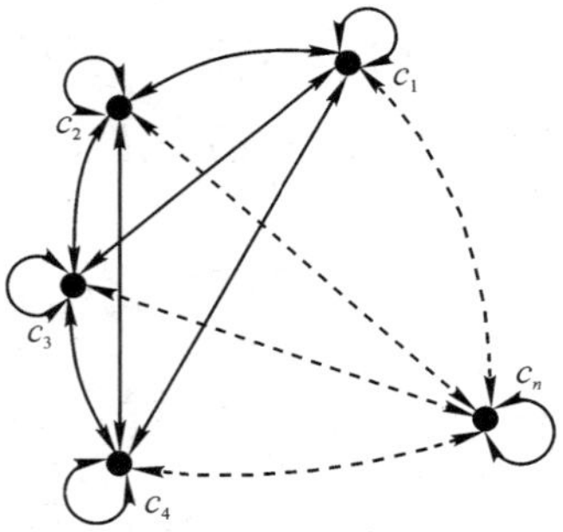

图 6.1 准则的完全有向图

接下来在上述完全有向图的基础上，介绍一种新的计算不和谐性指标的方法。首先为每个断言 $x_j S x_k$ 计算否决向量 $\boldsymbol{v}=(v_1, v_2, \cdots, v_n)$，针对 ELECTRE-I 方法，有

$$v_i=\frac{c_i(x_k)-c_i(x_j)}{\nu} \tag{6.19}$$

其中 ν 表示统一的否决阈值。类似地针对 ELECTRE-Iv 和 ELECTRE-IS 方法，有

$$v_i = \frac{c_i(x_k) - c_i(x_j)}{\nu_i[c_i(x_j)]} \tag{6.20}$$

与

$$v_i = \frac{c_i(x_k) - c_i(x_j) + q_i[c_i(x_k)] \cdot \eta_i}{\nu_i[c_i(x_j)]} \tag{6.21}$$

正如 6.3.1 小节所述，只要否决向量 $\boldsymbol{v}$ 有元素的值不小于 1，就会有断言的不和谐性被拒绝。下面基于图论中的一些概念提出计算不和谐性指标的公式。

根据 4.1 节中有关图论的知识，图 6.1 中完全有向图 $G=(C, E)$的邻接矩阵是一个全 1 矩阵：

$$\boldsymbol{M} = \begin{pmatrix} 1 & 1 & \cdots & 1 \\ 1 & 1 & \cdots & 1 \\ \vdots & \vdots & & \vdots \\ 1 & 1 & \cdots & 1 \end{pmatrix}$$

通过 $\boldsymbol{v}$ 和 $\boldsymbol{M}$ 的组合运算，计算不和谐向量 $\boldsymbol{d}=\boldsymbol{v}\circ\boldsymbol{M}=(d_1, \cdots, d_n)$，在此基础上计算断言 $x_j \mathrm{S} x_k$ 的不和谐性指标：

$$D_{jk} = \frac{\sum_{i=1}^{n} d_i}{n} \tag{6.22}$$

若 $D_{jk} \geqslant 1$，则断言 $x_j \mathrm{S} x_k$ 被拒绝，因为当 $\boldsymbol{v}$ 中有元素不小于 1 时，$\boldsymbol{d}$ 是全 1 向量，此时 D_{jk} 取得最大值 1。

2. 优先多准则决策中的不和谐性检验

为了进行不和谐性检验，上文构造了准则之间的完全有向图。从图的结构上来看，准则是平等的，这正是简单多准则决策问题的假设条件。事实上，这个假设并不总成立。例如，在优先多准则决策问题中，高优先级的准则通常有更大的影响力，这种情况下的准则所构造出的有向图就不太可能是平衡结构的。因此需要根据准则之间的优先关系构造有向图，然后基于有向图进行不和谐性检验。

设在一个多准则决策问题中有 n 个优先准则 $C=\{c_1, c_2, \cdots, c_n\}$，$C$ 被划分成 q 个优先层 $H_1 \succ H_2 \succ \cdots \succ H_q$，为这些优先准则构建有向图 $G=(C, E)$，其中 E 是由二元组构成的集合：

(1) 当 c_{i_1} 和 c_{i_2} 在同一个优先层，即 $c_{i_1}, c_{i_2} \in H_k$ 时，$(c_{i_1}, c_{i_2}) \in E$ 且$(c_{i_2}, c_{i_1}) \in E$。

(2) 当 c_{i_1} 和 c_{i_2} 在不同的优先层时，设 $c_{i_1} \in H_k$，$c_{i_2} \in H_l$，且 $H_k \succ H_l$，则$(c_{i_1}, c_{i_2}) \in E$，但$(c_{i_2}, c_{i_1}) \notin E$。

(3) $\forall c_i \in C$ 有$(c_i, c_i) \in E$。

例 6.3　设有准则集 $C=\{c_1, c_2, c_3, c_4\}$，这四个准则划分成三个优先层 $H_1=\{c_1\}$、$H_2=\{c_2, c_3\}$、$H_3=\{c_4\}$，根据上述方法构造有向图 $G=(C, E)$，其中

$E=\{(c_1, c_1), (c_1, c_2), (c_1, c_3), (c_1, c_4), (c_2, c_2), (c_2, c_3), (c_2, c_4), (c_3, c_2),$

(c_3, c_3)，(c_3, c_4)，(c_4, c_4)

该有向图的邻接矩阵是

$$\boldsymbol{M}=\begin{pmatrix}1 & 1 & 1 & 1\\0 & 1 & 1 & 1\\0 & 1 & 1 & 1\\0 & 0 & 0 & 1\end{pmatrix}$$

受到准则优先关系的影响，这里 $\boldsymbol{M}$ 不再是一个全 1 矩阵，因为优先性高的准则有更大的能力拒绝断言。与前面的方法类似，接下来计算否决向量 $\boldsymbol{v}$，然后计算不和谐向量 $\boldsymbol{d}=\boldsymbol{v}\circ\boldsymbol{M}$。前文提到，当 $\boldsymbol{v}$ 中有不小于 1 的元素时，$\boldsymbol{d}$ 就是全 1 向量。然而在优先多准则决策问题中有所不同，例如按下面的设定计算例 6.3。

(1) 当 $\boldsymbol{v}=(1, 0, 0, 0)$时，$\boldsymbol{d}=(1, 1, 1, 1)$。

(2) 当 $\boldsymbol{v}=(0, 1, 0, 0)$时，$\boldsymbol{d}=(0, 1, 1, 1)$。

(3) 当 $\boldsymbol{v}=(0, 0, 0, 1)$时，$\boldsymbol{d}=(0, 0, 0, 1)$。

可以看到，不同的准则对 $\boldsymbol{d}$ 的影响是有差异的，对于优先级最高的准则 c_1，它被否决后，$v_1=1$，$\boldsymbol{d}$ 是全 1 向量；对于优先级稍低的准则 c_2，它拒绝断言的能力稍弱一点，$\boldsymbol{d}$ 中只有 3 个 1；优先级最低的准则 c_4 拒绝断言的能力最弱。

再看一下其他的例子。

(1) 当 $\boldsymbol{v}=(0.5, -0.3, 0.7, 1.2)$时，$\boldsymbol{d}=(0.5, 0.7, 0.7, 1)$，由式(6.22)计算得到 $D_{jk}=0.725$；

(2) 当 $\boldsymbol{v}=(0.8, -0.3, -0.3, -0.3)$时，$\boldsymbol{d}=(0.8, 0.8, 0.8, 0.8)$，得 $D_{jk}=0.8$。

上述情况(2)更容易拒绝断言，也能看到在不和谐性检验中高优先级的准则有更强的拒绝断言的能力。

然而，若使用式(6.22)计算 D_{jk}，则对于断言的不和谐性检验而言过于严格了，因此引入参数 $\theta\in[0, 1]$对不和谐性指标进行适当弱化：

$$D_{jk}=\frac{\sum_{i=1}^{n} d_i}{\theta n} \tag{6.23}$$

当 $D_{jk}\geqslant 1$ 时，拒绝断言。

6.2.3 级别高于关系的构造

本节以 ELECTRE-I 方法为例，针对优先多准则决策问题提出用于检验断言 $x_j \mathrm{S} x_k$ 的流程。对于 ELECTRE-Iv 和 ELECTRE-IS 两种方法，可根据前文，参考 ELECTRE-I 方法流程，进行检验。

设有 n 个有优先关系的准则 $C=\{c_1, c_2, \cdots, c_n\}$，下面针对方案 x_j 和 x_k，提出断言 $x_j \mathrm{S} x_k$ 的检验流程。

流程 6.1

步骤 1：和谐性检验。

(1) 确定三个索引集：

$$N_{jk}^{+}=\{i\in N\mid c_i(x_j)>c_i(x_k)\}$$
$$N_{jk}^{=}=\{i\in N\mid c_i(x_j)=c_i(x_k)\}$$
$$N_{jk}^{-}=\{i\in N\mid c_i(x_j)<c_i(x_k)\}$$

(2) 根据式(6.16)确定优先测度 μ，并在此基础上计算和谐性指标 $I_{jk}=\mu(N_{jk}^{+}\cup N_{jk}^{=})$。

(3) 给定和谐水平 α，若 $I_{jk}\geqslant\alpha$，则断言 $x_j\mathrm{S}x_k$ 通过和谐性检验。

步骤 2：不和谐性检验。

(1) 给定否决阈值 ν，基于式(6.19)计算否决向量 $\boldsymbol{v}=(v_1, v_2, \cdots, v_n)$，其中

$$v_i=\frac{c_i(x_k)-c_i(x_j)}{\nu}$$

(2) 根据准则之间的优先关系，构造有向图 $G=(C, E)$。

(3) 确定有向图 G 的邻接矩阵 $\boldsymbol{M}$，并计算 $\boldsymbol{d}=\boldsymbol{v}\circ\boldsymbol{M}=(d_1, d_2, \cdots, d_n)$。

(4) 给定参数 θ，计算不和谐性指标：

$$D_{jk}=\frac{\sum_{i=1}^{n}d_i}{\theta n}$$

(5) 若 $D_{jk}<1$，则断言 $x_j\mathrm{S}x_k$ 通过不和谐性检验。

根据上述步骤，当断言 $x_j\mathrm{S}x_k$ 同时通过和谐性与不和谐性检验时，级别高于关系 $x_j\mathrm{S}x_k$ 存在，否则级别高于关系 $x_j\mathrm{S}x_k$ 不存在。有如下定理。

定理 6.2 通过了如流程 6.1 中所描述的和谐性与不和谐性检验的断言 $x_j\mathrm{S}x_k$ 是级别高于关系。

证明 根据 1.3 节中的叙述，只要是满足弱传递性和自反性的关系一定是级别高于关系，因此下面从这两个性质证明。

(1) 弱传递性的证明。

设有第三个方案 x_l，x_k 绝对优先于 x_l，即 $\forall i\in\{1, 2, \cdots, n\}$ 有 $c_i(x_k)\geqslant c_i(x_l)$ 且其中至少有一个严格大于的不等式，即 $x_k\trianglerighteq x_l$。此时，若 $c_i(x_j)<c_i(x_l)$，则 $c_i(x_j)<c_i(x_k)$，因此 $N_{jl}^{-}\subseteq N_{jk}^{-}$，且 $(N_{jk}^{+}\cup N_{jk}^{=})\subseteq(N_{jl}^{+}\cup N_{jl}^{=})$。因为优先测度 μ 必须单调增(定义 6.4)，则

$$\mu(N_{jl}^{+}\cup N_{jl}^{=})\geqslant\mu(N_{jk}^{+}\cup N_{jk}^{=})$$

也就是 $I_{jl}\geqslant I_{jk}\geqslant\alpha$，断言 $x_j\mathrm{S}x_l$ 通过和谐性检验。

在优先多准则决策问题中，根据准则间的优先关系构造有向图 $G=(C, E)$，在不和谐检验中 $x_j\mathrm{S}x_k$ 与 $x_j\mathrm{S}x_l$ 的有向图相同，因此它们有相同的邻接矩阵。根据式(6.19)分别为 $x_j\mathrm{S}x_k$ 与 $x_j\mathrm{S}x_l$ 计算否决向量 $\boldsymbol{v}_{(jk)}=(v_{(jk),1}, v_{(jk),2}, \cdots, v_{(jk),n})$ 与 $\boldsymbol{v}_{(jl)}=(v_{(jl),1}, v_{(jl),2}, \cdots, v_{(jl),n})$，因为 $c_i(x_k)\geqslant c_i(x_l)$，所以 $\forall i\in\{1, 2, \cdots, n\}$ 有 $v_{(jk),i}\geqslant v_{(jl),i}$，且不和谐向

量$\boldsymbol{d}_{(jk)}$的任意元素都不会比$\boldsymbol{d}_{(jl)}$中的相应元素小，即 $d_{(jk),i} \geqslant d_{(jl),i}$。因此有 $D_{jl} \leqslant D_{jk} < 1$，断言 $x_j \mathrm{S} x_l$ 通过不和谐性检验。

综上所述，设 x_j、x_k 与 x_l 是由优先准则 $C=\{c_1, c_2, \cdots, c_n\}$刻画的三个方案，断言 $x_j \mathrm{S} x_k$ 在流程 6.1 中通过检验，且有 $x_k \trianglerighteq x_l$，那么断言 $x_j \mathrm{S} x_l$ 也能通过流程 6.1 的检验。

类似地可证明另外一种形式的弱传递性：

$$\left.\begin{array}{l} x_j \trianglerighteq x_k \\ x_k \mathrm{S} x_l \end{array}\right\} \Rightarrow x_j \mathrm{S} x_l$$

(2) 自反性的证明。

自反性就是要证明断言 $x_j \mathrm{S} x_j$ 是否可以通过流程 6.1 中的和谐性与不和谐性检验。在此情况下，$N_{jj}^{=}=N$ 且 $N_{jj}^{+}=N_{jj}^{-}=\varnothing$，因为 $\mu(N)=1$，则 $I_{jj}\mu(N_{jj}^{+} \cup N_{jj}^{=})=1>\alpha$，因此 $x_j \mathrm{S} x_j$ 通过和谐性检验。

根据式(6.19)，对于 $\forall i \in \{1, 2, \cdots, n\}$有 $v_i=0$，即否决向量 $\boldsymbol{v}$ 是全 0 向量，因此不和谐向量 $\boldsymbol{d}$ 也是全 0 向量，且 $D_{jj}=0$，就是说不和谐性没有能力否决断言 $x_j \mathrm{S} x_j$。

综上，定理成立。

6.2.4 示例分析

本小节给出一个使用 ELECTRE 方法解决优先多准则决策问题的示例。

例 6.4 设在一个优先多准则决策问题中有六个准则 $C=\{c_1, c_2, \cdots, c_6\}$，五个方案 $X=\{x_1, x_2, \cdots, x_5\}$，其中 $c_1 \succ c_2 \succ \cdots \succ c_6$，各方案的评估值 $c_j(x_i)$($i=1, 2, \cdots, 5$、$j=1, 2, \cdots, 6$)在表 6.3 中给出。

表 6.3 方案评估值

$c_j(x_i)$	c_1	c_2	c_3	c_4	c_5	c_6
x_1	0.6	0.85	0.55	0.85	0.9	0.45
x_2	0.4	0.9	0.8	0.75	0.6	0.8
x_3	0.55	0.8	0.9	0.65	0.7	0.6
x_4	0.4	0.5	0.5	0.6	0.4	0.8
x_5	0.75	0.7	0.85	0.45	0.6	0.75

在此根据流程 6.1 检验级别高于关系 $x_1 \mathrm{S} x_2$，其他级别高于关系的检验过程也类似。

首先对 $x_1 \mathrm{S} x_2$ 进行和谐性检验。

步骤 1-1：计算索引集 $N_{12}^{+}=\{1, 4, 5\}$、$N_{12}^{-}=\{2, 3, 6\}$、$N_{12}^{=}=\varnothing$。

步骤 1-2：由于这六个准则之间是严格序优先关系，基于式(6.14)和式(6.15)计算和谐性指标：

$$I_{12}=\mu(N_{12}^{+} \cup N_{12}^{=})=0.35$$

其中给定准则的权重为 $w_1=w_2=\cdots=w_6=1/6$。

步骤 1-3：若和谐水平设置为 $\alpha=0.35$，x_1Sx_2 通过和谐性检验。

其次对 x_1Sx_2 进行不和谐性检验。

步骤 2-1：设否决阈值 $\nu=0.2$，基于式(6.19)计算 x_1Sx_2 的否决向量 $\boldsymbol{v}=(-1,0.25,1.25,-0.5,-1.5,1.75)$。

步骤 2-2：构造准则间优先关系的有向图 $G=(C,E)$（见图 6.2），其中

$$
\begin{aligned}
E=\{&(c_1,c_1),(c_1,c_2),(c_1,c_3),(c_1,c_4),(c_1,c_5),(c_1,c_6),\\
&(c_2,c_2),(c_2,c_3),(c_2,c_4),(c_2,c_5),(c_2,c_6),(c_3,c_3),\\
&(c_3,c_4),(c_3,c_5),(c_3,c_6),(c_4,c_4),(c_4,c_5),(c_4,c_6),\\
&(c_5,c_5),(c_5,c_6),(c_6,c_6)\}
\end{aligned}
$$

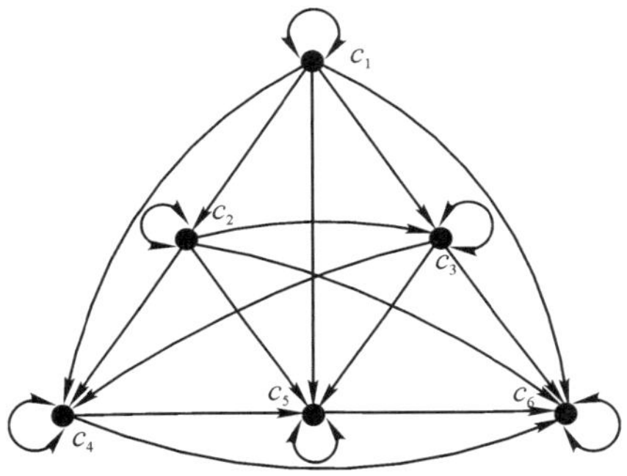

图 6.2　准则间优先关系的有向图

步骤 2-3：G 的邻接矩阵为

$$
\boldsymbol{M}=\begin{pmatrix}
1&1&1&1&1&1\\
0&1&1&1&1&1\\
0&0&1&1&1&1\\
0&0&0&1&1&1\\
0&0&0&0&1&1\\
0&0&0&0&0&1
\end{pmatrix}
$$

然后计算 x_1Sx_2 的不和谐向量 $\boldsymbol{d}=\boldsymbol{v}\circ\boldsymbol{M}=(0,0.25,1,1,1,1)$。

步骤 2-4：设 $\theta=0.9$，x_1Sx_2 的不和谐性指标为 $D_{12}=0.787$。

步骤 2-5：因为 $D_{12}<1$，所以不和谐性没有能力拒绝 x_1Sx_2。

综上，级别高于关系 x_1Sx_2 成立。

类似地，计算两两方案之间的和谐性与不和谐性指标：

$$
\boldsymbol{I}=\begin{pmatrix}
- & 0.35 & 0.569 & 0.833 & 0.322\\
0.314 & - & 0.281 & 1 & 0.378\\
0.144 & 0.383 & - & 0.833 & 0.508\\
0.028 & 0.2 & 0.028 & - & 0.117\\
0.342 & 0.383 & 0.2 & 0.611 & -
\end{pmatrix}
$$

$$\boldsymbol{D}=\begin{pmatrix} - & 0.787 & 0.741 & 0.185 & 1.019 \\ 1.111 & - & 0.833 & 0 & 1.111 \\ 0.694 & 0.556 & - & 0.185 & 1.111 \\ 1.111 & 0.926 & 1.065 & - & 1.111 \\ 0.833 & 0.926 & 0.741 & 0.417 & - \end{pmatrix}$$

其中 I_{ij} 和 D_{ij} 分别表示 $x_i\mathrm{S}x_j$ 的和谐性与不和谐性指标。对于上面给定的和谐水平 $\alpha=0.35$，当 $I_{ij}\geqslant\alpha$ 和 $D_{ij}<1$ 同时成立时，$x_i\mathrm{S}x_j$ 通过级别高于关系的检验。该示例中有如下的级别高于关系：

$$x_1\mathrm{S}x_2,\ x_1\mathrm{S}x_3,\ x_1\mathrm{S}x_4,\ x_2\mathrm{S}x_4,\ x_3\mathrm{S}x_4,\ x_5\mathrm{S}x_2,\ x_5\mathrm{S}x_4$$

因为 x_1 与 x_5 没有被其他方案占优，所以这两个方案就可以选择为最优方案。

本章小结

本章针对利用优先集成算子处理优先多准则决策问题的不足，提出了基于 Outranking 方法解决优先多准则决策问题的想法。首先在 PROMETHEE 方法的基础上，逐步利用优先多准则决策问题中的决策信息替换 PROMETHEE 方法四个步骤的相关参数，设计计算公式，达到了解决优先多准则决策问题的目的。其间考虑优先多准则决策问题的特殊性，代替先前的值化级别优先图，创新性地构造直觉偏好关系用以方案的排序，克服了现有方法的不足，很好地解决了优先多准则决策问题。其次，将 ELECTRE 方法引入到优先多准则决策问题中，考虑到传统的 ELECTRE 方法主要关注多准则决策问题中相互独立的准则，本章分别基于模糊测度和有向图重写了和谐性与不和谐性指标，以便于扩展传统的 ELECTRE 方法，从而泛化两个指标的计算公式。最后专门设计了针对优先多准则决策问题的和谐性与不和谐性检验方法，并证明了方法的有效性。

第 7 章　社会网络群决策

群决策(group decision making)是通过考虑一群决策者/专家的观点从可行方案中筛选出最优方案的决策过程(Ureña et al，2016)。理想情况下，人们寻求一致意见，即所有专家完全同意解决方案(Herrera-Viedma et al，2017)。但通常由于专家知识、阅历和兴趣等方面的差异，在绝大多数的实际问题中专家之间很难消除分歧，直接形成共识观点的情况十分罕见。因此如何根据专家提供的初始观点，产生或引导达成共识观点，受到了许多学者的关注。这方面的研究主要有两条路线：一是对专家的重要性进行赋权，然后整合专家个体的偏好观点，形成共识观点(Xu，2004b)；二是设计一种称之为共识达成过程(consensus reaching process)的多轮观点趋同方法，专家们经多轮协商并汇聚他们的观点，最终达成共识(Herrera-Viedma et al，2014)。

专家们会使用多种形式表达偏好信息，如效用值、偏好序列和偏好关系等。这其中偏好关系在建模方案间的偏好程度上是一种常用且好用的方法，通常表示成矩阵形式(Liang et al，2017)。近年来，许多学者越来越关注偏好关系，特别是模糊偏好关系(fuzzy preference relation)的应用。例如，基于模糊偏好关系确定方案间的序关系，修复模糊偏好关系中的不一致性，以及估计出残缺模糊偏好关系中的未知元素等。如何修正模糊偏好关系中的不一致性也因此成为了群决策研究的一个重要方向。夏梅梅和徐泽水(Xia & Xu，2011)在进行这个方向的研究中提出，在进行模糊偏好关系的一致性修正过程中，多数研究方法容易偏离原始信息或者仅仅使用部分信息。为了克服这个问题，夏梅梅和徐泽水(Xia & Xu，2011)提出了一种新的计算方法，便于在集成偏好观点的过程中更有利于保持或者改进模糊偏好关系的一致性。本章也将基于这种新的计算方法，用于社会网络群决策问题中的模糊偏好关系的计算。同时通过深入探索新的计算方法，挖掘出了更多有意义的成果，初步建立了较为合理的模糊偏好关系计算体系。

早期在群决策问题的研究中，学者们通常假设专家们是完全独立的，忽视了他们之间可能存在的社会关系和影响。但是，专家们之间总是或多或少有关系，彼此之间相互互动和影响，因此在决策过程中，每个专家都不应该被认为是一个独立的个体。例如，在项目建设中评估多个建设方案时，经常会邀请多个专家参评。在项目专业性、业务圈子、主办方人脉等相关因素和限制下，很难找到完全独立、没有任何社会关系的评审专家。除了评审专家的身份，很有可能私底下是朋友、合作者、同事等通常意义上的社会关系。这些社会关系很容易影响到方案评估结果。正向社会关系上交互频繁的专家们容易形成共识联盟，极大地影响方案评估结果的走向。如果专家之间存在敌对的社会关系，就容易形成观点极化，增加达成共识难度。因此，在实际的群决策问题中，考虑社会关系十分必要。这样不仅可以有效地避免决策结果的偏差，也能够找出形成观点极化、群组联盟等现象的原因。近年来，许多学者开始重视社会关系群决策问题的研究。

目前社会网络群决策(social network group decision making)问题还在起步探索阶段，更多的是传承使用传统群决策的模型和方法，社会网络分析技术的利用大多不够充分。我们认为社会网络群决策问题的研究还需要注意以下几个方面：

(1) 注重结合社会网络分析技术。社会网络群决策问题的信息主要由两类构成：专家们提供的评估决策信息和社会关系信息。社会关系信息不仅仅是由网络节点和节点关系构造成的图，而且是经过社会网络分析技术的深入挖掘，从而得到的关系强度、节点权威性、群组联盟等隐藏的信息。这些信息更容易直接影响群决策结果。目前为止，多数研究中社会关系信息的利用率不高。

(2) 共识达成过程中偏好关系一致性收敛问题的研究。受到社会网络的影响，较传统群决策问题而言，社会网络群决策更难以在共识达成过程中确保收敛偏好关系的一致性。如何在尽可能降低计算消耗的情况下，同步实现共识达成和一致性收敛值得研究。

(3) 专家观点动态演变。由于社会关系的存在，社会网络容易产生敌对联盟，从而导致社会网络群决策问题的观点极化现象，不利于群体共识的达成。利用观点动力学、马尔可夫过程等技术工具，分析预测专家观点动态演变过程，可以提早预警，完成对观点极化的必要干扰。

在上述分析的基础上，本章对社会网络群决策问题进行了研究工作。首先深入研究了夏梅梅和徐泽水(Xia & Xu，2011)提出的模糊加权几何平均算子，构建了针对模糊偏好关系的新运算法则，简化了计算和公式推导过程；提出并证明了能够确保模糊偏好关系一致性收敛的集成方法，很好地解决了共识达成和一致性收敛同步实现的问题。其次利用社会网络分析技术，定量度量了社会网络中的关系强度，并根据关系强度实现了社会网络的群组划分。考虑到观点交互相对封闭的社会群组是产生观点极化的主要原因，我们尝试了将观点动力学引入到模糊偏好关系信息的交互过程中，通过专家们模糊偏好关系的演变，预测出社会群组局部共识和社会网络全局共识，这是为专家定制修改建议的立足点。在深入研究社会网络群决策问题的基础上，本章尽可能地从社会网络中挖掘出隐含信息，并通过解析的方式解决了共识达成过程中模糊偏好关系一致性收敛的问题。

7.1 模糊偏好关系(fuzzy preference relation)

模糊偏好关系是建模专家评价和偏好信息的常用表示形式，具有易于整合多个专家偏好、高效建模决策过程等优势(Spillman et al，1979)。方案集 $X=\{x_1, x_2, \cdots, x_n\}$ 的模糊偏好关系是一个定义在笛卡尔积 $X\times X$ 上的模糊集，其隶属度函数为 $\mu_P: X\times X\rightarrow[0, 1]$，通常建模成一个 $n\times n$ 的矩阵 $\boldsymbol{P}=(p_{ij})$，其中 $p_{ij}=\mu_P(x_i, x_j)(\forall x_i, x_j\in X)$表示方案 x_i 对 x_j 的偏好程度，有 $p_{ij}+p_{ji}=1$ 且 $p_{ii}=0.5$。特别地，$p_{ij}=0.5$ 表示方案 x_i 与 x_j 相差不大，$p_{ij}>0.5$ 表示方案 x_i 好于 x_j，而 $p_{ij}=1$ 表示方案 x_i 绝对好于 x_j。在专家的共识形成

过程中，需要考虑两个隐藏在专家偏好中的问题。

(1) 专家偏好的不一致性。假设有 3 个方案 x_i、x_j 和 x_k，已知它们的偏好关系为 $p_{ij}>0.5$、$p_{jk}>0.5$ 和 $p_{ki}>0.5$，即 x_i 好于 x_j，x_j 好于 x_k，同时 x_k 好于 x_i。这是一个典型不一致模糊偏好关系的例子。

(2) 不同专家的观点产生分歧。观点分歧不利于群决策问题的解决，因为总有专家认为自己的观点没有得到重视，而因此拒绝已经形成的决策结果(Herrera-Viedma et al, 2017)。

上述两个方面在群决策的研究中受到了广泛重视，贡献了很多研究成果。本章的立足点也基于合理应对这两个问题，即如何让各专家的偏好更为一致，同时尽量让所有专家消除分歧达成共识，因此针对模糊偏好关系给出一致性程度和共识水平的量化度量十分必要。

首先是关于偏好关系一致性的度量。设模糊偏好关系 $\boldsymbol{P}=(p_{ij})_{n\times n}$，如果 $\boldsymbol{P}$ 满足如下的积型传递性：

$$p_{ij}p_{jk}p_{ki}=p_{ji}p_{kj}p_{ik};\ i,\ j,\ k=1,\ 2,\ \cdots,\ n \tag{7.1}$$

则称 $\boldsymbol{P}$ 为积型一致偏好关系(Tanino, 1984)。对上式进行改写(Chiclana et al, 2009)：

$$p_{ik}=\frac{p_{ij}p_{jk}}{p_{ij}p_{jk}+(1-p_{ij})(1-p_{jk})};\ i,\ j,\ k=1,\ 2,\ \cdots,\ n \tag{7.2}$$

夏梅梅和徐泽水(Xia & Xu, 2011)证明了下式与式(7.2)是等价的：

$$p_{ik}=\frac{\sqrt[n]{\prod_{j=1}^{n}(p_{ij}p_{jk})}}{\sqrt[n]{\prod_{j=1}^{n}(p_{ij}p_{jk})}+\sqrt[n]{\prod_{j=1}^{n}[(1-p_{ij})(1-p_{jk})]}};\ i,\ k=1,\ 2,\ \cdots,\ n \tag{7.3}$$

模糊偏好关系 $\boldsymbol{P}$ 的积型一致偏好关系可如下式计算(Xia & Xu, 2011)：

$$\bar{p}_{ij}=\frac{\sqrt[n]{\prod_{k=1}^{n}(p_{ik}p_{kj})}}{\sqrt[n]{\prod_{k=1}^{n}(p_{ik}p_{kj})}+\sqrt[n]{\prod_{k=1}^{n}[(1-p_{ik})(1-p_{kj})]}};\ i,\ j=1,\ 2,\ \cdots,\ n \tag{7.4}$$

在此基础上，模糊偏好关系的一致性程度定义如下：

$$CD(\boldsymbol{P})=\frac{1}{n(n-1)}\sum_{i=1}^{n}\sum_{j=1}^{n}|p_{ij}-\bar{p}_{ij}| \tag{7.5}$$

当 $CD(\boldsymbol{P})=0$ 时表示是 $\boldsymbol{P}$ 积型一致的。设 $CD_{ij}(\boldsymbol{P})=p_{ij}-\bar{p}_{ij}$ 表示分量 p_{ij} 上的一致性程度。从 $CD(\boldsymbol{P})$ 的定义可以看出，当且仅当 $\forall i,\ j=1,\ 2,\ \cdots,\ n$ 有 $CD_{ij}(\boldsymbol{P})=0$ 时，$CD(\boldsymbol{P})=0$。

在群决策问题中，不同专家偏好的公式水平可以借助距离进行度量。首先专家 e_s 和 e_t 在一组方案(x_i，x_j)偏好关系上的分歧定义为

$$\delta_{ij}^{(st)}=d(p_{ij}^{(s)},\ p_{ij}^{(t)}) \tag{7.6}$$

其中 $d(\cdot)$ 表示距离函数，$p_{ij}^{(s)}$ 表示专家 e_s 的偏好关系 $\boldsymbol{P}^{(s)}$ 中第 i 行第 j 列的元素。在此基础上定义专家 e_s 和 e_t 的分歧：

$$\delta^{(st)}=\frac{2\sum_{i=1}^{n-1}\sum_{j=i+1}^{n}\delta_{ij}^{(st)}}{n(n-1)} \tag{7.7}$$

进一步计算所有专家之间的总体分歧：

$$\delta=\frac{\sum_{s=1}^{m}\sum_{t=1}^{m}\delta^{(st)}}{m(m-1)} \tag{7.8}$$

从上述公式可知，当且仅当所有专家的偏好关系完全相同时，总体分歧 $\delta=0$，此时所有专家完全达成共识，因此 δ 越小，共识水平越高。在问题的求解过程中，一般会设定一个共识水平的阈值，当计算出的总体分歧不大于这个阈值时，认为所涉及的专家达成了共识。

7.2 模糊加权几何平均

本节将提出一组新的闭合的模糊运算方法，并在这种新的模糊运算方法的基础上，介绍一种新的针对模糊信息的集成方法，称之为模糊加权几何平均。

7.2.1 新的模糊运算

首先定义模糊乘运算：

定义 7.1(模糊乘(Xia & Xu，2011)) 假设 2 个模糊数 a_1，$a_2\in[0,1]$，则它们的模糊乘运算定义为

$$a_1\otimes a_2=\frac{a_1a_2}{a_1a_2+(1-a_1)(1-a_2)} \tag{7.9}$$

定理 7.1(交换律) 设 a_1，a_2，a_3，$a_4\in[0,1]$为模糊数，则

(1) $a_1\otimes a_2\otimes a_3=(a_1\otimes a_2)\otimes a_3=a_1\otimes(a_2\otimes a_3)$；

(2) $a_1\otimes a_2\otimes a_3\otimes a_4=(a_1\otimes a_2)\otimes(a_3\otimes a_4)$。

证明：(1)

$$\begin{aligned}(a_1\otimes a_2)\otimes a_3&=\frac{a_1a_2}{a_1a_2+(1-a_1)(1-a_2)}\otimes a_3\\&=\frac{\dfrac{a_1a_2}{a_1a_2+(1-a_1)(1-a_2)}a_3}{\dfrac{a_1a_2}{a_1a_2+(1-a_1)(1-a_2)}a_3+\dfrac{(1-a_1)(1-a_2)}{a_1a_2+(1-a_1)(1-a_2)}(1-a_3)}\\&=\frac{a_1a_2a_3}{a_1a_2a_3+(1-a_1)(1-a_2)(1-a_3)}\end{aligned}$$

利用同样的方法可以计算得到

$$a_1\otimes(a_2\otimes a_3)=\frac{a_1a_2a_3}{a_1a_2a_3+(1-a_1)(1-a_2)(1-a_3)}$$

因此

$$a_1 \otimes a_2 \otimes a_3 = (a_1 \otimes a_2) \otimes a_3 = a_1 \otimes (a_2 \otimes a_3)$$

(2) 类似地，容易计算得到下式：

$$a_1 \otimes a_2 \otimes a_3 \otimes a_4 = \frac{a_1 a_2 a_3 a_4}{a_1 a_2 a_3 a_4 + (1-a_1)(1-a_2)(1-a_3)(1-a_4)}$$

设 $M_{12} = a_1 a_2 + (1-a_1)(1-a_2)$，$M_{34} = a_3 a_4 + (1-a_3)(1-a_4)$，则有

$$(a_1 \otimes a_2) \otimes (a_3 \otimes a_4) = \frac{a_1 a_2}{M_{12}} \otimes \frac{a_3 a_4}{M_{34}}$$

$$= \frac{\dfrac{a_1 a_2 a_3 a_4}{M_{12} M_{34}}}{\dfrac{a_1 a_2 a_3 a_4}{M_{12} M_{34}} + \dfrac{(1-a_1)(1-a_2)(1-a_3)(1-a_4)}{M_{12} M_{34}}}$$

$$= \frac{a_1 a_2 a_3 a_4}{a_1 a_2 a_3 a_4 + (1-a_1)(1-a_2)(1-a_3)(1-a_4)}$$

因此

$$a_1 \otimes a_2 \otimes a_3 \otimes a_4 = (a_1 \otimes a_2) \otimes (a_3 \otimes a_4)$$

根据定理 7.1，可以将标准乘运算推广到更一般的形式。假设 $a_i (i=1, 2, \cdots, n)$ 为单位区间[0, 1]中的小数，那么对这 n 个小数进行标准乘运算如下式：

$$\bigotimes_{i=1}^{n} a_i = a_1 \otimes a_2 \otimes \cdots \otimes a_n = \frac{\prod_{i=1}^{n} a_i}{\prod_{i=1}^{n} a_i + \prod_{i=1}^{n} (1-a_i)} \tag{7.10}$$

定义模糊除运算和模糊幂运算如下。

定义 7.2(模糊除)　设有 2 个模糊数 a_1，$a_2 \in [0, 1]$，则它们的模糊除运算定义如下：

$$a_1 / a_2 = \frac{a_1 / a_2}{a_1 / a_2 + (1-a_1)/(1-a_2)} \tag{7.11}$$

定义 7.3(模糊幂)　设模糊数 $a \in [0, 1]$，$\lambda \in \mathbf{R}$($\mathbf{R}$ 表示实数集)，则 a 以 λ 为幂的模糊幂运算定义为

$$a^{(\lambda)} = \frac{a^{\lambda}}{a^{\lambda} + (1-a)^{\lambda}} \tag{7.12}$$

容易证明模糊乘、模糊除和模糊幂 3 个运算的结果仍是模糊数。模糊幂具有如下单调性。

定理 7.2(单调性)　对于模糊数 a，当 $a \in (0, 0.5)$ 时，$f(x) = a^{(x)}$ 是单调减的；当 $a \in (0.5, 1)$ 时，$f(x) = a^{(x)}$ 是单调增的。

证明：

$$\frac{\partial f(x)}{\partial x} = \frac{a^x \ln a [a^x + (1-a)^x] - a^x [a^x \ln a + (1-a)^x \ln(1-a)]}{[a^x + (1-a)^x]^2}$$

$$= \frac{a^x (1-a)^x}{[a^x + (1-a)^x]^2} [\ln a - \ln(1-a)] = \frac{a^x (1-a)^x}{[a^x + (1-a)^x]^2} \ln \frac{a}{1-a}$$

易知当 $a\in(0, 0.5)$时，$\ln a/(1-a)<0$，因此 $f(x)/x<0$，$f(x)$单调减；反之当 $a\in(0.5, 1)$时，$f(x)$单调增。

容易证明上述模糊运算遵守如下性质：

(1) $a_1/a_2\otimes a_2=a_1$；

(2) $a^{(\lambda_1)}\otimes a^{(\lambda_2)}=a^{(\lambda_1+\lambda_2)}$；

(3) $a_1^{(\lambda)}\otimes a_2^{(\lambda)}=(a_1\otimes a_2)^{(\lambda)}$；

(4) $(1-a_1)^{(\lambda_1)}\otimes(1-a_2)^{(\lambda_2)}=1-a_1^{(\lambda_1)}\otimes a_2^{(\lambda_2)}$；

(5) $a_1>a_2\Rightarrow a_1/a_2>0.5$，$a_1=a_2\Rightarrow a_1/a_2=0.5$；

(6) 0.5 是单位元素：$a\otimes 0.5=a$，$a/0.5=a$，$0.5/a=a^{(-1)}$。

7.2.2 模糊加权几何平均

在上述三个新的模糊运算规则的基础上定义如下模糊加权几何平均的集成方法。

定义 7.4(Xia & Xu, 2011) 假设有 n 个模糊数 $a_1, a_2, \cdots, a_n\in[0, 1]$，相应的权重向量为 $\boldsymbol{w}=(w_1, w_2, \cdots, w_n)^{\mathrm{T}}$，那么 $a_1, a_2, \cdots, a_n$ 在权重 $\boldsymbol{w}$ 下的模糊加权平均定义为映射 FWGM：$[0, 1]^n\rightarrow[0, 1]$：

$$\mathrm{FWGM}_{\boldsymbol{w}}(a_1, a_2, \cdots, a_n)=\bigotimes_{i=1}^{n} a_i^{(w_i)} \tag{7.13}$$

一般权重满足 $\sum_{i=1}^{n} w_i=1$。特别地，当用于求平均的模糊数只有 a_1 和 a_2 2 个，且相应的权重分布为 $1-w$ 和 w 时，a_1 和 a_2 在权重 $\boldsymbol{w}=(1-w, w)^{\mathrm{T}}$ 下的模糊加权几何平均如下式计算：

$$\mathrm{FWGM}_{\boldsymbol{w}}(a_1, a_2)=a_1^{(1-w)}\otimes a_2^{(w)}$$

将模糊乘(定义 7.1)和模糊幂(定义 7.3)的计算公式代入式(7.13)中，可得

$$\mathrm{FWGM}_{\boldsymbol{w}}(a_1, a_2, \cdots, a_n)=\frac{\prod_{i=1}^{n} a_i^{w_i}}{\prod_{i=1}^{n} a_i^{w_i}+\prod_{i=1}^{n}(1-a_i)^{w_i}} \tag{7.14}$$

利用上述计算方法，可以将式(7.2)和式(7.4)分别表示成如下的简化形式：

$$p_{ik}=p_{ij}\otimes p_{jk};\ i, j, k=1, 2, \cdots, n \tag{7.15}$$

$$\bar{p}_{ij}=\bigotimes_{k=1}^{n}(p_{ik}\otimes p_{kj})^{\left(\frac{1}{n}\right)};\ i, j=1, 2, \cdots, n \tag{7.16}$$

模糊偏好关系的一致性程度同样可以使用新模糊运算进行定义。如下式度量模糊偏好关系 $\boldsymbol{P}$ 中分量 p_{ij} 的一致性程度：

$$\mathrm{CD}(p_{ij})=\max\{p_{ij}, \bar{p}_{ij}\}/\min\{p_{ij}, \bar{p}_{ij}\};\ i, j=1, 2, \cdots, n \tag{7.17}$$

易知 $\mathrm{CD}(p_{ij})\in[0.5, 1]$，$\mathrm{CD}(p_{ij})$ 越接近 0.5，p_{ij} 与 $\bar{p}_{ij}$ 的差异越小。当 $\mathrm{CD}(p_{ij})=0.5$ 时，$p_{ij}=\bar{p}_{ij}$。

将所有分量汇总即可度量模糊偏好关系 $\boldsymbol{P}$ 的总体一致性程度：

$$\mathrm{CD}(\boldsymbol{P})=\bigotimes_{i=1}^{n-1}\bigotimes_{j=i+1}^{n}\mathrm{CD}(p_{ij})^{\left(\frac{2}{n(n-1)}\right)} \tag{7.18}$$

根据上述新模糊运算的性质可知，$\mathrm{CD}(\boldsymbol{P})\in[0.5, 1]$。当且仅当 $\forall i, j\in\{1, 2, \cdots, n\}$ 有 $\mathrm{CD}(p_{ij})=0.5$ 时，$\mathrm{CD}(\boldsymbol{P})$ 取值 0.5，表示模糊偏好关系 $\boldsymbol{P}$ 达到了完全一致性。$\mathrm{CD}(\boldsymbol{P})$ 越接近 0.5，表示 $\boldsymbol{P}$ 的一致性程度越高。当然也可以使用某个单调变换将 $\mathrm{CD}(\boldsymbol{P})$ 转换到我们更为熟悉的[0，1]区间。例如，有下面等价的总体一致性程度计算公式：

$$\mathrm{CD}(\boldsymbol{P})=2\left[\bigotimes_{i=1}^{n-1}\bigotimes_{j=i+1}^{n}\mathrm{CD}(p_{ij})^{\left(\frac{2}{n(n-1)}\right)}\right]-1 \tag{7.19}$$

对于模糊偏好关系 $\boldsymbol{P}$，根据式(7.16)得到它的一致性模糊偏好关系 $\bar{\boldsymbol{P}}=(\bar{p}_{ij})_{n\times n}$，可以利用模糊加权几何平均逐个集成这两个模糊偏好关系的对应分量，从而修正模糊偏好关系 $\boldsymbol{P}$ 的不一致性，有如下定理。

定理 7.3　对于模糊偏好关系 $\boldsymbol{P}=(p_{ij})_{n\times n}$ 和它的一致性模糊偏好关系 $\bar{\boldsymbol{P}}=(\bar{p}_{ij})_{n\times n}$，通过下式集成它们，得到新的模糊偏好关系 $\boldsymbol{P}'=(p'_{ij})_{n\times n}$：

$$p'_{ij}=p_{ij}^{(1-\lambda)}\otimes\bar{p}_{ij}^{(\lambda)};\ i, j=1, 2, \cdots, n \tag{7.20}$$

其中 $\lambda\in(0, 1]$。则必然有 $\mathrm{CD}(\boldsymbol{P}')\leqslant\mathrm{CD}(\boldsymbol{P})$。当且仅当 $\boldsymbol{P}=\bar{\boldsymbol{P}}$ 时，有 $\mathrm{CD}(\boldsymbol{P}')=\mathrm{CD}(\boldsymbol{P})$。

证明　因为 $\bar{\boldsymbol{P}}$ 是积型一致的，所以 $\bar{\boldsymbol{P}}$ 中的分量都满足式(7.3)，即有

$$\bar{p}_{ij}=\bigotimes_{k=1}^{n}(\bar{p}_{ik}\otimes\bar{p}_{kj})^{\left(\frac{1}{n}\right)};\ i, j=1, 2, \cdots, n$$

同时所有分量 $\bar{p}_{ij}$ 都满足式(7.16)，根据这两个式子可以得到下式：

$$\begin{aligned}\bar{p}'_{ij}&=\bigotimes_{k=1}^{n}(p'_{ik}\otimes p'_{kj})^{\left(\frac{1}{n}\right)}\\&=\bigotimes_{k=1}^{n}(p_{ik}^{(1-\lambda)}\otimes\bar{p}_{ik}^{(\lambda)}\otimes p_{kj}^{(1-\lambda)}\otimes\bar{p}_{kj}^{(\lambda)})^{\left(\frac{1}{n}\right)}\\&=\left[\bigotimes_{k=1}^{n}(p_{ik}\otimes p_{kj})^{\left(\frac{1}{n}\right)}\right]^{(1-\lambda)}\otimes\left[\bigotimes_{k=1}^{n}(\bar{p}_{ik}\otimes\bar{p}_{kj})^{\left(\frac{1}{n}\right)}\right]^{(\lambda)}\\&=\bar{p}_{ij}\end{aligned}$$

因此

$$\begin{aligned}\bar{p}'_{ij}/p'_{ij}&=\bar{p}_{ij}/[p_{ij}^{(1-\lambda)}\otimes\bar{p}_{ij}^{(\lambda)}]\\&=(\bar{p}_{ij}/p_{ij})^{(1-\lambda)}\end{aligned}$$

根据式(7.17)计算分量 p'_{ij} 的一致性程度：

$$\mathrm{CD}(p'_{ij})=\max\{p'_{ij}, \bar{p}'_{ij}\}/\min\{p'_{ij}, \bar{p}'_{ij}\}=\left(\max\{p_{ij}, \bar{p}_{ij}\}/\min\{p_{ij}, \bar{p}_{ij}\}\right)^{(1-\lambda)}$$

因为 $\mathrm{CD}(p_{ij})\geqslant 0.5$，根据定理 7.2，必然有 $\mathrm{CD}(p'_{ij})\leqslant\mathrm{CD}(p_{ij})$。当且仅当 $\mathrm{CD}(p_{ij})=0.5$ 时，$\mathrm{CD}(p'_{ij})=\mathrm{CD}(p_{ij})$。

因此 $\mathrm{CD}(\boldsymbol{P}')\leqslant\mathrm{CD}(\boldsymbol{P})$，当且仅当 $\forall i, j\in\{1, 2, \cdots, n\}$ 满足 $\mathrm{CD}(p_{ij})=0.5$，即模糊偏好关系 $\boldsymbol{P}$ 是积型一致时，$\mathrm{CD}(\boldsymbol{P}')=\mathrm{CD}(\boldsymbol{P})=0.5$。

将定理 7.3 中的 $\bar{\boldsymbol{P}}$ 换成其他的一致性模糊偏好关系同样成立。

推论 7.1　设 $\boldsymbol{P}=(p_{ij})_{n\times n}$ 是一个模糊偏好关系，$\bar{\boldsymbol{R}}=(\bar{r}_{ij})_{n\times n}$ 是一个积型一致性的模

糊偏好关系。$\boldsymbol{P}'=(p'_{ij})_{n\times n}$ 是以权重参数λ ($\lambda\in(0, 1]$)集成$\boldsymbol{P}$ 和$\bar{\boldsymbol{R}}$ 得到的新的模糊偏好关系，其中

$$p'_{ij}=p_{ij}^{(1-\lambda)}\otimes\bar{r}_{ij}^{(\lambda)};\ i, j=1, 2, \cdots, n \tag{7.21}$$

那么$\boldsymbol{P}'$较$\boldsymbol{P}$ 更一致，即 $\mathrm{CD}(\boldsymbol{P}')\leqslant\mathrm{CD}(\boldsymbol{P})$。当且仅当$\boldsymbol{P}$ 完全一致时等号成立。

上述定义和推论说明，利用模糊加权几何平均对模糊偏好关系$\boldsymbol{P}$ 与某个积型一致性的模糊偏好关系(包括$\boldsymbol{P}$ 自身的一致性模糊偏好关系)进行集成，可以有效地改进$\boldsymbol{P}$ 的一致性。试想迭代地利用式(7.20)和式(7.21)更新模糊偏好关系，最终会向一致性的方向收敛。逐分量地对模糊偏好关系$\boldsymbol{P}$ 进行模糊加权几何平均的集成，同样可以改善$\boldsymbol{P}$ 的一致性。在此之前先给出一致性偏差矩阵的定义。对应模糊偏好关系$\boldsymbol{P}$，它的一致性偏差矩阵定义为$\nabla\boldsymbol{P}=(\nabla p_{ij})_{n\times n}$，其中

$$\nabla p_{ij}=\bar{p}_{ij}/p_{ij},\quad i, j=1, 2, \cdots, n \tag{7.22}$$

根据式(7.17)中的定义，易知

$$\mathrm{CD}(p_{ij})=\begin{cases}\nabla p_{ij}, & \nabla p_{ij}\geqslant 0.5\\ \nabla p_{ij}^{(-1)}, & \text{其他}\end{cases} \tag{7.23}$$

定理 7.4　设有模糊偏好关系$\boldsymbol{P}=(p_{ij})_{n\times n}$，对该模糊偏好关系的某个分量$p_{ts}$($s\neq t\in\{1, 2, \cdots, n\}$)进行更新，其他分量保持不变，得到新的模糊偏好关系$\boldsymbol{P}'=(p'_{ij})_{n\times n}$：

$$p'_{ij}=\begin{cases}p_{st}^{(1-\lambda)}\otimes\bar{p}_{st}^{(\lambda)}, & i=s\ \text{且}\ j=t\\ 1-p'_{st}, & i=t\ \text{且}\ j=s\\ p_{ij}, & \text{其他}\end{cases} \tag{7.24}$$

其中$\bar{p}_{st}=\bigotimes_{k=1}^{n}(p_{sk}\otimes p_{kt})^{(1/n)}$是$\boldsymbol{P}$ 的一致性模糊偏好关系$\bar{\boldsymbol{P}}$ 的分量，充分小。如果在$\boldsymbol{P}$ 的一致性偏差矩阵中$\nabla p_{st}>0.5$ 且$\nabla\boldsymbol{P}$ 的第s 行和第t 列中存在多$\frac{n}{2}-1$ 个小于 0.5 的项(反之，如果$\nabla p_{st}<0.5$ 且第s 行和第t 列中存在多个大于 0.5 的项)，则 $\mathrm{CD}(P')\leqslant\mathrm{CD}(P)$，即更新后的模糊偏好关系$\boldsymbol{P}'$较$\boldsymbol{P}$ 更具一致性。

证明　设模糊偏好关系$\boldsymbol{P}$ 和$\boldsymbol{P}'$的一致性偏差矩阵分别为$\nabla\boldsymbol{P}=(\nabla p_{ij})_{n\times n}$ 和$\nabla\boldsymbol{P}'=(\nabla p'_{ij})_{n\times n}$(见式(7.22))。

不失一般性，假设$\nabla p_{st}=\bar{p}_{st}/p_{st}>0.5$。此时通过式(7.24)计算出的$p'_{st}>p_{st}$，即$\pi_{st}=p'_{st}/p_{st}>0.5$。计算模糊偏好关系$\boldsymbol{P}'$的积型一致性模糊偏好关系$\overline{\boldsymbol{P}'}=(\bar{p}'_{ij})_{n\times n}$：

$$\bar{p}'_{ij}=\begin{cases}\bar{p}_{ij}\otimes\pi_{st}^{(\frac{2}{n})}, & i=s, j=t\\ \bar{p}_{ij}\otimes\pi_{st}^{(-\frac{2}{n})}, & i=t, j=s\\ \bar{p}_{ij}\otimes\pi_{st}^{(\frac{1}{n})}, & i=s\ \text{或}\ j=t\\ \bar{p}_{ij}\otimes\pi_{st}^{(-\frac{1}{n})}, & i=t\ \text{或}\ j=s\\ \bar{p}_{ij}, & \text{其他}\end{cases}$$

进一步计算模糊偏好关系$\nabla\boldsymbol{P}$对应的一致性偏差矩阵$\nabla\boldsymbol{P}'$的各元素：

$$\nabla p'_{ij}=\begin{cases}\nabla p_{ij}\otimes\pi_{st}^{\left(-\frac{n-2}{n}\right)}, & i=s,\ j=t\\ \nabla p_{ij}\otimes\pi_{st}^{\left(\frac{n-2}{n}\right)}, & i=t,\ j=s\\ \nabla p_{ij}\otimes\pi_{st}^{\left(\frac{1}{n}\right)}, & i=s \text{ 或 } j=t\\ \nabla p_{ij}\otimes\pi_{st}^{\left(-\frac{1}{n}\right)}, & i=t \text{ 或 } j=s\\ \nabla p_{ij}, & \text{其他}\end{cases}$$

也就是说，改变模糊偏好关系 $\boldsymbol{P}$ 中的元素 p_{st}，只会引起相应一致性偏差矩阵中第 s 行、第 s 列、第 t 行和第 t 列上元素的变化，其他位置的元素保持不变。考虑到上述分量一致性程度 $\mathrm{CD}(p_{ij})$和一致性偏差矩阵中分量∇p_{ij} 的关系，可以如下计算模糊偏好关系 $\boldsymbol{P}'$的一致性程度：

$$\begin{aligned}\mathrm{CD}(\boldsymbol{P}')&=\left(\bigotimes_{i=1}^{n}\bigotimes_{j=1}^{n}\mathrm{CD}(p'_{ij})\right)^{\left(\frac{1}{n(n-1)}\right)}\\ &=\left(\bigotimes_{\substack{i=1\\ i\neq s,t}}^{n}\bigotimes_{\substack{j=1\\ j\neq s,t}}^{n}\mathrm{CD}(p_{ij})\otimes\bigotimes_{\substack{j=1\\ j\neq t}}^{n}\mathrm{CD}(p'_{sj})\otimes\bigotimes_{\substack{i=1\\ i\neq t}}^{n}\mathrm{CD}(p'_{is})\otimes\bigotimes_{\substack{i=1\\ i\neq s}}^{n}\mathrm{CD}(p'_{it})\otimes\right.\\ &\qquad\left.\bigotimes_{\substack{j=1\\ j\neq s}}^{n}\mathrm{CD}(p'_{tj})\otimes\mathrm{CD}(p'_{st})\otimes\mathrm{CD}(p'_{ts})\right)^{\left(\frac{1}{n(n-1)}\right)}\\ &=\left(\bigotimes_{\substack{i=1\\ i\neq s,t}}^{n}\bigotimes_{\substack{j=1\\ j\neq s,t}}^{n}\mathrm{CD}(p_{ij})\right)^{\left(\frac{1}{n(n-1)}\right)}\otimes\left(\bigotimes_{\substack{j=1\\ j\neq t}}^{n}\mathrm{CD}(p'_{sj})\otimes\bigotimes_{\substack{i=1\\ i\neq s}}^{n}\mathrm{CD}(p'_{it})\otimes\mathrm{CD}(p'_{st})\right)^{\left(\frac{2}{n(n-1)}\right)}\end{aligned}$$

因此 $\mathrm{CD}(\boldsymbol{P}')$和 $\mathrm{CD}(\boldsymbol{P})$的差异仅体现在上式中的第二项，也就是矩阵中第 s 行和第 t 列上的分量。因为$\nabla p_{st}>0.5$ 且$\nabla p'_{st}>0.5$，所以 $\mathrm{CD}(p_{st})=\nabla p_{st}$ 且 $\mathrm{CD}(p'_{st})=\nabla p'_{st}$。又因为在$\nabla\boldsymbol{P}$ 的第 s 行和第 t 列中存在多于$\dfrac{n}{2}-1$ 个小于 0.5 的项，所以

$$\begin{aligned}\mathrm{CD}(\boldsymbol{P}')/\mathrm{CD}(\boldsymbol{P})&=\left(\bigotimes_{\substack{j=1\\ j\neq t}}^{n}[\mathrm{CD}(p'_{sj})/\mathrm{CD}(p_{sj})]\otimes\bigotimes_{\substack{i=1\\ i\neq s}}^{n}[\mathrm{CD}(p'_{it})/\mathrm{CD}(p_{it})]\otimes\pi_{st}^{\left(-\frac{n-2}{n}\right)}\right)^{\left(\frac{2}{n(n-1)}\right)}\\ &<\left(\pi_{st}^{\left(-\frac{1}{n}\cdot\left(\frac{n}{2}-1\right)\right)}\otimes\pi_{st}^{\left(\frac{1}{n}\cdot\left(\frac{3n}{2}-3\right)\right)}\otimes\pi_{st}^{\left(-\frac{n-2}{n}\right)}\right)^{\left(\frac{2}{n(n-1)}\right)}\\ &=\pi_{st}^{(0)}=0.5\end{aligned}$$

因此 $\mathrm{CD}(\boldsymbol{P}')\leqslant\mathrm{CD}(\boldsymbol{P})$，定理成立。

通过蒙特卡洛随机仿真，我们发现定理 7.4 中模糊偏好关系一致性程度改进得以成立的条件大概率会出现。首先随机产生方案的数量(模糊偏好关系的矩阵维度)均匀分布于[3，20]之间且一致性程度(由式(7.18)计算)均匀分布在[0.5，0.7]的 5000 个 FPRs；然后为每个模糊偏好关系计算一致性偏差矩阵，随机选定该矩阵的某个非对角线分量∇p_{st}，如果$\nabla p_{st}<0.5$，则将选定分量替换成该分量的对称分量∇p_{ts}，保证选定分量大于 0.5；对选

定分量所在行和列上所有小于0.5的分量进行计数。逐个记录所有5000个模糊偏好关系的方案数量N_a和选定分量所在行和列上小于0.5的分量数量N_b。N_a相同的模糊偏好关系可能有不同的N_b，因此可以对每个N_a作箱图，蒙特卡洛仿真的结果见图7.1。图中，下方实线表示定理7.4中的条件阈值$\frac{n}{2}-1$。从图中可以清楚地看出，随机产生的5000个模糊偏好关系和选定分量几乎没有不满足定理7.4条件的情况，即选定分量所在行和列上存在多于阈值$\frac{n}{2}-1$个小于0.5的项。也就是说，在不考虑定理7.4中条件的情况下，按式(7.24)修改模糊偏好关系$\boldsymbol{P}=(p_{ij})$的某个分量以更新该模糊偏好关系，将极大概率地改进$\boldsymbol{P}$的一致性。

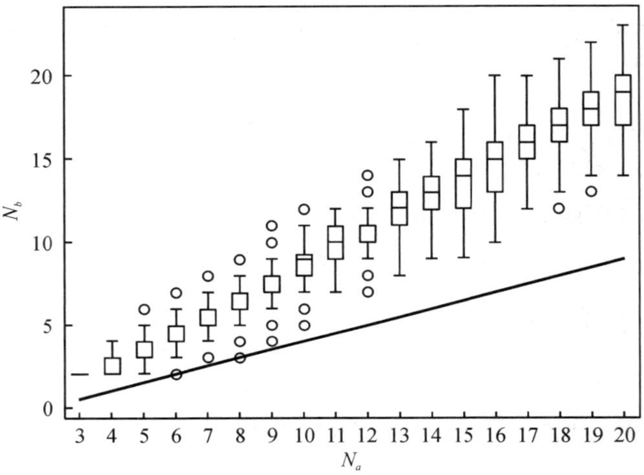

图7.1　定理7.4条件的蒙特卡洛仿真

定理7.3和推论7.1是从模糊偏好关系的矩阵层面实现模糊偏好关系一致性的改善，而定理7.4是从模糊偏好关系的分量层面实现一致性的改善，后者更便于应用到计算机算法中。在后文中将把上述一致性改进方法应用到社会网络群决策问题中，从而大大增大社会网络群决策问题共识达成的效率。

7.3　社会网络群决策模型

本节设计了一个新的社会网络群决策模型，并对模型中的主要步骤进行了详细阐述。该模型主要有以下几个步骤(见图7.2)：

(1) 根据专家提供的偏好信息计算共识水平，如果专家达成共识，进入选择阶段对方案进行择优，否则进入下面的共识达成阶段。

(2) 基于社会网络分析推测观点演变结果。

(3) 依据观点演变的推测结果，为专家量身定制观点修改建议。待专家修改返回，重复这3个步骤。

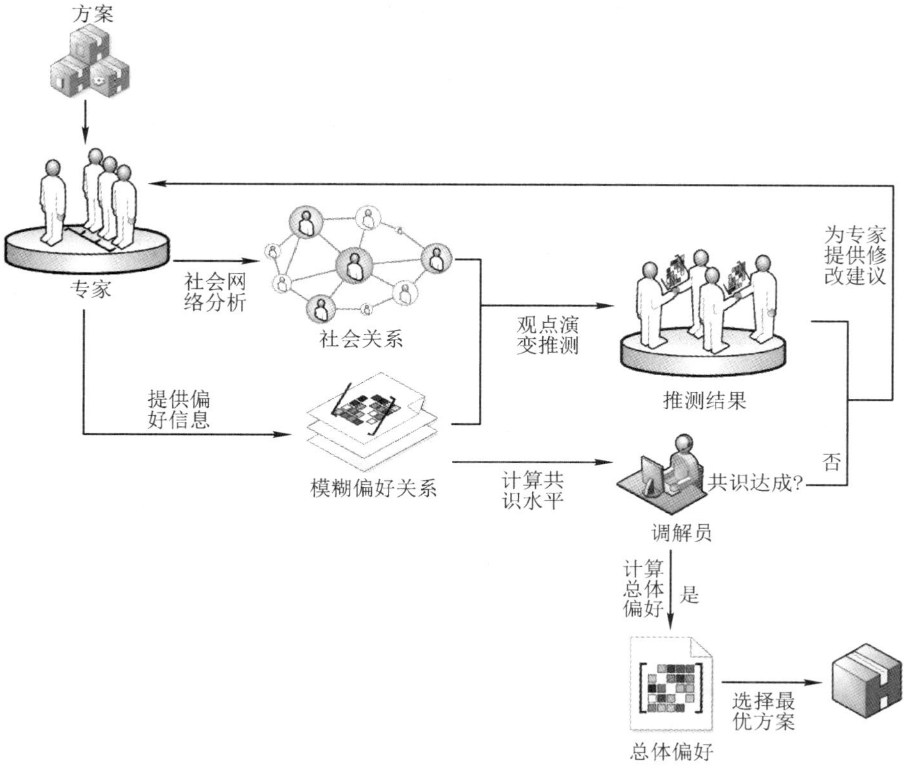

图 7.2　社会网络群决策模型

7.3.1　达成共识的判断

上文已经提及，专家给出的偏好关系经常会出现两类缺陷：不一致和分歧。群决策的共识阶段也主要是为了消除这两个缺陷，本质上判断专家是否达成共识，也需要对这两个方面进行度量。

首先给定两个阈值：一致性阈值 τ_{CD} 和共识阈值 τ_{CL}，前者主要用来判定专家提供的模糊偏好关系的一致性是否达到要求，后者主要用于评估专家是否在总体上达到了共识要求。

在每次专家给出模糊偏好关系后，利用上述两个阈值进行模糊偏好关系的一致性校验和共识检测。设专家 e_s 提供了模糊偏好关系 $\boldsymbol{P}_s$，$s=1, 2, \cdots, n$，借助式(7.19)计算出一致性程度 $\mathrm{CD}(\boldsymbol{P}_s)$，如果 $\mathrm{CD}(\boldsymbol{P}_s)\leqslant\tau_{CD}$，说明 $\boldsymbol{P}_s$ 达到了一致性要求。接下来基于式(7.8)(距离的计算在本章中使用曼哈顿距离)计算所有专家的总体分歧 δ，$\delta\leqslant\tau_{CL}$ 表示所有专家达到了共识要求。

因此，如果 $\forall e_s\in E$，则有 $\mathrm{CD}(\boldsymbol{P}_s)\leqslant\tau_{CD}$，且有 $\delta\leqslant\tau_{CL}$，即所有专家提供的模糊偏好关系都达到了一致性和共识要求，该社会网络群决策问题将进入选择阶段。否则进入共识达成阶段，也就是后续 2 个小节的过程。循环这两个过程，直到满足条件进入选择阶段。

7.3.2　基于社会网络分析推测观点演变结果

Richter 等(Richter et al, 2010)在强关系度量的基础上提出了社会群组的概念，他们认为“在紧密的社会群组中快速流通的信息通常是更加可靠的”。因此，属于同一个社会群组的成员极易达成观点共识。又因为信息流在整个社会网络中不平衡流动，不同社会群众之间容易出现观点极化现象。正视社会网络造成观点极化的可能性，预测观点极化趋势，才能实现在观点演变之初引导向共识的方向发展。如果最终的观点极化现象出现，再去引导专家形成共识将十分困难。本小节将基于社会群组和观点动力学的思想提出推测观点演变结果的方法，其主要步骤如下：

(1) 采集专家关系数据，生成社会网络，给出网络关系强弱的度量。

(2) 实现社会网络划分，生成社会群组。

(3) 借助观点动力学预测各社会群组内部共识，并给出各群组内成员地位的分析。

本节将社会网络建模成图 $G=(E, R)$，其中 E 表示专家集，$R\subset E\times E$ 表示专家间关系构成的集合，$(e_s, e_t)\in R$ 表示专家 e_s 和专家 e_t 之间存在关系。如下式定义专家 e_s 和 e_t 的邻里重叠度：

$$\eta(s, t)=\begin{cases}\dfrac{\#_{s^+, t^+}}{\#_{s^+, t^+}+\#_{s^+, t^-}+\#_{s^-, t^+}}, & (e_s, e_t)\in R \\ 0, & \text{其他}\end{cases} \tag{7.25}$$

其中

$$\#_{s^+, t^+}=|\{e_l \mid (e_s, e_l)\in R \text{ 且}(e_t, e_l)\in R\}|$$

$$\#_{s^+, t^-}=|\{e_l \mid (e_s, e_l)\in R \text{ 且}(e_t, e_l)\notin R\}|$$

$$\#_{s^-, t^+}=|\{e_l \mid (e_s, e_l)\notin R \text{ 且}(e_t, e_l)\in R\}|$$

$|\cdot|$表示集合的势，$\#_{s^+, t^+}$ 表示与 e_s 和 e_t 都有关系的专家数，$\#_{s^+, t^-}$ 表示与 e_s 有关系但与 e_t 没有关系的专家数，$\#_{s^-, t^+}$ 表示与 e_s 没有关系但与 e_t 有关系的专家数。专家 e_s 和 e_t 的共同关系越多，$\eta(s, t)\to 1$，他们之间越有可能是强关系；反之他们的共同关系越少，$\eta(s, t)\to 0$，他们之间是强关系的可能性越小。本节将使用邻里重叠度 $\eta(s, t)$ 作为关系强弱的度量。

1. 社会群组

设置阈值 $\dot{\eta}\in[0, 1]$，如果 $\eta(s, t)\geqslant\dot{\eta}$，则专家 e_s 和 e_t 之间存在强关系。可根据这个条件进一步构造图 G 的子图 $\dot{G}=(E, \dot{R})$，其中 $\dot{R}=\{(e_s, e_t)\mid\eta(s, t)\geqslant(\dot{\eta})\}\subset R$。新图 $\dot{G}$ 中更容易出现不相连接的部分。因此，可根据两两专家节点是否在图 $\dot{G}$ 中存在连接他们的路径，对专家集 E 进行划分 $E=E_1\cup E_2\cup\cdots\cup E_{m'}$ $(m'\leqslant m$，m 表示专家总数)满足$(s'\neq t'\in\{1, 2, \cdots, m'\})$。这种划分有可能非常不均匀，有些集合可能非常大，包含的专家数量非常多，而有些集合可能非常小，甚至是单元素集。我们把上面非常小的集合称为离群者，如果有必要可以尝试把离群者吸纳到其他的集合中。例如，可以从原始数据中找出一些线索，像是离群者与其他集合中的某些专家有非常频繁的通信联系等，在可靠的线索支撑下将离群者吸纳到相应的集合中。最终实现了对专家集 E 的可靠划分 $P(E)=\{E_1, E_2, \cdots, E_{m'}\}$，其中 $\bigcup_{s'=1}^{m'} E_{s'}=E$ 且 $E_{s'}\cap E_{t'}=\varnothing(s'\neq t'\in\{1, 2, \cdots, m'\})$。划分 $P(E)$中的每一个专家集合都构成了专家社会网络的一个社会群组，群组之间由于缺乏必要的信息沟通，极易形成观点极化，即各社会群组各自形成了自己的局部共识观点，难以达成全局共识。

2. 观点演变

观点动力学经常用于社会网络观点演变的分析。本小节将借助 DW(Deffuant-Weisbuch)模型(Weisbuch，2004)的思想推测各个社会群组内部的共识观点。

在 DW 模型中，各专家的观点表示成一个实数 $p_s\in[0, 1]$。随机选择出专家 e_s 与 e_t 进行交互，一般假设他们是互为邻居的，即 $e_s\in N_t$，则 $e_t\in N_s$，其中 N_s 表示 e_s 的邻居集合。设 $I_s[\tau_0]=\{e_t\in N_s \mid |p_s-p_t|<\tau_0\}$，$\tau_0$ 表示专家之间能够相互影响的观点相似度阈值。如果 $e_t\in I_s[\tau_0]$且 $e_s\in I_t[\tau_0]$，那么在交互之后，专家们的观点会产生如下式的逐对更新：

$$\begin{aligned} p'_s &= p_s+\mu(p_t-p_s) \\ p'_t &= p_t+\mu(p_s-p_t) \end{aligned} \tag{7.26}$$

其中 $\mu\in(0, 0.5]$称为混合参数，p'_s 与 p'_t 分别表示专家 e_s 与 e_t 更新后的观点。

本章使用模糊偏好关系表示专家的观点，每位专家 $e_s(s=1, 2, \cdots, m)$都需要为 n 个方案给出两两方案的偏好程度 $p_{s|ij}(i<j\in\{1, 2, \cdots, n\})$，共计 $n(n-1)/2$ 个$[0, 1]$中的小数。较 DW 模型中的观点信息，本章使用的模糊偏好关系更为复杂。同时我们认为，在观点演变过程中每位专家都有让自己给出的偏好关系逐渐一致化的美好愿望，在带来不一致的个别因素上，专家们都有着更为强烈的改变诉求。因此本小节的观点演化不仅要考虑更多的偏好信息，而且要通过参数的设计实现个人模糊偏好关系的逐步一致化。这也是社会群组内部共识模糊偏好关系保持良好一致性的基础。

首先，在整合两个专家的模糊偏好关系方面，式(7.26)中的加权算术平均对维持模糊偏好关系的一致性没有任何好处。本章采用定义 7.4 中提出的模糊加权几何平均集成方法。设 e_s 与 e_t 提出的模糊偏好关系分别为 $\boldsymbol{P}_s=(p_{s|ij})_{n\times n}$ 和 $\boldsymbol{P}_t=(p_{t|ij})_{n\times n}$。在给定混合参数 μ 的条件下，可利用下式将 $\boldsymbol{P}_s$ 和 $\boldsymbol{P}_t$ 整合成 $\boldsymbol{P}=(p_{ij})_{n\times n}$：

$$p_{ij}=p_{s|ij}^{(1-\mu)}\otimes p_{t|ij}^{(\mu)},\quad i, j=1, 2, \cdots, n \tag{7.27}$$

夏梅梅和徐泽水(Xia & Xu，2011)证明当 $\boldsymbol{P}_s$ 和 $\boldsymbol{P}_t$ 都积型一致时，则由式(7.27)计算得到的标准加权几何平均结果 $\boldsymbol{P}$ 必定是积型一致的。然而，如果像式(7.26)一样使用加权算术平均对两个积型一致的偏好关系 $\boldsymbol{P}_s$ 和 $\boldsymbol{P}_t$ 进行整合，一般得不到积型一致的结果。因此下文中将以式(7.27)为基础实现专家观点的更新。

根据定理 7.4 可知，当模糊偏好关系中某个分量向它的一致性分量靠近时，可以大概率地促进该模糊偏好关系的一致性。利用这一点我们设计如算法 7.1 的更容易收敛到一致性的观点演变过程。

算法 7.1　专家观点演化

输入：

$P(E)=\{E_1, E_2, \cdots, E_{m'}\}$：社会群组划分；

$\dot{G}=(E, \dot{R})$：强关系图；

$\boldsymbol{P}_s=(p_{s|ij})_{n\times n}$：专家 e_s 的模糊偏好关系，$s=1, 2, \cdots, n$；

μ_1, μ_2：混合参数，$0\leqslant\mu_1<\mu_2<1$；

ε：收缩参数，$0\leqslant\varepsilon\leqslant1$；

τ'：社会群组分歧水平阈值。

输出：

$\boldsymbol{P}'_s=(p'_{s|ij})_{n\times n}$：经观点演变过程，各社会群组达成局部共识后专家 e_s 的模糊偏好关系。

根据式(7.8)计算各社会群组的观点分歧 $\delta(E_{s'})$，$s'=1, 2, \cdots, m'$；
while $\max_{s'}\{\delta(E_{s'})\}>\tau'$ do
　随机抽取专家 e_s，基于强关系图 $\dot{G}$ 构建 e_s 的邻域 $N_s=\{e_k\in E\mid(e_s, e_k)\in\dot{R}\}$；
　while $N_s=\varnothing$ do
　重新抽取专家 e_s，构建邻域 N_s；
　从 N_s 中随机抽取专家 e_t；
　随机抽取方案 x_i 与 $x_j(i\neq j)$；
　按式(7.16)分别计算 $p_{s|ij}$ 与 $p_{t|ij}$ 的一致性偏好程度 $\bar{p}_{s|ij}$ 与 $\bar{p}_{t|ij}$；
　if $(\bar{p}_{s|ij}-p_{s|ij})(p_{t|ij}-p_{s|ij})>0$ then
　　$p'_{s|ij}=p_{s|ij}^{(1-\mu_2)}\otimes p_{t|ij}^{(\mu_2)}$；
　if $|p'_{s|ij}-p_{s|ij}|>|\bar{p}_{s|ij}-p_{s|ij}|$ then
　　$p'_{s|ij}=(1-\varepsilon)p_{s|ij}+\varepsilon p'_{s|ij}$；
　else $p'_{s|ij}=p_{s|ij}^{(1-\mu_1)}\otimes p_{t|ij}^{(\mu_1)}$；
　if $(\bar{p}_{t|ij}-p_{t|ij})(p_{s|ij}-p_{t|ij})>0$ then
　　$p'_{t|ij}=p_{t|ij}^{(1-\mu_2)}\otimes p_{s|ij}^{(\mu_2)}$；
　if $|p'_{t|ij}-p_{t|ij}|>|\bar{p}_{t|ij}-p_{t|ij}|$ then
　　$p'_{t|ij}=(1-\varepsilon)p_{t|ij}+\varepsilon p'_{t|ij}$；
　else $p'_{t|ij}=p_{t|ij}^{(1-\mu_1)}\otimes p_{s|ij}^{(\mu_1)}$；
　重新计算 $\delta(E_{s'})$，其中 $e_s, e_t\in E_{s'}$；
输出观点演变后的模糊偏好关系 $\boldsymbol{P}'_s$，$s=1, 2, \cdots, m$；

在算法 7.1 中，一般设定 $\mu_1\ll\mu_2$，从而保证当 $p_{s|ij}$ 到 $p_{t|ij}$ 的方向与 $p_{s|ij}$ 的一致性改进方向不同时，$p_{s|ij}$ 的更新变化较小。因为由定理 7.4 易知，当$(\bar{p}_{s|ij}-p_{s|ij})(p_{t|ij}-p_{s|ij})>0$，

即 $p_{s|ij}$ 到 $p_{t|ij}$ 的方向与 $p_{s|ij}$ 的一致性改进方向相同时，由 $p'_{s|ij}=p_{s|ij}^{(1-\mu_2)}\otimes p_{t|ij}^{(\mu_2)}$ 的计算，$p_{s|ij}$ 往一致性方向演变，是 $\boldsymbol{P}_s$ 收敛一致的保证。如果 $\mu_1=0$，社会群组中各位专家不容易达成局部共识。参数 ε 的使用是避免当 $p'_{s|ij}$ 更新过大时，偏离一致性偏好程度 $\bar{p}_{s|ij}$。社会群组分歧水平阈值 τ'用于流程的终止。

通过上文描述的观点演变方式，最终每个社会群组内部的专家都会形成局部共识观点。设推测出的社会群组 $E_{s'}$ 的局部共识偏好关系记为$\breve{\boldsymbol{P}}_{s'}=(\breve{p}_{s'|ij})_{n\times n}(s'=1,2,\cdots,m')$，整个社会网络的全局共识观点记为 $\breve{\boldsymbol{P}}=(\breve{p}_{ij})_{n\times n}$，则可利用各个专家的模糊偏好关系计算出相应的局部和全局共识观点：

$$\breve{p}_{s'|ij}=\bigotimes_{s\in E_{s'}}(p_{s|ij})^{\left(\frac{1}{|E_{s'}|}\right)} \tag{7.28}$$

$$\breve{p}_{ij}=\bigotimes_{s=1}^{m}(p_{s|ij})^{\left(\frac{1}{m}\right)} \tag{7.29}$$

式中：$|E_{s'}|$表示社会群组的势，即所包含专家成员的数量。

下一步将依据这些推测出的局部和全局共识观点，精确地为所有专家量身定制观点修改建议。

7.3.3　观点修改建议

本小节为所有专家定制观点修改的建议，主要考虑以下几点：

(1) 所有专家的观点的调整都应尽量向推测出的全局共识观点靠拢；

(2) 考虑到社会群组内部各专家权威性的地位并不相同，权威性较低的专家更容易说服其改变观点，因此在提供建议时应差别对待；

(3) 需要特殊对待离群者或者规模特别小的社会群组，相关的专家具有较高的独立性，修改建议的制定不可过多考虑专家之间的交互关系。

设专家 e_s 在当前阶段给出的模糊偏好关系为 $\boldsymbol{P}_s=(p_{s|ij})_{n\times n}$，可利用 $\boldsymbol{P}_s$ 与推导出的全局共识观点 $\breve{\boldsymbol{P}}$ 的标准加权几何平均结果作为针对专家 e_s 的观点修改建议，即将现有模糊偏好关系 $\boldsymbol{P}_s$ 修改为$\widetilde{\boldsymbol{P}}_s=(\widetilde{p}_{s|ij})_{n\times n}$，其中

$$\widetilde{p}_{s|ij}=\begin{cases}p_{s|ij}^{(1-\lambda)}\otimes\breve{p}_{ij}^{(\lambda)}, & 0\leqslant i<j\leqslant n\\0.5, & i=j\\1-\widetilde{p}_{s|ji}, & 其他\end{cases} \tag{7.30}$$

式中$\lambda\in[0,1]$表示劝说力度。当$\lambda\to0$ 时，$\widetilde{p}_{s|ij}\to p_{s|ij}$，表示更倾向维持专家 e_s 在当前阶段针对方案 x_i 与 x_j 的偏好观点。当$\lambda\to1$ 时，$\widetilde{p}_{s|ij}\to\breve{p}_{ij}$，表示更倾向颠覆专家 e_s 在当前阶段针对方案 x_i 与 x_j 的偏好观点。

λ 的计算是本小节的重点，受到以下几个方面的影响：

(1) 与专家的权威性有关。专家的权威性主要体现在是否主导了社会群组中共识观点的形成。在同一个社会群组中，一个专家的权威性越高，则该群组中的其他成员越容易基

于该专家的观点形成共识。相反一个专家的权威性越低，则该专家在观点演变过程中越容易牺牲自己的观点以达成共识。专家的自信度与其在社会群的权威性成正比，越是自信的专家越容易固守自己的观点/偏好，因此给出大力度的修改建议容易遭到专家拒绝，需要适当降低 λ 的值。

(2) 按照前文中离群者的定义，离群者属于小众群体，与主流社会群体中的成员关系不是很紧密，观点表达的自信度偏低，可以通过取较大的劝说力度 λ，促使离群者的观点/偏好快速向全局共识观点靠拢。

基于上述分析，首先定义专家的权威度。如果专家是离群者，那么他将有一个较小的权威度，为后续给定一个较大劝说力度打好基础；否则专家必定属于某个社会群组，处于该社会群组中的专家的权威度与该社会群组局部共识观点差异成反比，专家提出的模糊偏好关系与所在社会群组局部共识观点的差异越小，该专家的权威性就越大，越不容易改变该专家原来的观点。反之，专家提出的模糊偏好关系与所在社会群组局部共识观点的差异越大，该专家的权威性就越小，越接近所在社会群组的边缘。因此可根据下式定义专家 e_s 的权威度 $\alpha(e_s)$：

$$\alpha(e_s)=\begin{cases}0, & e_s \text{ 是离群者} \\ 1-\dfrac{\delta(\boldsymbol{P}_s,\breve{\boldsymbol{P}}_{s'})}{\max\limits_{e_t\in E_{s'}}\{\delta(\boldsymbol{P}_t,\breve{\boldsymbol{P}}_{s'})\}}, & \text{其他}\end{cases} \tag{7.31}$$

其中 $\delta(\cdot,\cdot)$用来计算两个模糊偏好关系的相异度，计算方法参照式(7.7)。特别地，当使用曼哈顿距离时，专家 e_s 给出的模糊偏好关系 $\boldsymbol{P}_s$ 与所在社会群组局部共识观点$\breve{\boldsymbol{P}}_{s'}$之间的相异度由下式计算：

$$\delta(\boldsymbol{P}_s,\breve{\boldsymbol{P}}_{s'})=\frac{2}{n(n-1)}\sum_{i=1}^{n-1}\sum_{j=i+1}^{n}|p_{s|ij}-\breve{p}_{ij}|$$

基于上述公式计算出的专家 e_s 权威度 $\alpha(e_s)\in[0,1]$，$s=1,2,\cdots,n$。$\alpha(e_s)$越趋近 1 表示专家 e_s 的权威性越高。

专家 e_s 的劝说力度 $\lambda(e_s)$可由下式计算：

$$\lambda=\theta\cdot[1-\alpha(e_s)] \tag{7.32}$$

其中：$\theta\in[0,1]$表示调整系数，以避免劝说力度过大。上式中，当 $\alpha(e_s)=1$，即专家 e_s 的观点与所在社会群组局部共识观点完全重合时，有 $\lambda=0$，说明此轮不会对专家 e_s 的偏好观点提出任何修改建议。

将利用上式计算得到的 λ 代入式(7.30)中，计算出针对每个专家的模糊偏好关系中各分量的修改建议，将相关修改建议汇总给调解员，完成必要的完善工作后推荐给专家；等待专家提供新的模糊偏好关系，并进入到下一轮次。

7.4 示　　例

假设有 10 个专家 $E=\{e_1,e_2,\cdots,e_{10}\}$，通过对这些专家的某个或某些行为数据(如通话、电子邮件、共同作者等)进行采集和分析，得到了如下的专家之间的关系数据：

$$R=\{(e_1,e_2),(e_1,e_3),(e_1,e_5),(e_1,e_6),(e_1,e_7),(e_2,e_3),(e_2,e_4),(e_2,e_5),(e_2,e_6),(e_2,e_7),(e_3,e_8),(e_3,e_9),(e_3,e_{10}),(e_4,e_9),(e_5,e_6),(e_6,e_7),(e_8,e_9),(e_8,e_{10}),(e_9,e_{10})\}$$

例如，$(e_1, e_2)\in R$ 表明根据采集的已发表论文的共同作者数据，专家 e_1 与 e_2 在设定的时间段内曾有过合作行为。这 10 个专家连同他们之间的关系构成了社会网络 $G=(E, R)$(如图 7.3 所示)。

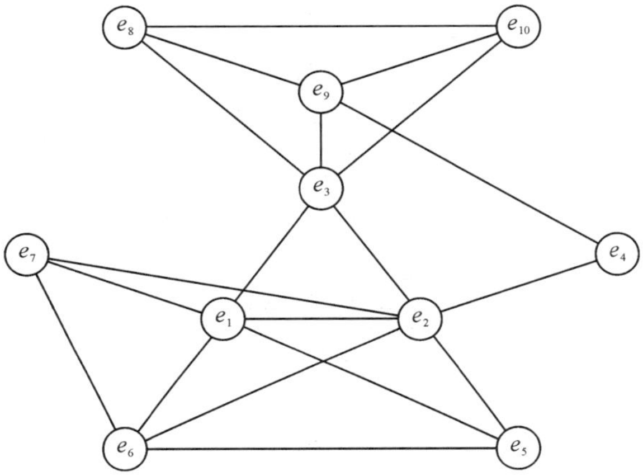

图 7.3　10 个专家的社会网络

专家 $e_s(s=1, 2, \cdots, 10)$对方案集 $X=\{x_1, x_2, x_3\}$中的 3 个方案借助模糊偏好关系的形式给出了各自的偏好观点，记为 $\boldsymbol{P}_s=\{p_{s|ij}\}_{3\times3}$，$i, j\in\{1, 2, 3\}$。各专家提供的模糊偏好关系汇总在表 7.1 中。

表 7.1　专家提供的模糊偏好关系

专家	p_{11}	p_{12}	p_{13}	p_{21}	p_{22}	p_{23}	p_{31}	p_{32}	p_{33}
e_1	0.5	0.818	0.543	0.182	0.5	0.797	0.457	0.203	0.5
e_2	0.5	0.823	0.583	0.177	0.5	0.427	0.417	0.573	0.5
e_3	0.5	0.859	0.980	0.141	0.5	0.335	0.020	0.665	0.5
e_4	0.5	0.197	0.084	0.803	0.5	0.317	0.916	0.683	0.5
e_5	0.5	0.675	0.506	0.325	0.5	0.814	0.494	0.186	0.5
e_6	0.5	0.184	0.559	0.816	0.5	0.685	0.441	0.315	0.5
e_7	0.5	0.916	0.833	0.084	0.5	0.355	0.167	0.645	0.5
e_8	0.5	0.439	0.349	0.561	0.5	0.548	0.651	0.452	0.5
e_9	0.5	0.653	0.147	0.347	0.5	0.060	0.853	0.940	0.5
e_{10}	0.5	0.611	0.271	0.389	0.5	0.465	0.729	0.535	0.5

7.4.1 社会群组划分

首先对图 7.3 中社会网络的关系强弱进行分析，并依据关系强弱实现对 10 个专家的社会群组的划分。我们认为由于同一个社会群组中专家之间的联系更加频繁和紧密，因此其更容易达成观点共识。

根据式(7.25)计算 R 中各个关系对应两个专家的邻里重叠度。将邻里重叠度视为图 G 的边权，作出图 7.4。

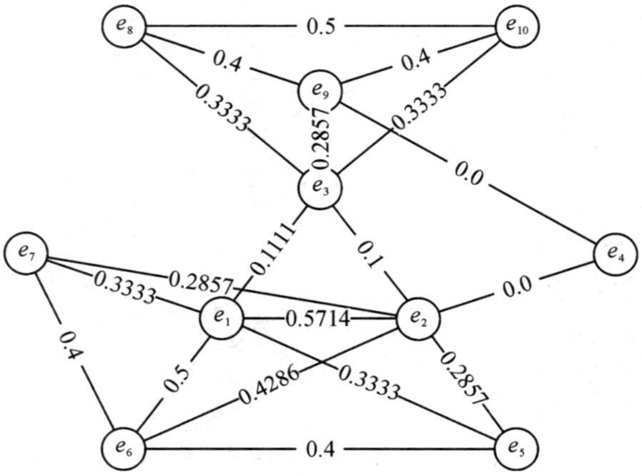

图 7.4　专家关系的邻里重叠度

设置强关系阈值 $\dot{\eta}=0.3$，邻里重叠度大于或等于该阈值的边保留，其他边全部舍弃，得到表示强关系的子网络 $\dot{G}=(E, \dot{R})$(如图 7.5 所示)，其中

$$\dot{R}=\{(e_1, e_2), (e_1, e_5), (e_1, e_6), (e_1, e_7), (e_2, e_6), (e_3, e_8), (e_3, e_{10}), (e_5, e_6), (e_6, e_7), (e_8, e_9), (e_8, e_{10}), (e_9, e_{10})\}$$

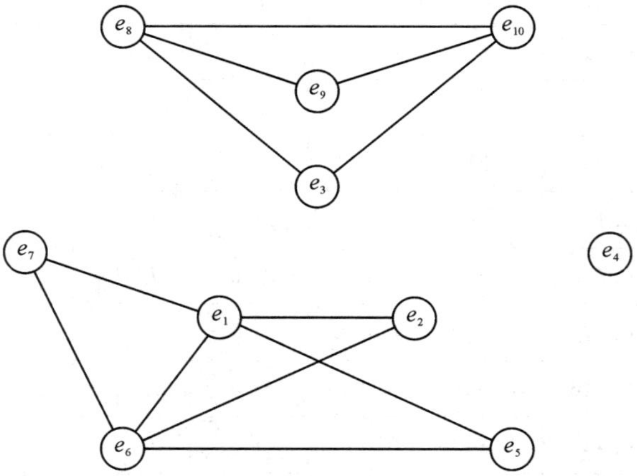

图 7.5　强关系子网络

图 7.5 很明显地将 10 个专家划分成了 3 个社会群组：$E=E_1\cup E_2\cup E_3$，其中 $E_1=\{e_1, e_2, e_5, e_6, e_7\}$是 5 个专家构成的社会群组，$E_2=\{e_3, e_8, e_9, e_{10}\}$是 4 个专家构成的社会群组，而 $E_3=\{e_4\}$很显然是一个离群者。因为没有充分数据，本例中不将离群者吸纳到 E_1 或 E_2 中，而将 E_3 作为一个正常的社会群组看待。

7.4.2　预测共识观点

按照前面的方法，在强关系网络 $\dot{G}$ 中随机抽取互为邻居的一对节点，根据算法 7.1 更新这对节点对应专家的偏好观点，直到所有社会群组达成局部共识。

在具体操作时，设定局部共识阈值 τ'(一般是靠近 0 的正数)，根据式(7.8)计算以社会群组为单位的所有专家的总体分歧，如果所有社会群组的总体分歧都小于局部共识阈值 τ_c，则认为达成局部共识；否则，继续随机抽取节点，更新专家之间的偏好观点。

设定 $\tau'=0.02$，$\mu_1=0.05$ 和 $\mu_2=0.3$，利用上述思路更新各专家的偏好观点，最终预测出各专家观点演变后的模糊偏好关系，如表 7.2 所示。以各专家模糊偏好关系中的 p_{12}、p_{23} 和 p_{13}3 个元素为轴作图 7.6，可以清楚地看到观点演变前后的差异。

表 7.2　观点演变结果

社会群组	专家	p_{11}	p_{12}	p_{13}	p_{21}	p_{22}	p_{23}	p_{31}	p_{32}	p_{33}
E_1	e_1	0.5	0.625	0.646	0.375	0.5	0.523	0.354	0.477	0.5
	e_2	0.5	0.625	0.644	0.375	0.5	0.521	0.356	0.479	0.5
	e_5	0.5	0.612	0.644	0.388	0.5	0.535	0.356	0.465	0.5
	e_6	0.5	0.623	0.647	0.377	0.5	0.524	0.353	0.476	0.5
	e_7	0.5	0.645	0.660	0.355	0.5	0.522	0.340	0.478	0.5
E_2	e_3	0.5	0.663	0.430	0.337	0.5	0.279	0.570	0.721	0.5
	e_8	0.5	0.651	0.390	0.349	0.5	0.254	0.610	0.746	0.5
	e_9	0.5	0.646	0.368	0.354	0.5	0.242	0.632	0.758	0.5
	e_{10}	0.5	0.649	0.387	0.351	0.5	0.254	0.613	0.746	0.5
E_3	e_4	0.5	0.197	0.084	0.803	0.5	0.317	0.916	0.683	0.5

在图 7.6 中，各专家提供的初始偏好观点用空心图形表示，经观点演变后的专家模糊偏好关系用实心图形表示。社会群组 E_1 中专家的观点用圆形表示，社会群组 E_2 中专家的观点用菱形表示，由专家 e_4 单独构成的社会群组 E_3 的观点用方形表示。从图中容易看出，社会群组 E_1 与 E_2 的初始观点虽然差异较大，但经观点演变后，能够聚集到较近的区域。但因为观点演变过程中不同社会群组之间不涉及观点交互更新，所以各社会群组的局部共识并不会在观点演变中有靠近的趋势。10 位专家观点演变前后模糊偏好关系的一致性程度对比如表 7.3 所示(模糊偏好关系的一致性程度由式(7.19)计算)，除了离群者专家 e_4 因为

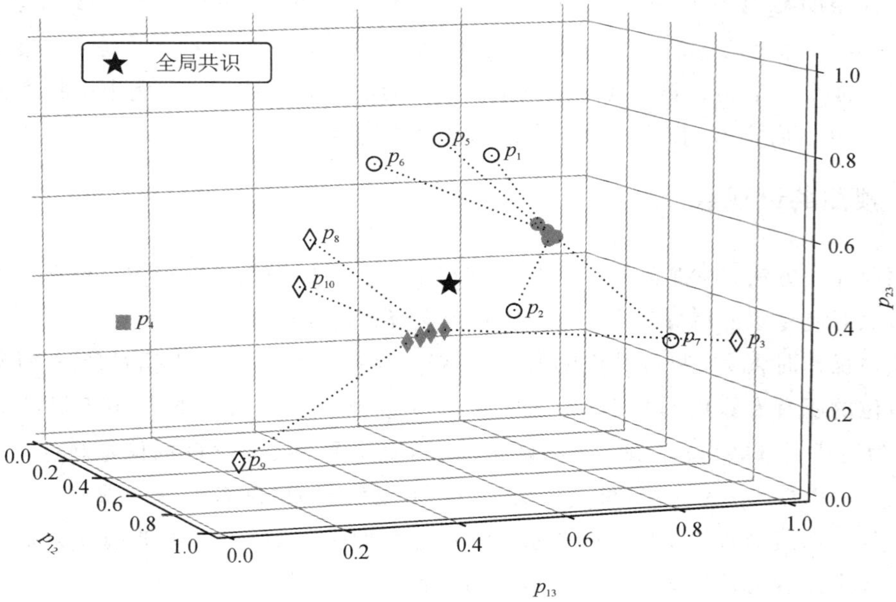

图 7.6　局部共识和全局共识的预测结果

模糊偏好关系没有变化，一致性程度与观点演变之前相等，其他专家模糊偏好关系的一致性程度都得到了极大提高。

表 7.3　模糊偏好关系一致性程度变化对比

	e_1	e_2	e_3	e_4	e_5
原始	0.421	0.150	0.431	0.037	0.349
更新后	3.69×10^{-3}	1.04×10^{-3}	7.18×10^{-4}	3.72×10^{-2}	4.09×10^{-3}
	e_6	e_7	e_8	e_9	e_{10}
原始	0.157	0.030	0.095	0.062	0.213
更新后	3.14×10^{-4}	3.14×10^{-4}	2.94×10^{-3}	3.17×10^{-3}	7.07×10^{-4}

进一步在观点演变结果的基础上，借助式(7.13)的模糊加权几何平均集成各位专家更新后的偏好观点，推测出所有专家的全局共识观点，即 $\breve{\boldsymbol{P}}=(\breve{p}_{ij})_{n\times n}$，其中

$$\breve{p}_{ij}=\bigotimes_{s=1}^{m}(p_{s|ij})^{\left(\frac{1}{m}\right)}$$

类似地，利用模糊加权几何平均集成各个社会群组中所有专家更新后的模糊偏好关系，可以推测出各个社会群组的局部共识观点，记为$\breve{\boldsymbol{P}}_{s'}$($s'=1, 2, 3$)。在本例中，针对上述10个专家经观点演变更新后的模糊偏好关系，计算出的全局共识观点和各社会群组局部共识观点见表 7.4。在图 7.6 中，全局共识观点的位置使用五角星标出，各社会群组局部共识观点大致落在对应实心图形和菱形聚集位置。表 7.4 中的最后一列给出了全局共识观点和所有 3 个局部共识观点的一致性程度，在经过上述观点演变后，预测出的全局和局部共识

都具有较好的一致性，达到了观点共识和偏好关系一致性共同优化的目标。

表 7.4　全局共识和局部共识预测值

	p_{11}	p_{12}	p_{13}	p_{21}	p_{22}	p_{23}	p_{31}	p_{32}	p_{33}	CDs
全局共识	0.5	0.600	0.549	0.400	0.5	0.453	0.451	0.547	0.5	3.65×10^{-3}
群组 1 共识	0.5	0.645	0.713	0.355	0.5	0.576	0.287	0.424	0.5	3.94×10^{-4}
群组 2 共识	0.5	0.649	0.488	0.351	0.5	0.341	0.512	0.659	0.5	6.76×10^{-4}
群组 3 共识	0.5	0.197	0.084	0.803	0.5	0.317	0.916	0.683	0.5	3.72×10^{-2}

7.4.3　定制观点修改建议

首先按照式(7.31)计算各位专家的权威度 $\alpha_1=0.154$、$\alpha_2=0.403$、$\alpha_3=0$、$\alpha_4=0$、$\alpha_5=0.286$、$\alpha_6=0.012$、$\alpha_7=0$、$\alpha_8=0.247$、$\alpha_9=0.233$、$\alpha_{10}=0.486$。

设定调整系数 $\theta=0.8$，代入式(7.32)计算出所有专家的劝说力度 $\lambda_1=0.676$、$\lambda_2=0.477$、$\lambda_3=0.8$、$\lambda_4=0.8$、$\lambda_5=0.571$、$\lambda_6=0.790$、$\lambda_7=0.8$、$\lambda_8=0.602$、$\lambda_9=0.614$、$\lambda_{10}=0.411$。

将全局共识观点 $\breve{\boldsymbol{P}}$ 代入式(7.16)中，得到全局共识观点的一致性形式：

$$\overline{\breve{\boldsymbol{P}}}=\begin{pmatrix} 0.5 & 0.582 & 0.507 \\ 0.418 & 0.5 & 0.425 \\ 0.493 & 0.575 & 0.5 \end{pmatrix}$$

以调整系数为权重，利用模糊加权几何平均集成各个专家提供的模糊偏好关系和预测出的全局共识观点一致性形式$\overline{\breve{\boldsymbol{P}}}$，计算出针对各位专家的建议模糊偏好关系，并通过与原始模糊偏好关系进行比较，计算出两者的差异，将上述计算结果展示在表 7.5 中，每个专家有 2 行数据，第 1 行记录针对该专家的建议模糊偏好关系，第 2 行记录建议模糊偏好关系与原始偏好关系的差异。

表 7.5　模糊偏好关系的修改建议

专家	p_{11}	p_{12}	p_{13}	p_{21}	p_{22}	p_{23}	p_{31}	p_{32}	p_{33}
e_1	0.5	0.679	0.499	0.321	0.5	0.541	0.501	0.459	0.5
	0	−0.139	−0.045	0.139	0	−0.257	0.045	0.257	0
e_2	0.5	0.740	0.538	0.260	0.5	0.410	0.462	0.590	0.5
	0	−0.083	−0.045	0.083	0	−0.017	0.045	0.017	0
e_3	0.5	0.657	0.668	0.343	0.5	0.376	0.332	0.624	0.5
	0	−0.202	−0.312	0.202	0	0.042	0.312	−0.042	0

续表

专家	p_{11}	p_{12}	p_{13}	p_{21}	p_{22}	p_{23}	p_{31}	p_{32}	p_{33}
e_4	0.5	0.502	0.364	0.498	0.5	0.373	0.636	0.627	0.5
	0	0.305	0.280	−0.305	0	0.055	−0.280	−0.055	0
e_5	0.5	0.628	0.489	0.372	0.5	0.598	0.511	0.402	0.5
	0	−0.047	−0.017	0.047	0	−0.216	0.017	0.216	0
e_6	0.5	0.498	0.492	0.502	0.5	0.447	0.508	0.553	0.5
	0	0.313	−0.067	−0.313	0	−0.237	0.067	0.237	0
e_7	0.5	0.705	0.582	0.295	0.5	0.379	0.418	0.621	0.5
	0	−0.211	−0.251	0.211	0	0.024	0.251	−0.024	0
e_8	0.5	0.515	0.411	0.485	0.5	0.466	0.589	0.534	0.5
	0	0.076	0.063	−0.076	0	−0.082	−0.063	0.082	0
e_9	0.5	0.627	0.254	0.373	0.5	0.140	0.746	0.860	0.5
	0	−0.025	0.106	0.025	0	0.080	−0.106	−0.080	0
e_{10}	0.5	0.604	0.335	0.396	0.5	0.438	0.665	0.562	0.5
	0	−0.007	0.064	0.007	0	−0.027	−0.064	0.027	0

借助表 7.5 中提供的结果，为各位专家定制修改建议。例如，专家 e_1 的模糊偏好关系修改建议中 p_{23} 和 p_{12} 项与他提供的原始模糊偏好关系差异较大，可以给出如下建议：

(1) 综合所有专家意见，建议适当降低方案 x_1 对方案 x_2 的偏好程度，建议数值为 0.679。

(2) 综合所有专家意见，建议适当降低方案 x_2 对方案 x_3 的偏好程度，建议数值为 0.541。

考虑到如果提供的修改建议过多，容易让专家产生抗拒心理，降低建议的效用，因此宜根据差异大小选择个别分量形成建议即可。

在为所有专家提供修改建议后，本示例的第一轮共识达成过程结束，等待调解员收集所有专家的修改结果后，进入共识达成的下一轮并重复上述步骤。在所有专家达成共识后，进入选择阶段。

本章小结

通过引入社会网络分析技术，本章提出了社会网络群决策模型。首先，把专家社会网络划分成多个社会群组，进而基于观点动力学预测各社会群可能的局部共识。本章在模糊几何集成平均的基础上提出了一种新的观点更新方法，逐步更新模糊偏好关系的同时，能够维持甚至改进一致性。根据预测出的局部共识，本章为专家定制出观点修改建议，从而避免形成观点极化现象。对于观点修改建议，本章充分考虑相关专家的权威性和自信度，以便提高专家按照建议修改的可能性。本章主要完成了如下工作：

（1）深入分析了群决策问题中专家之间的社会关系，实现了社会网络分析与群决策的交叉研究。

（2）创新了模糊偏好关系的计算方法，在专家达成共识的同时实现了模糊偏好关系一致性的收敛。

（3）充分考虑了共识达成过程中的观点极化原因，通过预测共识结果，降低了观点极化风险，提高了全局共识达成的概率。

参 考 文 献

[Alsina et al. 1983] ALSINA C, TRILLAS E, VALVERDE L. On some logical connectives for fuzzy set theory [J]. Journal of Mathematical analysis and applications, 1983, 93: 15 - 26.

[Amin & Sadeghi 2010] AMIN G R, SADEGHI H. Application of prioritized aggregation operators in preference voting [J]. International journal of intellignet systems, 2010, 25: 1027 - 1034.

[Angilella et al. 2004] ANGILELLA S, GRECO S, LAMANTIA F, et al. Assessing non-additive utility for multicriteria decision aid [J]. European journal of operational research, 2004, 158: 734 - 744.

[Antuchevičiene et al. 2010] ANTUCHEVIČIENE J, ZAVADSKAS E K, ZAKAREVI ČIUS A. Multiple criteria construction management decisions considering relations between criteria [J]. Technological and economic development of economy, 2010, 16(1): 109 - 125.

[Bang-Jensen & Gutin 2008] BANG-JENSEN J, GUTIN G Z. Digraphs: theory, algorithms and applications [M]. London: springer-verlag, 2008.

[Batyrshin & Kaynak 1999] BATYRSHIN I, KAYNAK O. Parametric classes of generalized conjunction and disjunction operators for fuzzy modeling [J]. IEEE transactions on fuzzy systems, 1999, 7: 586 - 596.

[Bellman & Zadeh 1970] BELLMAN R E, ZADEH L A. Decision-making in a fuzzy environment [J]. Management science, 1970, 17(4): 141 - 164.

[Benayoun et al. 1966] BENAYOUN R, ROY B, SUSSMAN B. ELECTRE: une méthode pour guider le choix en présence de points de vue multiples [R]. Note de travail 49, SEMA-METRA international, direction scientifique, 1966.

[Bhattacharya 1987] BHATTACHARYA P. Some remarks on fuzzy graphs [J]. Pattern recognition letter, 1987, 6: 297 - 302.

[Borm et al. 1988] BORM P, TIJS S, VANDEN A J. Pareto equilibria in multi-objective games [J]. Mathematical methods of operations research, 1988, 60: 302 - 312.

[Brans & Mareschal 1990] BRANS J P, MARESCHAL B. The PROMETHEE methods for MCDM; the promcalc, gaia and bankadviser software [G]. Readings in multiple criteria decision aid. springer, 1990: 216 - 252.

[Brans & Mareschal 1992] BRANS J P, MARESCHAL B. PROMETHEE V: MCDM problems with segmentation constraints [J]. Infor: information systems and operational research, taylor & francis, 1992, 30(2): 85 - 96.

[Brans & Mareschal 2005] BRANS J P, MARESCHAL B. PROMETHEE methods [G]//Multiple criteria decision analysis: state of the art surveys. springer, 2005: 163 - 186.

[Brans & Vincke 1985] BRANS J P, VINCKE P. Note—a preference ranking organisation method: (the PROMETHEE method for multiple criteria decision-making) [J]. Management science, informs, 1985, 31(6): 647 - 656.

[Brans et al. 1986] BRANS J P, VINCKE P H, MARESCHAL B. How to select and how to rank projects: the PROMETHEE method [J]. European journal of operational research, 1986, 24: 228 - 238.

[Cai & Chen 2006] CAI H P, CHEN Y W. The development of the rearch on weapon-target assignment (WTA) problem [J]. Fire control and command control, 2006, 31 (12): 11 - 15.

[Calizaya et al. 2010] CALIZAYA A, MEIXNER O, BENGTSSON L, et al. Multi-criteria decision analysis (MCDA) for integrated water resources management (IWRM) in the Lake Poopo basin, Bolivia [J]. Water resources management, 2010, 24: 2267 - 2289.

[Campanella & Ribeiro 2011] CAMPANELLA G, RIBEIRO R A. A framework for dynamic multiple-criteria decision making [J]. Decision support systems, 2011, 52: 52 - 60.

[Carlsson & Fullèr 1995] CARLSSON C, FULLÈR R. Multiple criteria decision making: The case for interdependence [J]. Computers operational research, 1995, 22(3): 251 - 260.

[Chen & Chen 2005] CHEN S J, CHEN S M. A prioritized information fusion method for handling fuzzy decision-making problems [J]. Applied intelligence, 2005, 22(3): 219 - 232.

[Chen & Wang 2009] CHEN S M, WANG C H. A generalized model for prioritized multicriteria decision making systems [J]. Expert systems with applications, 2009, 36: 4773 - 4783.

[Chen & Wu 1985] CHEN I C, WU S Y. Fuzzy digraphs [J]. Journal of national taiwan normal university, 1985, 30: 439 - 456.

[Chen et al. 2013] CHEN L H, XU Z S, YU X H. Prioritized measure-guided aggregation operators [J]. IEEE transactions on fuzzy systems, 2013, 22(5): 1127 - 1138.

[Chiclana et al. 2009] CHICLANA F, HERRERA V E, ALONSO S, et al. Cardinal consistency of reciprocal preference relations: a characterization of multiplicative transitivity [J]. IEEE transactions on fuzzy systems, 2009, 17(1): 14 - 23.

[da Costa Pereira et al. 2011] DACOSTA P C, DRAGONI M, PASI G. Multidimensional relevance: prioritized aggregation in a personalized information retrieval setting [J]. Information processing and management, 2011, 48(2): 340 - 357.

[Deffuant et al. 2001] DEFFUANT G, NEAU D, AMBLARD F, et al. Mixing beliefs among interacting agents [J]. Advances in complex systems, 2001 (3): 11.

[Diestel 2006] DIESTEL R. Graph theory [M]. Berlin: springer-verlag, 2006.

[Dong et al. 2006] 董树军，张罗政，赵瑾，等. 一种武器-目标分配模型及求解算法[J]. 火力与指挥控制，2006，31(5)：41 - 44.

[Fan & Feng 2009] FAN Z P, FENG B. A multiple attributes decision making method using individual and collaborative attribute data in a fuzzy environment [J]. Information sciences, 2009, 179: 3603 - 3618.

[Fishburn & LaValle 1996] FISHBURN P C, LAVALLE I H. Binary interactions and subset choice [J]. European journal of operational research, 1996, 92(1): 182 - 192.

[Galeotti et al. 2010] GALEOTTI A, GOYAL S, JACKSON M O, et al. Network games [J]. The review of economic studies, 2010, 77: 218 - 244.

[Glover 1986] GLOVER F. Future paths for integer programming and links to artificial intelligence [J]. Computers and operations research, 1986, 13: 533 - 549.

[Glover 1989] GLOVER F. Tabu search: part Ⅰ [J]. ORSA journal on computing, 1989, 1: 190 - 206.

[Glover 1990] GLOVER F. Tabu search: part Ⅱ [J]. ORSA journal on computing, 1990, 2: 4 - 32.

[Grabisch et al. 2009] GRABISCH M, MARICHAL J L, MESIAR R, et al. Aggregation functions [M]. Cambridge: cambridge university press, 2009.

[Grolleau & Tergny 1971] GROLLEAU J, TERGNY J. Manuel de reference du programme ELECTRE Ⅱ [R]. Document de travail 24, SEMA-METRA international, direction scientifique, 1971.

[Guo & Zeng 2000] 郭安华，曾苏南. 合同战术学教程[M]. 北京：国防大学出版社，2000.

[Guo et al. 2010] 郭振汉，温万泉，刘占锋. 复合火力打击法弹药消耗量和使用兵力的确定[J]. 射击学报，2010(1)：9 - 11.

[Haq & Kannan 2007] HAQ A N, KANNAN G. A hybrid normalised multi criteria decision making for the vendor selection in a supply chain model [J]. International Journal of management and decision making, 2007, 8: 601 - 622.

[Herrera-Viedma et al. 2004] HERRERA V E, HERRERA F, CHICLANA F, et al. Some issues on consistency of fuzzy preference relations [J]. European journal of operational research, 2004, 154: 98 - 109.

[Herrera-Viedma et al. 2014] HERRERA V E, CABRERIZO F J, KACPRZYK J, et al. A review of soft consensus models in a fuzzy environment [J]. Information fusion, 2014, 17: 4 - 13.

[Herrera-Viedma et al. 2017] HERRERA V E, CABRERIZO F J, CHICLANA F, et al. Consensus in group decision making and social networks [J]. Studies in information and control, 2017, 26: 259 - 268.

[Hirota & Pedrycz 1997] HIROTA K, PEDRYCZ W. Nonmonotonic fuzzy set operations: a generalization and some applications [J]. International journal of intelligent systems, 1997, 12: 483 - 493.

[Huang et al. 2010] 黄文斌，伍之前，陈颜辉. 基于属性优先级的空中目标威胁评估模型[J]. 舰船科学技术，2010，32(9)：59 - 62.

[Hugonnard & Roy 1982] HUGONNARD J, ROY B. Le plan d'extension du metro en banlieue parisienne, un cas type d'application de l'analyse multicritère [J]. Les cahiers scientifiques de la revue transports, 1982, 6: 77 - 108.

[Kaliszewski et al. 2012] KALISZEWSKI I, MIROFORIDIS J, PODKOPAEV D. Interactive multiple criteria decision making based on preference driven evolutionary multiobjective optimization with controllable accuracy [J]. European journal of operational research, 2012, 216: 188 - 199.

[Koele 1995] KOELE P. Multiple attribute decision making: an introduction [M]. Thousand oaks: sage publications, 1995.

[*Kolesárová* & *Komorníková* 1999] KOLESÁROVÁ A, KOMORNÍKOVÁ M. Triangular norm-based iterative compensaroty operators [J]. Fuzzy sets and systems, 1999, 104: 109 - 120.

[*Kolesárová* et al. 2007] KOLESÁROVÁ A, MAYER G, MESIAR R. Weighted ordinal means [J]. Information sciences, 2007, 177: 3822 - 3830.

[Kong et al. 2006] 孔令鹏，王玉生，王海峰. 基于蚁群算法的防空 C3I 系统火力分配模型研究[J]. 指挥控制与仿真，2006，28(2)：60 - 64.

[Kornbluth 1992] KORNBLUTH J S H. Dynamic multi-criteria decision making [J]. Journal of multi-criteria decision analysis, 1992, 1: 81 - 92.

[Lee et al. 2003] LEE Z J, SU S F, LEE C Y. Efficiently solving general weapon-target assignment problem by genetic algorithms with greed eugenics [J]. IEEE transactions on systems, man, and cybernetics-Part B, 2003, 33: 119 - 120.

[Li et al. 2005] 李进军，丛蓉，熊吉光. 舰艇编队防空动态目标武器分配优化模型[J]. 火力与指挥控制，2005，30(12)：70 - 73.

[Li et al. 2006] 李丹，王巨海，陈振雷. 基于神经网络 TSP 算法的防空作战火力分配[J]. 火力与指挥控制，2006，31(4)：42 - 45.

[Liang et al. 2017] LIANG Q, LIAO X W, LIU J P. A social ties-based approach for group decision-making problems with incomplete additive preference relations [J]. Knowledge-based systems, 2017, 119: 68 - 86.

[Liao 1998] LIAO Z. A systematic integration model to support complex decision-making in a dynamic environment [J]. Systems research and behavioral science, 1998, 15(1): 33 - 45.

[Linkov et al. 2007] LINKOV I, SATTERSTROM F K, STEEVENS J, et al. Multi-criteria decision analysis and environmental risk assessment for nanomaterials [J]. Journal of nanoparticle research, 2007, 9: 543 - 554.

[Liu et al. 2003] 刘铭，高尚，聂成. 基于动态规划的目标优化分配决策模型[J]. 空军工程大学学报，2003 (4): 45 - 47.

[Liu et al. 2005] 刘梅，赵刚，权太范. 新型遗传算法在防空指挥系统目标分配中的应用[J]. 系统工程与电子技术，2005，27(3): 456 - 459.

[Macharis et al. 1998] MACHARIS C, BRANS J P, MARESCHAL B. The GDSS PROMETHEE procedure [J]. Journal of decision systems, 1998, 7(4): 283 - 307.

[Maystre et al. 1994] MAYSTRE L, PICTET J, SIMOS J. Les Méthodes multicritères ELECTRE [M]. Presses polytechniques et universitaires romandes, lausanne, 1994.

[Mordeson & Nair 2000] MORDESON J, NAIR P. Fuzzy graphs and fuzzy hypergraphs [M]. Heidelberg: physica-verlag, 2000.

[Murofushi & Sugeno 1989] MUROFUSHI T, SUGENO M. An interpretation of fuzzy measure and the Choquet integral as an integral with respect to a fuzzy measure [J]. Fuzzy sets and systems, 1989, 29: 201 - 227.

[Murofushi & Sugeno 2000] MUROFUSHI T, SUGENO M. Fuzzy measures and fuzzy integrals [M]. Grabisch M, Murofushi T, Sugeno M. Fuzzy Measures and Integrals-Theory and Applications, 2000: 3 - 41.

[Oussalah 2003] OUSSALAH M. On the use of Hamacher's T-norms family for information aggregation [J]. Information sciences, 2003, 153: 107 - 154.

[Pohekar & Ramachandran 2004] POHEKAR S D, RAMACHANDRAN M. Application of multi-criteria decision making to sustainable energy planning-a review [J]. Renewable and sustainable energy reviews, 2004, 8(4): 365 - 381.

[Polatidis et al. 2006] POLATIDIS H, HARALAMBOPOULOS D A, MUNDA G, et al. Selecting an appropriate multi-criteria decision analysis technique for renewable energy planning [J]. Energy sources, Part B: economics, planning, and policy, 2006, 1: 181 - 193.

[Rajabi et al. 1998] RAJABI S, KILGOUR D M, HIPEL K W. Modeling action-interdependence in multiple criteria decision making [J]. European journal of operational research, 1998, 110: 480-508.

[Ren & Wang 2010] 任富兴，王雪琴. 联合火力战毁伤理论[M]. 合肥：解放军出版社，2010.

[Richter et al. 2010] RICHTER Y, YOM T E, SLONIM N. Predicting Customer Churn in Mobile Networks Through Analysis of Social Groups [C]. Siam International Conference on Data Mining, SDM 2010, April 29-May 1, 2010, Columbus, Ohio, Usa. 2010: 732-741.

[Rosenfeld 1975] ROSENFELD A. ZADEH L A, FU K S, et al. Fuzzy sets and their applications to cognitive and decision processes[M]. Academic Press, 1975: 77-95.

[Roy & Skalka 1984] ROY B, SKALKA J. Electre IS: Aspects méthodologiques et guide d'utilisation [D]. Document du LAMSADE 30, Université Paris Dauphine, 1984.

[Roy 1968] ROY B. Classement et choix en presence de point de vue multiples: le method electre [J]. Revue francaise d'informatique et de recherche opérationnelle, 1968, 8 (1): 57-75.

[Roy et al. 1986] ROY R, PRÉSENT M, SILHOL D. A programming method for determining with Paris metro stations should be renovated [J]. European journal of operational research, 1986, 24: 318-334.

[Saaty 1980] SAATY T L. Analytic hierarchy process: planning, priority, setting resource allocation [M]. New York: McGraw-Hill, 1980.

[Saaty 1994] SAATY T L. Fundamentals of decision making and priority theory with the AHP [M]. Pittsburgh: RWS Publications, 1994.

[Saaty 2005] SAATY T L. Theory and applications of the analytic network process, decision making with benefits, opportunities costs and risks [M]. Pittsburgh: RWS Publications, 2005.

[Spillman et al. 1979] SPILLMAN B, SPILLMAN R, BEZDEK J. Coalition analysis with fuzzy sets [J]. Kybernetes, 1979, 8(3): 203-211.

[Sugeno 1974] SUGENO M. Theory of fuzzy integrals and its applications [D]. Tokyo: Tokyo institute of technology, 1974.

[Tanino 1984] TANINO T. Fuzzy preference orderings in group decision making[J]. Fuzzy sets and systems, 1984, 12(2): 117-131.

[Townsend & Busemeyer 1995] TOWNSEND J T, BUSEMEYER J. Dynamic representation of decision-making [M]. Cambridge, MA, US: the MIT Press, 1995.

[Tsai & Chou 2010] TSAI W H, CHOU W C. Building an integrated multi-criteria decision-making model based on DEMATEL and ANP for selecting the risk management system of banking [J]. International journal of management and enterprise development, 2010, 8: 358-382.

[Ureña et al. 2016] UREñA R, CABRERIZO F J, MORENTE-MOLINERA J A, et al. GDM-R: a new framework in R to support fuzzy group decision making processes [J]. Information sciences, 2016, 357: 161 - 181.

[Wang & Chen 2007] WANG C H, CHEN S M. A generalized model for multicriteria decision making [C]. Proceedings of the Sixth International Conference on Machine Learning and Cybernetics, Hong Kong, 2007.

[Wang 1998] 王凯. 数字化部队[M]. 北京：解放军出版社，1998.

[Wang et al. 2004] WANG G, HUANG S H, DISMUKES J P. Product-driven supply chain selection using integrated multi-criteria decision-making methodology [J]. International journal of production economics, 2004, 91(1): 1 - 15.

[Wang et al. 2009] WANG J J, JING Y Y, ZHANG C F, et al. Review on multi-criteria decision analysis aid in sustainable energy decision-making [J]. Renewable and sustainable energy reviews, 2009, 13: 2263 - 2278.

[Weisbuch 2004] WEISBUCH G. Bounded confidence and social networks [J]. European physical journal B, 2004, 38(2): 339 - 343.

[Weng et al. 2010] WENG S Q, HUANG G H, LI Y P. An integrated scenario-based multi-criteria decision support system for water resources management and planning-a case study in the Haihe River Basin [J]. Expert systems with applications, 2010, 37: 8242 - 8254.

[Xia & Xu 2011] XIA M M, XU Z S. On consensus in group decision making based on fuzzy preference relations [EB]//Consensual Processes. Berlin, Heidelberg: Springer Berlin Heidelberg, 2011: 263 - 287.

[Xu 2004a] 徐泽水. 不确定多属性决策方法及应用[M]. 北京：清华大学出版社，2004.

[Xu 2004b] XU Z S. A method based on linguistic aggregation operators for group decision making with linguistic preference relations [J]. Information sciences, 2004, 166: 19 - 30.

[Xu 2005] XU Z S. An overview of methods for determining OWA weights: Research Articles [J]. International journal of intelligent systems, 2005, 20: 843 - 865.

[Xu 2007a] XU Z S. A survey of preference relations [J]. International journal of general systems, 2007, 36(2): 179 - 203.

[Xu 2007b] XU Z S. Intuitionistic preference relations and their application in group decision making [J]. Information sciences, 2007, 177(11): 2363 - 2379.

[Xu 2009] XU Z S. A method for estimating criteria weights from intuitionistic preference relations [J]. Fuzzy information and engineering, 2009, 1: 79 - 89.

[Xu 2010] XU Z S. Choquet integrals of weighted intuitionistic fuzzy information [J]. Information sciences, 2010, 180(5): 726 - 736.

[Xu & Wu 2006] 徐玖平，吴巍. 多属性决策的理论与方法[M]. 北京：清华大学出版

社，2006.

[Xu et al. 2009] XU Y J，DA Q L，LIU L H. Normalizing rank aggregation method for priority of a fuzzy preference relation and its effectiveness [J]. International journal of approximate reasoning，2009，50：1287 - 1297.

[Xu et al. 2010] 徐永杰，李登峰，张娜，等. 基于直觉模糊集和POWA算子的目标类型识别方法[J]. 电光与控制，2010，17(11)：22 - 25.

[Yager 1988] YAGER R R. On ordered weighted averaging aggregation operators in multicriteria decision making [J]. IEEE transactions on systems，man，and cybernetics，1988，18：183 - 190.

[Yager 1991] YAGER R R. Non-monotonic set theoretic operators [J]. Fuzzy sets and systems，1991，42：173 - 190l.

[Yager 1992] YAGER R R. Second order structures in multi-criteria decision making [J]. International journal of man-machine Studies，1992，36(4)：553 - 570.

[Yager 1998] YAGER R R. Structures for prioritized fusion of fuzzy information [J]. Journal of information sciences，1998，108：71 - 90.

[Yager 2004] YAGER R R. Modeling prioritized multicriteria decision making [J]. IEEE transactions on systems，man，and cybernetics，Part B：cybernetics，2004，34(6)：2396 - 2404.

[Yager 2008] YAGER R R. Prioritized aggregation operators [J]. International journal of approximate reasoning，2008，48：263 - 274.

[Yager 2009] YAGER R R. Prioritized OWA aggregation [J]. Fuzzy optimization and decision making，2009，8：245 - 262.

[Yager 2010] YAGER R R. Lexicographic ordinal OWA aggregation of multiple criteria [J]. Information fusion，2010，11：374 - 380.

[Yager & Rybalov 1998] YAGER R R，RYBALOV A. Full reinforcement operators in aggregation techniques [J]. IEEE transactions on systems，man，and cybernetics，Part B：cybernetics，1998，28：757 - 769.

[Yager et al. 2011] YAGER R R，WALKER C L，WALKER E A. A prioritized measure for multi-criteria aggregation and its Shapley index [C]. Fuzzy Information Processing Society (NAFIPS)，2011 Annual Meeting of the North American，2011.

[Yan et al. 2011] YAN H B，HUYNH V N，NAKAMORI Y，et al. On prioritized weighted aggregation in multi-criteria decision making [J]. Expert systems with applications，2011，38：812 - 823.

[Yang et al. 2007] 杨懿，武昌，刘涵. 改进粒子群算法在导弹火力分配中的应用[J]. 火力与指挥控制，2007，32(1)：60 - 63.

[Yu & Xu 2012] YU X H，XU Z S. Graph-based multi-agent decision making [J].

International journal of approximate reasoning, 2012, 53(4): 502 - 512.

[Yu & Xu 2013] YU X H, XU Z S. Prioritized intuitionistic fuzzy aggregation operators [J]. Information fusion, 2013, 14(1): 108 - 116.

[Yu 1992] YU W. Aide multicritère *à* la decision dans le cadre de la problématique du tri: Concepts, methods et applications [D]. Université Paris-Dauphine, 1992.

[Zadeh 1965] ZADEH L A. Fuzzy sets [J]. Information and control, 1965, 8: 338 - 353.

[Zarghami & Szidarovszky 2009] ZARGHAMI M, SZIDAROVSZKY F. Stochastic-fuzzy multi criteria decision making for robust water resources management [J]. Stochastic environmental research and risk assessment, 2009, 23: 329 - 339.

[Zhang et al. 2005] 张雷，孙金萍，刘向民. 基于主从递阶决策的战术级防空武器目标分配模型[J]. 系统工程与电子技术，2005，27(4)：676 - 677.